AF357972

STÉFANE-POL

Autour de Robespierre

LE
Conventionnel Le Bas

Documents inédits. — Portraits et autographes.

Préface de Victorien Sardou
DE L'ACADÉMIE FRANÇAISE

PARIS
ERNEST FLAMMARION, ÉDITEUR
26, RUE RACINE, PRÈS L'ODÉON

AUTOUR DE ROBESPIERRE

———

LE CONVENTIONNEL LE BAS

STÉFANE-POL

AUTOUR DE

ROBESPIERRE

LE

CONVENTIONNEL LE BAS

D'APRÈS DES DOCUMENTS INÉDITS
ET LES MÉMOIRES DE SA VEUVE

Préface de **VICTORIEN SARDOU**
DE L'ACADÉMIE FRANÇAISE

PARIS
ERNEST FLAMMARION, ÉDITEUR
RUE RACINE, 26, PRÈS L'ODÉON

Droits de traduction et de reproduction réservés pour tous pays,
y compris la Suède et la Norvège.

les leurs ; j'étais penché, comme eux, sur une mer sans limites, merveilleuse de vie, quoique pleine de détresses : au déclin des années de la Révolution — siècles d'énergie — je voyais pâlir la flamme des grands Enthousiasmes, et je me demandais avec affliction si elle n'avait point, alors, brillé pour la dernière fois sur l'univers.

Quand, plus tard, vous lirez ces pages, mes chères enfants, vous rendrez, comme moi, un hommage pieux à la vertu, au dévouement, au patriotisme exalté de vos ancêtres.

Paris, novembre 1900.

PRÉFACE

MADAME LE BAS

ET SA DEMEURE

J'ai conté ailleurs et je prends la liberté de redire ici, avant que le lecteur prenne connaissance de la biographie du conventionnel Le Bas, comment j'ai connu sa veuve, auteur des mémoires publiés par M. Stéfane-Pol — et même dansé avec elle, en 1845 ou 1846, à une petite sauterie de jeunes garçons et filles de mon âge, rue d'Enfer, chez madame de Boismont.

J'arrivais en retard. Plus de danseuse !... Et l'on manquait d'un vis-à-vis pour un quadrille.

J'avise sur un canapé une dame vêtue de noir, âgée, mais de tournure encore jeune, et bravement je cours l'inviter...

— Oh ! me dit-elle en souriant, il y a beau jour que je ne danse plus !

J'insiste : — la maîtresse de maison accourt.

— Mais si, mais si... c'est entre nous !... Ces pauvres enfants !...

Et la dame finit par se résigner, à la condition que je lui indiquerai les figures.

Après la contredanse, pendant laquelle elle m'a gentiment interrogé sur mes études, mes professeurs, mon collège, je demande à madame de Boismont qui est cette bonne dame ?

— C'est, me dit-elle, la mère de Philippe Le Bas, de l'Institut... la veuve du conventionnel !

J'étais alors en pleine lecture de la *Révolution* de Thiers, et je m'écriai :

— Celui qui s'est tué !

Madame de Boismont reporte l'exclamation à madame Le Bas qui me fait signe de venir m'asseoir auprès d'elle, et j'y vais, tout saisi d'avoir enseigné la chaîne des dames à cette veuve de Thermidor.

Naturellement, madame Le Bas me parle de Thiers, de la Révolution, de Robespierre ; et, comme elle me voit un peu tiède pour son héros, elle ne manque pas cette occasion de dire qu'il a été « bien calomnié par ses ennemis ! » Je cite mot pour mot... je l'entends encore :

— « Et que certainement je l'aurais aimé !... Il était si bon et si affectueux pour la jeunesse ! »

Quelqu'un survient, rompt l'entretien... Je n'ai plus revu ma danseuse.

Et son illusion était bien naturelle !

Quel Robespierre avait-elle connu ? — Celui de la maison paternelle, heureux de s'y voir cajolé, adulé... presque tendre pour Eléonore et ses sœurs : sobre, austère, chaste, ne parlant que par belles sentences et maximes ! — Celui qui, aux veillées d'hiver, récitait des scènes de Racine ou fredonnait la romance jouée par Buonarotti sur le clavecin, — qui, les soirs d'été, aux Champs-Elysées, jetait des sous aux petits savoyards, ou menait son chien *Brount* se baigner dans la Seine, — et, dans les excursions à Saint-Ouen, à Montmorency, cueillait pour ses jeunes amies des cerises dans les vergers, des bluets dans les champs !...

Avec le temps, l'image du grand homme s'était idéalisée au point qu'elle le voyait beau. — Sa tête de chat aux pommettes saillantes, couturées de petite vérole ; son teint bilieux, ses yeux verts bordés de rouge, sous ses lunettes bleues ; sa voix aigre, son verbe sec, pédant, hargneux, cassant ; son port de tête hautain, ses gestes convulsifs, tout cela s'était effacé, fondu, transformé en une douce figure d'apôtre, martyr de sa foi pour le salut des hommes !

Et, de fait, il avait sa foi, le monstre !... Sa foi en lui d'abord ; puis dans la sublimité de ses doctrines, qui sont bien d'un disciple de Rousseau : la civilisation corruptrice des mœurs ; le retour à l'état de nature, où l'homme est parfait, comme on sait ; un régime égalitaire, où toutefois les citoyens seraient courbés sous le joug d'une sorte de théocratie dont lui, l'*Incorruptible*, serait naturellement le grand pontife ! « Une jésuitière de l'Amérique espagnole ! » disait Danton railleur. — Bref, la plus odieuse des tyrannies ; mais, pour ce maniaque et les naïfs qui l'entouraient, la République idéale fondée sur la vertu !

Son incommensurable orgueil lui persuadant qu'il avait seul le génie requis pour ramener l'âge d'or, n'étaient-ils pas bien coupables ceux qui, par l'obstacle mis à sa grandeur, retardaient le bonheur de la Patrie ? — N'avait-il pas le droit de les exécrer, et le devoir patriotique de les détruire, ces « pervers » cramponnés à leurs

jouissances égoïstes? — Et, pour cela, toute arme
n'était-elle pas légitime : perfidie, mensonges,
trahisons, la beauté du but justifiant les pires
moyens?... Son cri de désespoir, en Thermidor,
où ceux qui l'assomment ne valent pas mieux
que lui : « Tout est perdu ! Les brigands triomphent! » ce cri-là est bien sincère! — Ne l'empê-
chent-ils pas de réaliser son rêve humanitaire?

De là, le culte rendu à sa mémoire par tous
les Duplay, persuadés et persuadant à d'autres,
qu'il n'a succombé que pour avoir voulu abattre
l'échafaud et détruire, dit Louis Blanc, « la terreur par la terreur » homéopathiquement !

Ah ! que Taine a donc raison de s'écrier que,
cent ans après sa mort, il fait encore des dupes !

Les Duplay ne sont pas les seuls familiers de
Robespierre qui l'aient dit méconnu et calomnié ! — Et peut-on s'en étonner ? — La sœur de
Marat ne voyait dans son frère qu'un bienfaiteur
de l'humanité. — La veuve de Carrier n'a jamais
admis que les noyades de Nantes fussent l'œuvre
de son « *brave homme de mari!* »

On m'a montré, dans mon enfance, celui qu'on
appelait le chirurgien de Robespierre, ce doc-
teur Souberbielle, qui allait de grand matin, chez

les Duplay, panser les ulcères variqueux de son client. — Attaché au service médical du tribunal révolutionnaire, quand une femme condamnée à mort se disait enceinte, dans l'espoir d'un sursis, il ne manquait jamais de déclarer que la grossesse était simulée, pour l'envoyer plus vite à l'échafaud. — Celui-là aussi proclamait la bonté d'âme de « l'ami Robespierre », et il en donnait pour preuve : que, l'un des partisans du grand homme, accusant l'échafaud de mollesse et de torpeur — le grand homme, indigné, avait livré au bourreau ce buveur de sang : — qui n'était autre que le général Henriot ! ! !

Voilà un témoin bien renseigné et digne de foi !

J'ai connu, plus tard, Deschamps, fils du commissionnaire des Duplay, et filleul de Robespierre qui ne lui a pas porté bonheur; car, après bien des déboires, il s'est jeté, de son quatrième étage, sur le pavé de la rue de l'Est. — Son fils était étudiant, comme moi, et nous faisions route ensemble, tous les matins, vers l'hôpital Necker. Il me contait en chemin la Révolution, telle que la concevait son père. — Ici, autre chanson ! — Robespierre ne répugnait plus à la guillotine — loin de là ! — Et, dans l'intérêt du peuple, il ne lui restait plus que quelques centaines de têtes à abattre, quand on l'avait mal à propos interrompu dans cette philanthropique besogne. — Les Deschamps ne s'en consolaient pas...

Nous avons eu aussi la sœur Charlotte, plus connue par la lettre où elle se compare à la mère des Gracques, que par les mémoires fantaisistes, où elle exalte la douceur, la tendresse de ses deux frères — celle de l'aîné surtout — et où elle nous conte ce que nous savions déjà de Néron ; que, dans son enfance, Maximilien pleurait la mort d'un oiseau ; et, plus tard, refusait de signer une condamnation à mort. — Elle oubliait, la bonne dame, qu'après Thermidor, elle accusait les deux Gracques d'avoir expédié leur sœur à Arras, pour y être guillotinée par Lebon, à cause de son mauvais caractère.

Mais de tous ces témoins à décharge, pas un n'a eu l'influence de madame Le Bas, communiquant ses mémoires à Lamartine, à Michelet, à Louis Blanc, et, par la sincérité de son ardente conviction, travaillant sourdement à la légende du « Christ révolutionnaire » dont Hamel nous a donné l'Evangile ! !

Hamel !... — J'ai rompu quelques lances avec lui, et pour une cause qui n'est pas étrangère aux mémoires de madame Le Bas. — Il s'agissait de cette maison de la rue Saint-Honoré, où elle a vécu les plus heureux jours de sa vie, jusqu'à la catastrophe qui devait lui faire payer si cher, ainsi qu'à tous les siens, l'hospitalité donnée à leur idole.

Hamel, sur de faux indices, avait déclaré que rien ne subsistait plus de cette habitation. — Un beau jour, je constate qu'il s'est trompé. — Le bâtiment en façade sur la rue a bien été démoli et reconstruit de fond en comble ; mais celui, au fond de la cour, habité par Duplay, et l'aile gauche, où logeait Robespierre, ont été seulement surélevés ; et, sous les constructions nouvelles, malgré des remaniements récents, on retrouve la salle à manger, le salon, la chambre des époux Duplay et celle de Robespierre. J'offre amicalement à Hamel de le lui prouver sur place. Il s'y refuse sèchement, et me fait détacher, par un maladroit de ses amis, un article assez impertinent qui m'oblige à la riposte et provoque une polémique, à laquelle je ne songeais nullement.

L'erreur de Hamel avait surtout pour cause son interprétation erronée des mots : « Au couchant », dans les descriptions sommaires de la maison Duplay ; en sorte qu'il voyait à l'est de la cour, ce qui, en réalité, était à l'ouest. — A l'appui de cette fausse orientation, il produisait un petit plan qu'il attribuait volontiers à madame Le Bas, et dont elle était bien innocente.

Je démontre, sans peine, que ce plan ridicule est en contradiction formelle avec tous ceux que Hamel n'a pas eu le soin de découvrir et de consulter. aux archives, au cadastre, chez le propriétaire, les notaires, etc. — Et qu'il n'est même pas conforme à la vraie configuration du terrain, tel qu'il a été de tout temps ; tel qu'il est encore.

Hamel bondit — puis voit bien qu'il s'est fourvoyé, exhibe un autre plan qui reporte à gauche tout ce que le premier plaçait à droite — et me dit d'un air dégagé :

— Madame Le Bas n'entendait rien à l'architecture ; elle s'est trompée de côté, — voilà tout ! Mais depuis, elle s'est ravisée — et voici qui remet tout en ordre. — « D'ailleurs, cela ne change rien à la question ! »

Mais comme il ne veut pas s'être abusé sur tous les points, il n'admet pas le tracé du terrain tel qu'il est établi par tous les plans — c'est-à-dire avec une enclave au nord-ouest de l'immeuble. — Il le voit à peu près carré, en forme de quadrilatère parfait. — Et pour se donner raison, il a recours au procédé le plus ingénieux...

En 1794, cette enclave était une cour de la maison voisine (n° 400 actuel), dont la propriétaire était la citoyenne Joyeuse. — En 1852,

M. Vaury père, alors propriétaire de la ci-devant maison Duplay (n° 398), se rend acquéreur du n° 400, et réunit les deux immeubles en un seul, qui est aujourd'hui la propriété de son fils.

Que fait Hamel?

Il détache du n° 400 la cour de la citoyenne Joyeuse, l'attribue au n° 398, — soixante ans avant la réunion des deux maisons!... — supprime ainsi l'enclave, carre son plan et me le présente triomphalement en me disant :

— Vous voyez bien que c'est un quadrilatère!

C'est enfantin; mais joli tout de même, et suffisant pour embrouiller la question; — ce qui était le grand point.

Il y aurait eu quelque naïveté à prolonger le débat avec un adversaire aussi subtil. — Je lui brûlai la politesse, et le laissai tranquillement installer la salle à manger, la cuisine, l'escalier et la moitié de la chambre des Duplay dans la cour de la maison voisine.

Hamel n'est plus! — Et nous possédons des documents nouveaux que je regrette bien de ne pouvoir mettre sous ses yeux, et qui sont :

1° Un état de lieux dressé le 1er juillet 1783, découvert par M. Coyecque et reproduit par lui, tout au long, dans le *Bulletin de l'histoire de Paris*, vingt-sixième année, — janvier 1899.

2° Un état de lieux de la maison Duplay daté du 22 août 1790.

3° Un plan de la maison occupée par le sieur Duplay, provenant des biens du couvent de la Conception.

Et acquise comme bien national par Duplay, le 22 prairial an IV.

Ces deux documents retrouvés par Lenôtre.

Ai-je besoin de dire que le plan d'ensemble est absolument conforme à tous ceux que nous avons produits et qu'il ne laisse rien subsister des idées chimériques de Hamel, sur la disposition du terrain, celle du bâtiment, leur reconstruction, etc.

Les deux états de lieux, celui de 1783 surtout, sont des plus précieux, et en parfaite concordance avec la description de madame Le Bas, dont nous avons enfin le texte *authentique*.

Hamel le possédait, ce texte, lorsqu'il écrivait, en 1860, sa biographie de Robespierre, puisqu'il avait eu communication du manuscrit de madame Le Bas. — Rien n'était plus naturel que de le reproduire mot pour mot. — Mais Hamel en était bien empêché. Il avait beau tourner et retourner en tous sens le texte de madame Le Bas et son prétendu plan ; il ne venait pas à bout de les concilier : — l'un supposant à droite tout ce que l'autre indiquait à gauche.

Toutefois, il avait triomphé de difficultés plus sérieuses ! — On ne s'applique pas, en trois gros volumes, à travestir la Révolution Française et à dénigrer tous ses grands hommes, au profit du seul Robespierre, sans contracter l'habitude de jouer avec les documents, et, quand ils sont gênants, de les contester, les oublier, ou les *modifier* pour les besoins de la cause.

La description de madame Le Bas contrariait l'idée qu'il s'est forgée de sa demeure. — Il modifia le texte de madame Le Bas!

Ainsi, elle dit très clairement :

« En entrant, une salle à manger; *au fond* une cuisine ayant un jour de souffrance sur le jardin des religieuses de la Conception... à *droite* de la salle à manger, un salon... »

L'emplacement de la salle à manger n'étant pas contesté, — celui du salon et de la cuisine n'est pas douteux. — Un enfant ne s'y tromperait pas.

Mais pour Hamel qui, à cette époque, confond tout, couchant, levant, droite, gauche... il n'y a pas moyen de placer le salon où le désigne madame Le Bas.

Il biffe « *à droite* » qu'il remplace par « *à la suite* », ce qui indique le salon au fond, — du côté du couvent, là précisément où madame Le Bas nous montre la cuisine ; et n'ayant plus de place pour celle-ci, il la supprime ! — Madame Le Bas n'a plus de cuisine : mais Hamel est hors d'embarras.

Même jeu pour l'escalier. — Madame Le Bas écrit :

« Dans la salle à manger, un petit escalier en bois, par où l'on montait dans les appartements ; *à droite* était la chambre à coucher de ma mère... *à droite* de la chambre et y attenant un petit cabinet de toilette, qu'on traversait pour entrer dans la modeste chambre de Maximilien. »

Hamel accommode cela à sa manière.

« Au premier, à droite du carré, s'ouvrait la chambre des époux Duplay... *à gauche* de l'escalier, on pénétrait dans un cabinet de toilette ; etc...

Il lui a suffi d'écrire *à gauche*, où madame Le Bas avait écrit *à droite*, pour tout brouiller et nous montrer un palier donnant accès, d'un côté, à la chambre des Duplay, dans le logis du fond ; de l'autre, à celle de Robespierre, dans l'aile en retour ; ce qui place forcément l'escalier à la rencontre des deux bâtiments, — où madame Le Bas serait bien étonnée de le voir.

Et ainsi du reste !

Plus tard, au cours de notre discussion, Hamel

s'est bien décidé — non sans peine — à donner le
texte de madame Le Bas sans retouches; et ç'a
été pour lui l'occasion de nouvelles erreurs;
mais quand nous tentâmes, Lenôtre et moi, de
reconstituer le plan de la maison Duplay, nous
ne connaissions que la description produite par
Hamel en 1867 (Tome 3, page 283) et qui, en réalité, n'était plus celle de madame Le Bas, mais la
sienne, tant il l'avait dénaturée. — Nous devions
la croire exacte, et nous y conformer scrupuleusement. Ce qui nous conduisit à mettre le salon à
la place de la cuisine, la cuisine à la place du
salon, et l'escalier, là où Hamel lui-même l'a
campé, à la diable, dans son second plan pos-
thume de madame Le Bas.

Erreur bien démontrée par l'état de lieux de
1790, — qui ne laisse plus le moindre doute sur
son véritable emplacement.

Aujourd'hui, grâce surtout à ce document,
rien n'est plus facile que de corriger ces erreurs,
de restituer tous les intérieurs de la façon la plus
précise, et de prouver notamment que le corps
de logis occupé par Robespierre est mieux conservé que nous ne le pensions. — Sa chambre
est intacte !

C'est ce que je me propose de faire prochaine
ment.

Si quelque lecteur des Mémoires de Madame
Le Bas a la curiosité de connaître sa demeure —
avec un peu d'imagination et à l'aide du dessin
de Duplessis-Bertaux, exposé à Carnavalet, et
qui représente l'arrestation de Cécile Renaud,
mais qu'il faut voir « retourné », c'est-à-dire
rétabli en son vrai sens, par la gravure, dans
les *Tableaux de la Révolution*, — il pourra se
faire une idée assez exacte de ce qu'était la maison Duplay en 1794.

Qu'il franchisse le seuil de la maison qui
porte le n° 398, rue Saint-Honoré ; et qu'il se
figure, à la place du couloir d'entrée, une
large voûte carrée, que l'on a rétrécie au profit
des deux boutiques latérales. — Au lieu de cette
cour étroite et assombrie par l'exhaussement de
tous les bâtiments qui l'entourent et par la construction d'une aile droite, qu'il se la représente
claire et ensoleillée, comme nous la montre
Duplessis-Bertaux — avec son hangar à gauche,
dont la trace est encore visible. — Dans le corps
de logis du fond, il retrouvera sans peine : —
Au rez-de-chaussée, à droite, la fenêtre du salon,
— à gauche, la fenêtre et la porte de la salle à
manger, remplacées par une vérandah ; — au
premier, les fenêtres des époux Duplay, autrefois surmontées d'un pignon ; — à gauche, pres-

que au débouché de la voûte, l'escalier qui desservait à la fois le bâtiment sur la rue, où logeaient Charlotte et Augustin, et l'aile gauche :

— Dans cette aile, sur la cour, la fenêtre du cabinet d'aisances, celle de Simon et de Maurice Duplay, et enfin, à l'angle de la cour, celle de Robespierre.

Et maintenant je passe la parole à Le Bas, qui va s'affirmer lui-même, par sa correspondance, excellent homme et bon patriote, et à sa digne femme ; — en regrettant pour le lecteur qu'il ne lui soit pas donné, — ainsi qu'à moi, — de l'entendre elle-même exalter celui qu'elle appelait « son bon ami », d'une voix si persuasive, qu'il fallait le bien connaître, pour résister à la séduction d'une dévotion si touchante !

VICTORIEN SARDOU,

de l'Académie française.

INTRODUCTION

En matière historique, la découverte de papiers
inédits peut être une source de joies ou de tristesses :
joie pour le rêveur qui, sondant par caprice les ténèbres des temps écoulés, donne ainsi à son imagination un aliment nouveau, pur de gloses fantaisistes ; — joie, aussi, pour l'historien de profession
qui va trouver, dans un manuscrit encore inconnu,
matières à discussions nouvelles, à conclusions différentes de celles adoptées par le vulgaire ; — mais
tristesse sincère, ou plutôt désillusion, pour l'homme
de bonne foi, quand la lecture de ces papiers, éclai-
rant trop vivement les erreurs, les injustices, les

partis pris, lui permet de constater que l'Histoire est trop souvent menteuse et calomniatrice, et
qu'elle ne peut pas ne point l'être...

Ne reposerait-elle, en effet, que sur les écrits ou
sur la mémoire des contemporains, acteurs des faits
racontés, elle serait diverse, injuste, partiale, puisqu'elle épouserait les haines, les enthousiasmes in-
considérés, ou bien encore les déformations qu'in-
fligent aux souvenirs tantôt l'éloignement dans le
temps, tantôt l'influence de l'heure présente ou celle
d'une interview intéressée. Mais ces narrations ou
ces écrits des contemporains sont encore tronqués,
dénaturés, falsifiés, par la passion ou par la fan-
taisie de l'historien, sans que le lecteur puisse dis-
cerner la part de l'erreur et celle de la vérité.

Aussi, comme Histoire, préféré-je parfois celle de
Michelet, où, sur chaque page, s'étend radieusement
l'imagination du poète ; du moins, nul ne peut s'y
tromper : l'historien disparaît devant l'improvisa-
teur ; on lit le roman ; on oublie l'Histoire.

Les autres sont plus dangereux parce que leur
artifice est moins visible : ils affirment, concluent,
sans contrôle, à moins qu'une paresse subite leur
fasse substituer, presque sans examen, à leur opinion propre, l'opinion plus documentée d'un confrère : nous verrons que pareil accident survint à
Lamartine, pour ses *Girondins*.

*
* *

Au cours de son *Histoire de Robespierre*, Ernest
Hamel vise, plusieurs fois, un manuscrit de la femme
du conventionnel Le Bas, que la famille de ce dernier lui avait communiqué ; il en donne quelques
extraits, en les accompagnant de considérations sus-
ceptibles d'en dénaturer le sens ; j'ai pensé que ce manuscrit méritait d'être publié *in extenso*, avec les
lettres et papiers qui s'y trouvent joints sous la ru-
brique « Rectifications de faits erronés ».

Aussi bien, la physionomie de Le Bas est-elle
digne d'être mise en lumière : beaucoup d'historiens
se sont bornés à lui accorder une brève mention —
toujours élogieuse, il est vrai ; — quelques autres
ont passé son nom sous silence ; la plupart ont iden-
tifié sa mémoire avec celle de Robespierre, sans dire
s'ils lui faisaient partager les vertus ou les vices
qu'ils attribuaient à son illustre ami.

C'est dans la contradiction de leurs opinions,
comme dans leurs rares accords, mais surtout dans
des documents sûrement authentiques et parmi les
notes d'Élisabeth Le Bas et de son fils, que j'espère
découvrir la psychologie vraie de cet homme modeste, honnête, généreux, qui contribua si puissamment à sauver nos frontières, à la fin du siècle der-

nier, et qui — ferme dans les convictions que l'amour de la Patrie lui avait suggérées — donna à l'Amitié le gage de sa propre vie.

Je n'ai pas l'ambition de faire de l'histoire ; c'est un portrait de famille que j'essaie de présenter. Et pour mieux me conformer à la vérité — si souvent outragée ailleurs — j'accorde la plus large place au document : les archives des départements, les Archives nationales et la Section historique du Ministère de la guerre m'ont fourni les éléments originaux qui complètent et éclairent le manuscrit de Mme Le Bas, les notes de son fils, et les pièces inédites qu'a conservées son petit-fils (1).

S.-P.

(1) M. Léon Le Bas, ancien directeur de la Salpétrière, fils de Philippe Le Bas (membre de l'Institut et maître de conférences à l'École Normale), et petit-fils du Conventionnel.

AUTOUR DE ROBESPIERRE

I

Un futur conventionnel. — La famille de Le Bas. — Son père.
— Sa sœur Henriette. — Le Bas étudiant et clerc de procureur à Paris, avocat à Saint-Pol, député par le département
du Pas-de-Calais à la fédération du 14 juillet 1790, puis
administrateur de ce département. — Le procès Berceau. —
Les premières lettres de Le Bas à son père.

Le Bas (Philippe-François-Joseph) naquit à Frévent (Pas-de-Calais), le 4 novembre 1764 (1). Son

(1) Voici en ce qui le concerne l'extrait du Registre aux Bap-
têmes, Mariages et Sépultures de l'église paroissiale de Saint-
Hilaire en Frévent pour l'année 1764 : « L'an mil sept cent
soixante-quatre, le quatre novembre, sur les six heures du matin,
est né et le même jour a été, par le soussigné, baptisé un fils du
mariage légitime du sieur Ange-François LE BAS, intendant de
Monseigneur le prince de Rache, et demoiselle Augustine Antoi-
nette Guislaine Hemery, ses père et mère, de cette paroisse, dont
le parrain et la marraine ont été M. Cocquerelle, Religieux et Receveur de l'abbaye de Cercamp, représenté par M. Baillieu, vicaire
de Saint-Hilaire, et demoiselle Louise Hemery, tante au baptisé du
côté maternel, qui lui ont donné les noms de PHILIPPE-FRANÇOIS-

père, Ange-François, alors administrateur des biens
du prince de Rache, fut successivement directeur
des postes et notaire dans cette même ville (1).

Après de solides études faites à Paris, au collège
de Montaigu, il entra, comme clerc, chez Dreu, procureur au Parlement : il songeait, avant tout, à contribuer aux dépenses de la famille, qui était pauvre,
et qui comptait alors treize enfants.

JOSEPH, et ont signé avec moi le présent acte, les jour, mois et
an que dessus, ainsi que le sieur Le Bas. — Signé : F. Cocquerelle, Louise Hemery, F. Baillieu vicaire, Le Bas, M. Cornu, curé
de Saint-Hilaire en Frévent. »

(1) Le registre de l'église de Saint-Hilaire en Frévent, pour l'année
1755 porte : « L'an 1755, le 14 octobre, après le premier ban publié le 12
à la messe paroissiale de l'église matrice de Saint-Hilaire en Frévent,
avec espérance d'obtenir dispense des deux autres de monseigneur
l'illustrissime évêque de Boulogne, comme d'effet par l'expédition
qui en a été faite le 13 à l'évêché, entre ANGE-FRANÇOIS LE BAS, secrétaire des affaires de M. le prince de Rache, natif de la paroisse
de Bouvigni-de-Boieffe, résidant en notre paroisse depuis neuf à
dix ans, fils de défunt Jean-François et d'encore vivante Marie-
Anne Le Dieu, ses père et mère, d'une part, et MARIE-ANTOINETTE-
GUISLAINE-AUGUSTINE-JOSÈPHE HEMERY, fille du sieur Antoine, intendant
des affaires dudit seigneur prince de Rache, et dame Marie-Antoinette-Josèphe Demoucheaux, ses père et mère, d'autre part, tous de
cette paroisse, sans qu'il s'y soit trouvé aucun empêchement ni
opposition, je soussigné, prêtre et religieux carme de la maison
de Lucheux, par commission de M. Jacques Thélu, prêtre curé et
doyen de Saint-Hilaire en Frévent, et avec l'agrément de M. Hanchon, prêtre et curé de Boubers-sur-Canche, diocèse d'Amiens, ai
reçu d'eux leurs promesses et consentement mutuel de mariage,
après leurs fiançailles célébrées le 12, dans l'église dudit Saint-
Hilaire, par le dit sieur curé et doyen, et leur ai donné la bénédiction nuptiale, fait leur mariage avec les cérémonies prescrites
dans l'église dudit Boubers, en présence des soussignés. Signé : Augustine Hemery, Le Bas, Berghes prince de Rache, Berghes,
Mouchy princesse de Rache, la princesse de Nassau, le marquis
de Bellengreville, Marie-Antoinette-Josèphe Demoucheaux, Isabelle
Hemery, Louise Hemery, Dubois, L. Demoucheaux, Ducrocq,
L. Hanchon, prêtre, Pélagie Buttel, M. Cornu, vicaire. »

Le 3 avril 1789, il fut reçu licencié en droit :

Je conserve précieusement son diplôme, imprimé sur une feuille de papier de soixante-cinq centimètres de long sur quarante-deux de large. Sous une figure allégorique représentant saint Augustin, on lit :

CARISSIMÆ MATRIS PATRONO

THESES UTRIUSQUE JURIS
EX MATERIA SORTITO DUCTA

CANONICI

EX CAP. 7 EXTRA DE CONSUETUDINE.

I

CONSUETUDO est jus non scriptum tacitâ populi conventione receptum, et inveterato usu comprobatum.

II

CONSUETUDO pro jure et lege in his quæ ex non scripto descendunt, observari solet.

III

CONSUETUDINIS jus tantæ, tamque probatæ autoritatis est, ut non fuerit necesse scripto id comprehendere.

IV

CONSUETUDINI locus non est, nisi ubi lex, aut legis saltem ratio deficit.

V

CONSUETUDO jus interpretatur, illi derogat, imo et ipsum quandoque tollit, non aliter tamen quam si legis ratio cesset.

VI

UT invaluisse censeatur consuetudo, requiritur ut legitimi tem-

CIVILIS

EX LEGE 6 COD. DE JURE DOTIUM

I

DOS est quidquid marito ab uxore, vel ejus nomine ab alio datur, dicitur, aut promittitur ad sustinenda matrimonii onera,

II

POTEST quidem matrimonium esse sine dote, sed non potest esse dos sine matrimonio, cujus perferandis oneribus marito inserviat.

III

IN tantum prodesse debet dos, ut nullo pacto, nullàque conventione induci possit, ut ei sit sterilis, nulloque casu proficiat.

IV

DUPLEX dos distinguitur : profectitia alia dicitur, alia adventitia, sub quà continetur, quam mulier ipsa dedit, et dos simpliciter appellatur.

V

PROFECTITIA dos est, quæ à patre vel parente paterno profecta est, ex bonis, facto-ve ejus patrimonium minuente.

VI

OPORTET ut a patre data sit tanquam patre, nec est profectitia,

poris suffragio muniatur, et sit rectæ rationi consentanea.

VII

Hinc reprobatur consuetudo, quæ simplici sacerdoti sacramenti confirmationis collatio tribuitur; est hæc ordinis episcopalis et ad solos episcopos spectat.

VII

Similiter non est admittenda consuetudo, quæ gravamen inferret ecclesiis, et si quæ hujusmodi invaluerit, judicis autoritate debet remitti.

IX

Reprobanda est utique consuetudo, quæ nervum ecclesiasticæ disciplinæ corrumperet, et invitaret ad delinquendum.

quam dedit, ut debitor filiæ, vel alterius fidejussor.

VII

Adventitia dos est, quæ ab alio quocumque, quam a patre data est, etiam quæ a matre, vel avo materno.

VIII

Quicumque dotem dat, eam nudo pacto facere potest receptitiam, excepto tamen patre qui profectitiæ naturam immutare non potest.

IX

Maritus, constante matrimonio, rerum dotalium est dominus quarum tamen dominium ad uxorem, soluto matrimonio, ipso jure revertitur.

Has Theses ex utroque Jure, Deo duce, auspice Deiparâ, et Præside CL. V. D. MATTHÆO ANTONIO BOUCHAUD, Equite, Comite consistoriano, J. U. D. Antecessore, et Comite, e Regia inscription. et human. litter. Academiâ, Divionensis et Atrebatensis Academiarum Honorario, Lectore et Professore Regio juris Naturæ et Gentium, ac Censore Regio, tueri conabitur *Philippus-Franciscus-Josephus Le Bas*, Boloniensis, Baccalaureus, die Veneris 3 Aprilis, anno Dom. 1789, a tertiâ ad sextam.

Aderunt cum jure suffragii sorte ducti Clar.

D. D. Drouot, Sarreste, Guynemer, Gravier, Belin, Duménil.

PARISIIS

IN SCHOLIS JURIS

PRO LICENTIATU

(Apud *P. R. C. Ballard*, consultissimæ Facultatis typographum, viâ Mathurinensium.)

*
* *

Quelques jours après, Le Bas était reçu avocat au Parlement. La famille possède la longue lettre qu'il écrivait, la veille de son examen, à son père ; je n'en retranche que la première partie, qui n'est qu'une discussion peu intéressante de questions de procédure ; on lit ensuite :

Paris, le 2 avril 1789.

... Vous recevrez incessamment l'élixir en question ; je ne l'achèterai que demain, parce que, dans ce moment, je suis très occupé relativement à mon droit.

J'ai subi, cette semaine, mon dernier examen; je soutiens demain, à trois heures, ma dernière thèse, et vraisemblablement lundi ou mardi prochain, j'aurai prêté serment au Parlement. Bonvallet n'étant pas en fonds pour le présent, je me suis adressé à Fourdrain, mais j'ai excédé la somme que je vous avais demandée, parce que les 200 francs suffisaient à peine pour finir ma licence, et qu'il me fallait en outre 72 francs pour mes frais de réception au Parlement. Fourdrain m'a prêté 300 francs.

Je ne vois pas effectivement grand inconvénient à aller passer deux ou trois mois à Frévent. Les affaires de Berghes (1) sont instruites actuellement, et ce qui reste à y faire ne rend pas ma résidence à Paris extrêmement nécessaire ; d'un autre côté plusieurs circonstances vont ralentir l'activité du Parlement.

Je vous avouerai d'après cela, mon cher père, que j'irai passer volontiers le printemps avec vous. Sans être malade en apparence, je ne suis pas néanmoins tellement

(1) Berghes, prince de Rache, dont son père avait administré les biens.

bien portant que n'aie besoin de soins. M. Dreu n'en sait rien ; je ne lui dirai pas même que c'est là le sujet de mon départ. Je ne suis peut-être pas un être assez indifférent pour lui, pour qu'il ne cherche pas à me retenir, en me flattant de l'espoir d'un rétablissement qu'il ne faut pas espérer chez lui, vu le genre de vie que j'y mène.

Je crois qu'il serait à propos que mon départ ne parût pas venir de moi, et que vous devriez lui écrire et lui mander que le besoin que vous avez de secours dans le commencement de votre régie, joint à d'autres circonstances et à des vues à l'accomplissement desquelles je dois contribuer, vous forcent de me rappeler au moins pour trois mois auprès de vous, que vous vous y seriez pris plus tôt, mais que la crainte de le gêner vous a fait choisir le temps des vacances de Pâques, parce qu'il lui sera plus facile, s'il a besoin d'un maître clerc, d'en trouver un pour la rentrée.

J'ajouterai, mon cher père, que le rétablissement de ma santé n'est pas le seul motif qui me détermine ; à l'espoir de vous être de quelque utilité se joint encore la facilité d'approfondir l'étude du droit, que je ne puis trouver ici, comme vous le sentez, mon temps étant presque absorbé par le travail de l'étude.

Ainsi j'attendrai vos ordres. Fourdrain compte retourner incessamment ; il serait possible que nous partions ensemble. Mille respects, mille assurances de tendresse à maman, que je désire ardemment voir sortir de son état de souffrance (1).

LE BAS.

P.-S. — Comment s'arrange-t-on à Frévent pour les États-Généraux ?

J'oubliais de vous dire que M. Dreu marie sa fille

(1) Sa mère mourut trois mois après (18 juillet 1789).

aînée après Pâques à un avocat aux Conseils : 80,000 fr. de dot.

Après avoir passé quelques semaines près de ses parents, il éprouve une sorte de nostalgie de Paris : l'activité de la grande ville l'attire ; il retourne y prendre part.

Quelques-unes des lettres qu'il adressait à son père nous ont été conservées ; les voici :

Paris, ce 14 décembre 1789 (1).

Mon cher père,

Je suis arrivé ici samedi ; il était trop tard pour que vous puissiez avoir de mes nouvelles dimanche.

J'ai vu déjà plusieurs fois M. Dreu. Les choses sont en meilleur état que nous ne pensions, et M. Dreu n'a que le tort de n'avoir pas répondu à nos lettres.

... M. Dreu m'a très bien reçu ; il m'a offert chez lui un logement que j'ai accepté ; comme il n'a chez lui qu'un clerc de parade, je lui ai offert de l'aider dans ses moments de presse.

Il n'y a rien ici de nouveau. Adieu, mon père, portez-vous bien ; espérez un changement favorable, il y a lieu. — Mille choses à tous mes frères et sœurs.

LE BAS.

Paris, ce 5 janvier 1790 (2).

Mon cher père,

J'étais tellement pressé la dernière fois que je vous ai

(1) Collection Le Bas.
(2) *Id.*

écrit, que je ne sais si vous aurez pu lire mon griffon-
nage.

... Avez-vous reçu les décrets relatifs aux municipalités ?

Le Bas.

P.-S. — Je reçois à l'instant des étrennes de Frévent.
Je vous en remercie et vous souhaite une bonne année.

Paris, ce 11 février 1790 (1).

... M. Lhéritier s'occupe de moi, et j'espère, dans
quelques jours, vous apprendre qu'il ne m'a pas fait de
vaines promesses.

Adieu, mon cher père ; une bonne santé. Croyez toujours sur mon respect et sur ma tendresse.

Le Bas.

Une lettre du 18 février se réfère exclusivement
à des questions de procédure.

Paris, ce 22 février 1790 (2).

... M. Lhéritier est allé à campagne. Je ne suis pas
encore plus instruit que quand je vous ai écrit, et je
sais seulement qu'il veut me procurer les moyens d'augmenter mes ressources pour exister ici.

Voilà donc le sort des religieux fixé ; il y aura des
mécontents. Je ne m'explique pas davantage parce que
vos affiches d'Artois arriveront en même temps que ma
lettre.

Adieu, mon cher père ; mille compliments à mes frères
et sœurs, et croyez toujours à mes sentiments.

Le Bas.

(1) Collection Le Bas.
(2) *Id.*

Paris, ce 15 mars 1790 (1).

Rien de nouveau, mon cher père. J'attends toujours le jugement de référé. Ce n'est pas assez pour les juges de ce pays d'être injustes et ignorants ; ils sont encore d'une lenteur désespérante.

J'aperçois déjà quelque accroissement dans mes moyens d'exister ici. Outre quelques connaissances utiles que j'ai faites, j'ai, comme avocat, assez de travail pour remplir les instants de loisir que me laisse l'affaire à laquelle je suis principalement occupé.

Comme mon logement chez M. Dreu n'était rien moins que propre à recevoir du monde, et que l'on n'inspire pas en général de confiance, ici, si l'on ne présente un extérieur un peu aisé, j'ai loué, moyennant cent quatre-vingts francs par an, un appartement de deux pièces au premier, rue Guénégaud. Il est très joli, très décent et les personnes qui s'intéressent à moi ont trouvé qu'il me convenait à merveille. Je dois l'occuper à la fin de ce mois. Il m'en coûtera fort peu pour le meubler, surtout si vous pouvez déférer à la demande suivante.

Il s'agirait de m'envoyer de quoi composer un lit, c'est-à-dire deux matelas, des couvertures et trois ou quatre paires de draps.

J'aurais aussi besoin de rideaux pour trois croisées.

Puis-je compter, mon cher père, sur votre bonté ordinaire dans cette circonstance, et trouveriez-vous mauvais que je cherchasse à me fixer dans un pays qui offrira toujours à un jeune homme sans fortune plus de ressources qu'aucun autre, et où certainement je trouverai plus de facilité à servir mes parents ?

Je sais qu'en prenant ce parti je m'éloigne de vous ; il en coûte à mon cœur. Mais je ne l'aurais pas pris s'il

(1) Collection Le Bas

m'eût ôté tout à fait la possibilité de vous revoir. Il est
bien des fois où nous pourrons nous réunir. Il y aura
encore des vacances.

M. Lhéritier est toujours dans les meilleures dispositions. S'il ne m'a pas témoigné efficacement sa bonne
volonté, c'est que le moment n'est pas arrivé. Mais j'ai
appris qu'il était question, entre autres choses, d'une
tutelle : il a voulu savoir si j'étais majeur et avocat.
M. de Berghes applaudit aussi à mon dessein de rester à
Paris. Vous voyez donc que ce n'est point ici une idée de
jeune homme.

Adieu, mon cher père ; mille assurances d'attachement à mes frères et sœurs ; accordez quelque retour
aux sentiments bien tendres de votre fils.

Le Bas.

Mais son père, déjà très âgé, lui demande de
venir le seconder ; Le Bas n'hésite point : il renonce
à une carrière qui s'annonçait brillante.

Déjà son caractère se dessine nettement : l'ambition — une ambition légitime — l'avait caressé à
l'âge où les jeunes hommes consument dans les
plaisirs leurs ressources et leur santé, mais un sentiment plus fort l'a, par deux fois, détourné de la
route qu'il aurait voulu suivre : aux honneurs comme
aux plaisirs, il renonce par affection pour sa famille. La piété filiale, et ce qu'on nomme aujourd'hui
l'altruisme, l'emportent sur toutes les considérations
d'amour-propre. Il en sera ainsi jusqu'à son dernier
jour.

Dans la matinée du 24 mars 1790, il avait écrit :

Ce 24 mars 1790 (1).

J'ai été, mon cher père, communiquer vos comptes à M. Lhéritier, à sa campagne, à neuf lieues de Paris. J'arrive à l'instant et je n'ai que le temps de vous écrire ce peu de mots pour rompre un silence un peu long. Je vous renverrai par le prochain courrier comptes et papiers.

Il y a ici beaucoup de troubles et de mouvement. Avant-hier et hier le peuple a pendu dix voleurs.

Le Bas.

Ayant reçu, dans l'après-midi, une lettre de son père, il reprend la plume, et, sans hésitation, écrit :

Paris, ce 24 mars 1790 (2).

... Quelque avantageux qu'il puisse me paraître de me fixer à Paris, quelque dégoût que vous me supposiez pour la province, je n'hésiterai jamais à sacrifier des avantages, à surmonter des dégoûts, toutes les fois que votre satisfaction en dépendra. Je vois que je vous contrarie en voulant m'établir ici ; d'un autre côté, vos nouveaux chagrins vous portent à désirer que tous ceux qui vous aiment véritablement soient auprès de vous. Eh bien ! mon père, mandez-moi franchement que vous le désirez, je serai prêt à partir, rien ne me retiendra ; je puis même vous assurer que j'habiterai volontiers un pays qui, je l'avoue, n'a par lui-même nul attrait pour moi, mais qui s'embellira à mes yeux, quand je saurai

(1) Arch. Nat., A. B., xix, 179 (don Le Bas).
(2) Collection Le Bas. — La première partie de cette lettre a trait uniquement à des questions de droit, soulevées à propos des affaires de Berghes.

que mon séjour y est nécessaire à votre bonheur. Vous
aurez, n'en doutez pas, dans votre fils un ami fidèle, un
compagnon inséparable qui partagera vos travaux, vos
peines, vos plaisirs. En un mot, quels que soient les
discours auxquels je donne lieu en agissant ainsi, je
m'en inquiète peu : ma principale ambition est de contribuer à vous rendre heureux. J'abandonne aisément
tout projet qui n'est pas d'accord avec celui-là. Le devoir, et surtout mon cœur, me disent que je ne saurais
faire autrement : non, mon père, je ne saurais vivre
avec une conscience qui me reprocherait ou d'avoir été
la cause de vos peines, ou de n'avoir pas au moins tenté
de les diminuer. Telles sont, telles ont toujours été mes
dispositions. Je ne croyais pas que vous l'eussiez oublié.
Mais, mon père, que la connaissance que je vous en
donne de nouveau me réconcilie avec vous, si vous avez
pu être fâché contre moi.

Adieu, mon cher père, mille amitiés à mes frères et
sœurs.

LE BAS.

Notons, en passant, que parmi ces frères et sœurs
qu'il va retrouver, au mois de mai 1790, se trouve
Henriette, qui inspirera à Saint-Just un sentiment
très vif.

Lamartine imagina, à ce propos, un curieux roman : la jeune fille, qui rendait, au commencement,
à Saint-Just le sentiment qu'il ressentait pour elle,
hésita ensuite à lui donner sa main ; Saint-Just, at-
tribuant à Le Bas et à Robespierre cet éloignement,
se refroidit envers ses collègues et s'abstint, pour
ce motif, de se rendre à plusieurs séances du comité
de Salut Public « absence, conclut Lamartine, qui

« affaiblit le parti de Robespierre et qui causa sa
« chute et sa mort. Une inclination de cœur contra-
« riée fut pour quelque chose dans la catastrophe
« qui entraîna Robespierre et la République (1). »

*
* *

Le premier acte établissant l'adhésion de Le Bas
aux principes démocratiques est sa désignation,
comme député de son département, à la fédération
du 14 juillet 1790 (2).

Après avoir, pendant plusieurs mois, prêté à son
père l'aide qu'il attendait de lui, il va s'installer tout
près de sa famille, à Saint-Pol, pour y exercer la profession d'homme de loi.

C'est de cette ville qu'il écrit, le 15 octobre 1790 (3) :

(1) *Histoire des Girondins*, t. VII.
(2) Voici la pièce que M. Léon Le Bas a conservée ; elle est revêtue du cachet à la cire de la Confédération :

    « *Confédération Nationale, 14 juillet 1790.*

  « Nous, maire de la ville de Paris, commandant général de la
garde-nationale Parisienne, Président et Commissaires de la commune pour le Pacte-Fédératif, certifions que M. Le Bas l'aîné a assisté à la Fédération, en qualité de député du département du Pas-
de-Calais, district de Saint-Pol, et que pendant son séjour dans
nos murs, il nous a donné les témoignages du plus pur patriotisme
et de la fraternité la plus entière, en foi de quoi Nous lui avons délivré le présent certificat, auquel nous avons apposé le cachet de
la Fédération.

  « A l'Hôtel de Ville, le 21 juillet 1790.

« HAQUIN, commissaire   LA FAYETTE, commandant général.
JONERY.   CHARON, président des commis-
BAILLY, maire.   saires pour le Pacte-Fédératif. »
(3) Collection Le Bas.

J'ai été aujourd'hui, mon chère père, dans cinq ou six maisons ici pour trouver du bois. Je n'en ai trouvé que dans un endroit, mais on voulait me le vendre 30 francs la corde, et ce prix m'a paru excessif. Je ne sais guère quand je pourrai m'en procurer à un prix raisonnable. Je crois que le mieux serait de prier Augustin de m'en charrier une voiture. Si ce parti vous paraît préférable, je vous prie de ne pas différer à le prendre.

J'ai reçu le fond de lit, et j'espère que demain tout sera rangé chez moi. J'ai aussi rendu quelques visites, entre autres à M. le maire.

Je vous souhaite une bonne santé et le bonsoir en attendant que j'aie le plaisir de vous voir.

Le Bas.

Comme document contemporain, nous n'avons conservé qu'un mot rapide de son père, daté de Frévent, 27 novembre suivant (1) :

Je t'envoie, mon cher fils, une somme de 42 francs, sur lesquels tu te rembourseras des 18 francs déboursés pour ta sœur Roode. Le surplus servira à tes petits besoins.

Charles ne m'a pas écrit ; il doit cependant être embarqué.

Bonjour, nous nous portons tous bien.

Le Bas.

C'est vers cette époque qu'il est nommé administrateur du département, tout en continuant à habiter Saint-Pol, mais ses nouvelles fonctions l'obligent à

____

(1) Collection Le Bas.

n'être point sédentaire (1). Il est d'ailleurs chargé à Arras d'une cause qui a, dans l'Artois, un grand retentissement :

Un vieux maréchal-des-logis au 8ᵉ régiment de cavalerie, du nom de Berceau, venait d'être déféré à la cour martiale d'Arras ; il était accusé faussement d'insubordination par un officier qui, en sa qualité de gentilhomme, s'était cru obligé, depuis, à émigrer. L'accusation d'indiscipline était grave à une époque où la patrie se trouvait menacée par quatorze armées étrangères ; pourtant Berceau fut acquitté ; son avocat, dont la parole avait été éloquente et persuasive, fut reconduit en triomphe à Saint-Pol. Mais les officiers supérieurs du 8ᵉ régiment crurent devoir venger l'honneur de l'épaulette en accablant le vieux soldat de dégoûts. Le jeune avocat, n'estimant pas, dès lors, sa mission termi-

(1) Il est probable qu'il séjournait souvent au chef-lieu du département ; j'ai sous la main notamment la lettre suivante, adressée à son père et datée d'Arras, 7 novembre 1791 :

« Quoique nous ne fassions pas beaucoup de choses, nous sommes cependant, mon cher père, très occupés. Je n'ai pas oublié le mémoire des officiers municipaux ; le jour même qu'il m'a été remis, je l'ai donné au directoire, et je n'ai cessé depuis lors mes sollicitations à ce sujet. J'attends une décision qui ne peut plus tarder longtemps, et qui, m'a-t-on dit, aurait déjà été donnée sans le grand nombre d'affaires dont le directoire est chargé. — On s'est occupé du canal projeté ; il aura lieu, mais on n'a pas déterminé s'il passera par Saint-Pol ou Frévent, et cette détermination n'aura lieu qu'à la prochaine session, époque à laquelle on aura tous les renseignements nécessaires.

« Deleville se porte bien ; il fait des compliments à toute la famille. Je n'ai pas, pour le présent, le temps de vous en dire davantage. Mille amitiés à mes frères et sœurs.

« Le Bas. »
(Collection Le Bas.)

née, adressa au ministre Servan lui-même une réclamation énergique, qui eut plein succès (1). Le Bas et Berceau devaient, quelques années après, se retrouver sur le champ de bataille.

Appelé par le directoire du département à faire partie de l'administration centrale (décembre 1791),

(1) Voici cette réclamation, d'après le brouillon annexé aux nombreuses pièces du procès Berceau que ma famille a conservées :

« Monsieur,

« Nicolas Berceau, maréchal des logis au 8ᵉ régiment de cavalerie (ci-devant des cuirassiers), après avoir servi vingt-cinq ans avec honneur et s'être distingué par son patriotisme, notamment en juin 1791, a été renvoyé avec une cartouche pure et simple, sous prétexte qu'il s'était rendu coupable d'insubordination le 14 juillet suivant.

« Déterminé à périr plutôt que de vivre déshonoré, il a voulu être jugé. Il s'est de lui-même rendu en prison ; il a été *unanimement* déclaré innocent. C'était une conséquence du jugement de la Cour Martiale qu'il rentrât au corps, et qu'il y jouît de tous les avantages dont il aurait joui s'il n'avait pas été accusé. Le roi l'a ainsi ordonné, et vous avez, monsieur, transmis des ordres à M. de Caulaincourt à Arras. M. de Caulaincourt les a transmis à M. de Pully, nouveau colonel du 8ᵉ régiment de cavalerie.

« Et cependant M. de Pully refuse de recevoir Berceau ; il ne peut, dit-il, déplacer personne pour *un homme qui s'est fait renvoyer*. Des ordres itératifs de M. de Caulaincourt n'ont pas obtenu plus d'obéissance. Ainsi gémit, depuis plus de huit mois, un vieux et brave militaire privé de tout, tandis qu'un sieur Aldeborth, son dénonciateur, ci-devant maréchal des logis au même régiment, est officier dans la garde du roi, qu'un sieur Darthaud, son autre dénonciateur, ci-devant lieutenant au même régiment, *absent*, vient d'y être fait capitaine, qu'enfin un sieur Degras, ci-devant lieutenant-colonel au même régiment, celui-là même qui a chassé Berceau, est maintenant colonel commandant d'un autre corps.

« J'ai été, monsieur, le défenseur de Berceau à la Cour Martiale. La loi m'offre différents moyens de le défendre encore : j'ai cru que le meilleur était de dénoncer à un ministre patriote des faits qui n'ont pas besoin de commentaires. Je ne demande pas la punition des coupables, mais au moins que Berceau cesse d'être si cruellement opprimé, qu'il soit convenablement placé dans un autre corps, puisque tant de persécutions semblent l'attendre encore

Le Bas refusa d'abord cette situation : sa jeune ambition s'était envolée. Mais il finit par accepter, sur de nouvelles instances de ses amis et de sa famille ; et il montra, dans ses nouvelles fonctions, les idées de tolérance et les qualités conciliatrices qui furent si précieuses à ses collègues, plus tard, lorsqu'il fut délégué aux armées (1).

dans le sien. Je vous présente, monsieur, l'occasion d'exercer le pouvoir que vous avez de faire le bien. Je ne crois pas devoir vous presser de la saisir.

« Le Bas.

« Saint-Pol, ce 16 avril 1792 »

(1) La collection Le Bas contient la lettre des administrateurs du directoire du département et le brouillon de la réponse de Le Bas.

« *A M. Le Bas, administrateur du département à Saint-Pol.*

« Arras, 20 décembre 1891.

« Monsieur et cher collègue,

« Nous avons l'honneur de vous informer que M. Duchatelet ayant été nommé à une place qui l'empêche de continuer ses fonctions au directoire, nous avons appelé M. Cot, premier suppléant, qui nous a déclaré que les affaires multipliées dont il est chargé dans ce moment l'empêchent de remplir le poste vacant. M. Delalleau, second suppléant, à qui nous avons écrit également, a aussi des affaires, et, au surplus, doit faire des voyages, ce qui ne lui permet pas non plus de remplacer M. Duchatelet ; d'un autre côté, M. Piers ayant donné sa démission, il a été remplacé par M. Le Fraulois ; en sorte, monsieur, que vous vous trouvez en ce moment appelé à remplacer M. Duchatelet.

« Nous espérons que vous voudrez bien vous rendre le plus tôt possible auprès de nous, et nous vous attendons avec impatience.

« Les administrateurs composant le directoire du département du Pas-de-Calais.

« Dubois, prés., Dupin, Thullière, Caron. »

A cette lettre Le Bas répondit :

« Le 25 décembre 1790.

« Messieurs,

« J'étais loin de prévoir tant d'événements, dont le concours m'appelle en ce moment auprès de vous. Je voudrais pouvoir me

2

Il habitait maintenant le plus souvent Arras, mais il avait conservé son domicile réel à Saint-Pol, comme il appert de la pièce suivante (1) :

Département du Pas-de-Calais, district de Saint-Pol.

PATENTE SIMPLE

Année 1792.

Ce jourd'hui, neuf juin 1792, s'est présenté devant nous, administrateurs du directoire du district de Saint-Pol, le sieur Le Bas, habitant domicilié de la communauté de Saint-Pol, y demeurant, rue des Procureurs, paroisse de Saint-Paul, ayant un loyer de la valeur de trente-six livres.

Lequel nous a justifié de la déclaration par lui faite, conformément à l'article XII de la loi du 17 mars 1791, au greffe de la municipalité, suivant le certificat sous le n° 3 par lui déposé au secrétariat de notre district, au dos duquel est la quittance du percepteur de cette communauté, de la somme de 3 livres 12 sols, formant l'im-

réunir à des collègues au milieu desquels, à l'aide d'un travail soutenu, j'espérerais acquérir ce qui me manque pour être utile à la chose publique. Mais, outre que ma santé fort dérangée m'interdise des fonctions trop au-dessus de ses forces, des affaires de famille et d'autres considérations infiniment importantes rendent mon déplacement actuellement impossible et me retiennent ici. Je m'y suis toujours, j'ose le dire, montré bon citoyen, et dans un centre dont l'étendue est plus proportionnée à mes moyens, mes soins ne seront pas infructueux.

« Au reste, le refus que je me trouve forcé de faire déterminera sûrement M. Cot à entrer dans une administration qui ne lui est point étrangère, et dans laquelle il peut encore, malgré ses embarras multipliés, tenir mieux sa place qu'un jeune homme qui n'a guère que du patriotisme et de bonnes intentions. S'il en est ainsi, mon refus vous aura mieux servi que mon acceptation.

« Je suis très fraternellement, etc.

« LE BAS. »

(1) Collection Le Bas.

portance du droit de patente, dont le prix total a été réglé à ladite somme par ladite municipalité de Saint-Pol.

Et nous a requis de lui délivrer une patente simple, pour avoir le droit d'exercer, pendant le cours de l'année 1792, telle profession qu'il lui plaira, à la seule exception de celles mentionnées dans l'article XIV de la loi du 17 mars 1791.

En vertu desquels certificat et quittance, nous lui avons délivré la présente, au moyen de laquelle il est loisible audit sieur Le Bas d'exercer, pendant le cours de l'année 1792, telle profession qu'il lui plaira, à la seule exception de celles mentionnées dans l'article XIV de la loi du 17 mars 1791.

Délivré par nous, administrateurs du directoire du district de Saint-Pol.

Fait à Saint-Pol, ce 9 juin 1792, l'an IVe de la Liberté.

(Suivent quatre signatures).

Néanmoins la plupart de ses lettres sont datées d'Arras : elles méritent d'être retenues.

II

Le Bas à Arras. — Lettres à son père. — Formation de ses
convictions politiques. — Son désir de retourner à Paris.

Arras, ce 25 juillet 1792 (1).

J'ai reçu votre lettre du 23 de ce mois, mon cher père.
Malgré le danger de notre position actuelle, je suis loin
de croire qu'il faille jamais désespérer du salut de l'État.
Des nouvelles de Paris annoncent que le recrutement de
l'armée se fait avec beaucoup de succès, que déjà plus de
quinze mille hommes se sont enrôlés. Quelle différence
de ce pays au nôtre ! On ne s'y borne pas à de vaines
protestations d'attachement pour la Patrie ; mais aussi il
faut convenir que l'appareil avec lequel la municipalité
de Paris a proclamé les dangers de la Patrie était bien
propre à jeter dans les âmes des impressions profondes.
Nous avons reçu, de M. Arthur Dillon, une lettre par laquelle cet officier général, commandant à l'armée du
Nord, nous tranquillise sur la crainte d'une invasion
dans le département, et annonce que chaque district va

(1) Archives nat., A. B., xix, 179 (don Le Bas).

recevoir quatre mille cartouches au lieu de mille que la loi du 8 de ce mois leur prescrit de se procurer. On parlait ici d'une action dont le résultat aurait été l'expulsion des Autrichiens qui sont à Bavay, mais cette nouvelle, comme tant d'autres, est fausse. Seulement il y a eu entre nos postes et ceux des Autrichiens quelques légères affaires. Quelques soldats ennemis ont été pris. Je suis encore de la commission chargée de préparer les travaux relatifs à la surveillance permanente pour laquelle nous sommes rassemblés.

Il est question de demander une indemnité pour les membres du Conseil de département. Il est certain que leur déplacement, dont on ne prévoit pas le terme, est très frayeux.

Je pense que François trouvera à se placer convenablement dans l'armée. J'apprendrais avec bien du plaisir qu'il le fût.

(*Ici quelques renseignements sur un jugement intéressant madame de Rache*).

Adieu, mon cher père, je vous embrasse. Mes compliments à mes frères et sœurs.

Le Bas.

Arras, 1er août 1792 (1).

Rien de très nouveau à vous mander, mon cher père. Vous savez sans doute et vous aurez appris avec plaisir que François était sous-lieutenant. Nos séances sont maintenant publiques. Nous avons avec les municipalités et les districts une correspondance active et suivie relativement aux circonstances présentes. Mais les choses ne changent pas beaucoup de face, et je n'aperçois pas encore le terme de mon retour. Cependant j'espère aller

____

(1) Collection Le Bas.

dans peu à Saint-Pol, et de là à Frévent causer avec vous.
Deleville se porte bien ; il vous salue. Je n'ai pas encore
parlé pour Bonvallet, parce que la loi relative à l'aug-
mentation de la gendarmerie nationale n'est pas arrivée.
Je vous embrasse.

Le Bas.

Arras, 12 août 1792 (1).

Vous avez sans doute appris la suspension du roi, le
décret qui invite la Nation à une convention nationale.
Nous ne savons pas bien encore les circonstances et les
détails de cet événement. Ce qui paraît certain, c'est qu'il
a coûté la vie à beaucoup de citoyens, et que les gardes-
suisses ont été les provocateurs. On n'envisage qu'avec
effroi les suites que peut avoir une pareille révolution.
Comment l'armée se conduira-t-elle ? Voilà un grand
sujet d'inquiétude ! Quant à l'intérieur, la tranquillité
semble dépendre beaucoup de la conduite de l'armée. Me
voilà retenu ici plus étroitement que jamais.

Je suis retourné hier au département, ma fluxion
m'ayant à peu près quitté.

Je n'ai pas encore reçu de nouvelles de François. J'ai
su, il y a quelques jours, qu'il était en bonne santé, par
une lettre de Le Blond à mon cousin, dans laquelle il lui
apprend qu'il est quartier-maître, et que François a
beaucoup contribué à le faire nommer. Je vous informe-
rai des nouvelles que je pourrai apprendre ici. Mes compliments à la famille.

Le Bas.

(Sans lieu d'origine).

Vous ne pouvez, mon cher père, accepter la proposition de madame de Rache. Vous vous compromettriez

(1) Arch. nat., A. B., xix, 179 (don Le Bas).

et vis-à-vis de la Nation et vis-à-vis de mademoiselle de
Berghes.

Que madame de Rache se pourvoie pour obtenir la
régie à la charge de verser dans les mains du receveur
du droit d'enregistrement ; le département verra alors
s'il peut lui laisser cette régie quand la Nation peut se
payer par ses mains, puisqu'elle est aux droits de mademoiselle de Berghes, ou si cette régie doit rester entre
vos mains à la charge de verser en celles du receveur du
droit d'enregistrement. Quant à ce que dit madame
de Rache pour revenir contre l'arrêt de 1788, vous
sentez que la Nation n'abandonnera pas facilement ses
droits.

.   .   .   .

Je n'ai pas le temps de vous écrire plus au long ; je
finis en vous recommandant de faire ce que vous pour-
rez pour que l'assemblée primaire du canton de Frévent
nomme des électeurs patriotes. Le salut de l'État en dé-
pend.

Ce 22 août 1792 (1).

Comme l'a fait remarquer le fils du conventionnel,
en annotant les trois premières de ces lettres (2), Le
Bas pressent maintenant l'issue de la lutte qui s'engage, mais il hésite encore à déclarer de quel côté
sont les torts. Cet esprit si droit et si honnête ne se
prononcera que lorsqu'il aura compris de quel côté
est le devoir.

(1) Collection Le Bas.
(2) Il les avait communiquées à Buchez et Roux, qui les repro-
duisirent, incomplètement d'ailleurs, dans leur *Histoire parlementaire de la Révolution française.*

Ces lettres reflètent aussi comme un regret pour la grande ville que Le Bas a quittée prématurément, depuis plus de deux ans : « Quelle différence de ce pays au nôtre! » s'écrie-t-il.

Le Bas, député à la Convention nationale. — Il embrasse
les principes de Robespierre. — Il rend compte de sa conduite politique à son père. — Les raisons de son attitude
effacée à la Convention. — Le procès de Louis XVI. —
Dumouriez. — La situation morale de l'Assemblée. — La
Commune de Paris. — Le Bas est introduit par Robespierre dans la famille Duplay. — Débuts à l'armée de son
frère François (futur adjudant-général).

Bientôt le vœu qu'il forme secrètement sera exaucé :
Paris le reverra.

Le zèle qu'il déployait dans ses fonctions d'administrateur, le succès qu'il avait obtenu comme avocat, l'amitié fondée sur une profonde estime que lui
portait Maximilien Robespierre, son ancien condisciple, avaient fixé sur lui l'attention publique ; et
lorsque la Convention nationale eût été convoquée,

il fut l'un des députés envoyés par le département
du Pas de-Calais à cette assemblée (1).

(1) Voici les deux passeports que je trouve dans les papiers qu'a
conservés mon beau-père : l'un émane de la municipalité de Saint-
Pol et porte un cachet ovale à la cire avec ces mots : « La loi et le
roi » ; le second est revêtu d'un cachet rond de cire rouge, fleur-
delysé, avec la mention : « District de Saint-Paul du Pas-de-
Calais; municipalité de Frévent. »

« ÉGALITÉ, LIBERTÉ.

» *Au nom de la Nation.*

« Département du Pas-de-Calais, district de Saint-Pol, municipalité de Saint-Pol. Laissez passer Philippe-François-Joseph Le Bas,
homme de loi et député pour la Convention nationale, citoyen
français, domicilié à la municipalité de Saint-Pol, district du même
lieu, département du Pas-de-Calais, âgé de vingt-huit ans, taille de
cinq pieds cinq pouces, cheveux et sourcils châtains, yeux gris-
bleu, nez court un peu retroussé, bouche petite, menton rond, front
large, visage ovale ; et prêtez-lui aide et assistance en cas de
besoin.

« Délivré à la maison commune le 15 septembre 1792, l'an IV de
a Liberté. »

(*Au-dessous de la signature du maire, des officiers municipaux,
de Le Bas et de Caron, secrétaire greffier, sont tracés ces mots* ?)

« Nous, maire et officiers municipaux susdits certifions à tous
qu'il appartiendra que ledit Philippe-François-Joseph Le Bas mérite
l'estime et la vénération publique par son patriotisme, son dévouement entier à la chose publique, et qu'il s'est acquis un prix infini
à la reconnaissance de tous les bons patriotes, en propageant l'esprit public et l'amour de la patrie dans cette commune, qui s'ho-
nore de procurer à la Convention nationale un défenseur aussi dévoué à la cause de la *Liberté* et de l'Égalité; en témoignage de quoi
nous lui avons délivré ces présentes auxquelles nous avons fait apposer le sceau de la municipalité.

« Fait à Saint-Pol, en la maison commune, le quinze septembre
mil sept cent quatre-vingt-douze, l'an 4 de la Liberté 1ᵉʳ de l'Égalité. »

(*Suivent les mêmes signatures que ci-dessus, auxquelles sont
jointes celles des membres du conseil de la Commune.*)

« *La loi.*

« Laissez passer le sieur Philippe Le Bas, français domicilié en
la ville de Saint-Pol, département du Pas-de-Calais, district de
Saint-Pol, âgé de vingt-huit ans, taille de cinq pieds cinq pouces,
cheveux et sourcils châtains, yeux gris, nez élargi, bouche moyenne,

PORTRAIT DE LE BAS
(Croquis exécuté par David au cours d'une séance de la Convention.)

menton long, visage ovale, front haut ; et prêtez-lui aide et secours
en cas de besoin.

« Donné à Frévent, même département et district, sous notre
signature et la sienne, le seize septembre mil sept cent quatre-vingt
douze, l'an quatre de la Liberté, le 1ᵉʳ de l'Égalité. »

(*Suivent quatre signatures, dont celles de Detœuf, maire, et de
Le Bas*).

Outre ces deux laissez-passer, la collection Le Bas contient la
pièce suivante :

« VIVRE LIBRE OU MOURIR
« *Égalité. Liberté.*

« Nous soussignés, président et secrétaire de la Société des Amis
de la Liberté et de l'Égalité séant à Saint-Pol, district de Saint-

Convaincu de la pureté des intentions de Robespierre, il embrassa ses principes et y resta fidèle, malgré les dangers qu'il voyait s'accumuler sur sa tête : « Probe, modeste, silencieux, dit Lamartine, il croyait à la vertu comme à l'infaillibilité de Robespierre. » A la Convention, il y suivait la pensée de ce dernier « comme l'étoile fixe de ses opinions » ; mais il n'avait point remis, comme le prétend Lamartine, sa conscience et ses votes entre ses mains ; ses votes ont été conformes à ceux de Robespierre parce que les deux amis luttaient pour la même cause ; et la conscience de Le Bas, loin d'être asservie, guida plus d'une fois Robespierre dans une voie de clémence et de générosité qui n'était point familière au terrible jacobin.

Le Bas, qui assista aux débats si graves de la Convention depuis le 21 septembre 1792 jusqu'à la fin de 1793, écrivait presque chaque jour à son vieux père,

Pol, département du Pas-de-Calais, affiliée à la société-mère séante aux Jacobins, à Paris, certifions que Philippe-François-Joseph Le Bas, électeur et député à la Convention nationale, est un des instituteurs de cette Société, qu'il s'y est toujours distingué par son assiduité aux séances de la Société, son patriotisme et son dévouement à la chose publique, qu'il a donné naissance et propagé l'esprit public dans cette commune, qu'il emporte l'estime et les regrets de tous les bons citoyens, des vrais sans-culottes, qu'il remplit actuellement les fonctions de président, qu'il a remplies à plusieurs reprises depuis l'établissement de cette Société, ainsi que celles de secrétaire ; en conséquence, prions nos frères les membres composant les sociétés affiliées à celle des Jacobins, de le regarder comme un de leurs membres.

» Donné en la salle ordinaire des séances, le quinzième jour du mois de septembre, le trente-cinquième de l'Égalité, l'an 4ᵉ de la Révolution française. »

(Signatures du vice-président et du secrétaire).

et lui rendait, en quelque sorte, compte de sa conduite politique ; je reproduis les lettres qui nous sont restées, tant celles du père que celles du fils :

Lettre du Conventionnel.

Paris, 21 septembre, l'an 4e
de la liberté, le 1er de l'égalité (1).

Je suis arrivé ici hier à cinq heures, mon cher père. J'ai été sur le champ faire vérifier mes pouvoirs (2). La Convention Nationale est formée. Je n'entrerai pas à ce sujet dans des détails que les papiers vous apprendront. Paris est plus tranquillè qu'on ne me l'avait annoncé. Les travaux du camp près cette ville avancent. Le zèle qui porte les citoyens aux frontières n'est pas ralenti. On ne peut s'en faire une idée juste dans notre froid pays. Bonvallet m'a reçu en ami. Je n'aurai, je pense, qu'à me louer d'un pareil hôte. Il m'a prié de le rappeler au souvenir de mon père et de toute ma famille. Je vous écrirai plus au long dans quelques jours. Mille amitiés à mes frères et sœurs, et des compliments à nos connaissances. Je vous embrasse.

LE BAS.

Lettre du Conventionnel.

Paris, le 29 septembre 1792, l'an Ier de la République (3).

Je vous adresse, mon cher père, quelques papiers. Je désire qu'ils vous intéressent. J'aurai soin de vous en envoyer de temps en temps. La Convention va assez

(1) Arch. Nat., A. B., xix, 179 (don Le Bas).
(2) Je trouve dans les papiers conservés par la famille une pièce, datée du 20 septembre et signée illisiblement, qui porte : « Monsieur Le Bas, député du département du Pas-de-Calais à la Convention Nationale, a été enregistré aux archives. »
(3) Arch. nat. (*loc. cit.*)

bien. Les nouvelles des armées sont satisfaisantes et tout semble nous promettre le succès de la bonne cause. Il y a dans le paquet deux chansons qui sont ici fort en vogue. Bonvallet vous salue. Mille amitiés à mes frères et sœurs.

Le Bas (1). »

Lettre du Conventionnel.

Paris, 30 septembre, l'an Ier de la République (2).

Je vous adresse, mon cher père, le bulletin de la Convention. Rien de nouveau ici. Nous espérons avoir bientôt des nouvelles de l'armée de Dumouriez. Je n'ai pas encore reçu de lettres de François. Avez-vous été plus heureux ? Je vous embrasse.

Le Bas.

(1) L'avant-veille, Le Bas avait été se faire inscrire sur le registre des déclarations de séjour. Cette formalité est ainsi constatée :

« MUNICIPALITÉ DE PARIS
« *Section de Bon Conseil*

« Extrait du Registre ouvert en exécution de la loi du 23 mai 1792, et de l'arrêté du corps municipal du 4 juin, pour recevoir la déclaration des personnes arrivées à Paris depuis le 1er janvier 1792.

« Nous, commissaire soussigné, certifions que sur le registre ci-dessus énoncé, a été inscrit ce jourd'hui, sous le n° 5, citoyen Le Bas, homme de loy, demeurant ordinairement à Saint-Pol, district de Saint-Pol, département du Pas-de-Calais, et actuellement depuis 5 jours à Paris, rue Française n° 6 ; qu'il a affirmé sa déclaration véritable, qu'il a signé, qu'il a son passeport.

« En foi de quoi nous avons délivré la présente déclaration.

« Fait au Comité le 27 septembre, l'an quatrième de la Liberté, le premier de la République Française, et le déclarant a signé avec nous.

« Badin, commissaire   Le Bas.
« Gauvet, *Secrétaire-greffier de police.* »
*(ces trois derniers mots sont biffés
d'un trait de plume).*
(Pièce de la collection Le Bas)

(2) Collection Le Bas.

Lettre de son père.

A Frévent, 1er octobre 1792,
l'an Ier de la République (1).

J'ai reçu, hier, à 8 heures du soir, ta lettre du 27. Les nouvelles que tu me donnes nous étaient déjà en partie parvenues, mais on met plus de confiance dans les papiers manuscrits que dans ceux imprimés, quoiqu'ils contiennent beaucoup moins de phrases.

Il me semble que le patriotisme commence à s'éveiller ici. On doit fournir quarante sept hommes pour le complément de notre contingent. On s'est assemblé hier après midi et, ma foi, la plus grande partie est enrôlée parmi de beaux hommes, et ça ira.

On fait la même chose dans les lieux voisins ; je crois qu'ils suivront l'exemple et que nous parviendrons à assembler une masse de forces si imposante que nos ennemis seront forcés de rétrograder et d'abandonner la tentative qu'ils ont faite sur Lille, pour faire une diversion.

Berceau m'a écrit, du 27, du camp de Dampierre-sur-Aube, armée du Centre. Voici ce qu'il me mande ; il était à l'affaire du 20 : « Le feu a commencé à 4 heures du matin et n'a fini qu'à 5 heures du soir. Rien de si terrible. Notre régiment a le plus souffert, étant le plus près de l'ennemi, mais toujours intrépide. Notre compagnie qui tenait la droite de la cavalerie a le plus souffert. Trois hommes ont été tués d'un seul coup, tous trois à ma droite ; je l'ai manqué belle. L'ennemi est à une demi-lieue vis-à-vis de nous ; mais n'importe ! Je dis

(1) Cette, lettre, comme les suivantes, porte la suscription : « Aux députés du département du Pas-de-Calais à la Convention Nationale, (quelques-unes portent : « à l'assemblée conventionnelle ») chez le citoyen Le Bas, rue Françoise n° 6 ; à Paris. » Elle fait partie de la collection Le Bas.

comme mon brave général, au milieu du plus fort des feux : Bravo, mes amis ! *ça ira et ça ira.* » Il se souvient toujours de toi avec reconnaissance.

François a écrit à sa sœur Roode il y a deux jours ; il est toujours à Sainte-Menehould ou environs ; il se plaint de n'avoir pas de nouvelles, et cependant je lui ai écrit deux fois et tu sais bien que tu lui as écrit avant de partir pour Paris.

Ton linge est prêt ; ta sœur l'enverra à Mme Mimerel par la première occasion.

Adieu mon ami. Porte-toi bien. Nous nous portons bien tous.

Le Bas.

Lettre du Conventionnel.

Paris, 3 octobre, l'an Ier de la République (1).

J'ai reçu aujourd'hui, mon cher père, votre lettre. Je ne puis vous donner de nouvelles plus sûres qu'en continuant de vous envoyer le bulletin. François m'a écrit ; sa lettre est datée du 27 du mois dernier. Il se porte bien, et partage l'ardeur de la brave armée dans laquelle il sert. Les nouvelles que nous avons reçues aujourd'hui, et que vous connaîtrez en détail par le bulletin que je vous adresserai demain, augmentent notre espoir de voir bientôt la terre de la liberté purgée des brigands qui avaient voulu la désoler, et qui avaient déjà commencé l'exécution de leurs affreux projets. Indépendamment de quelques petites divisions inséparables des grandes Assemblées, surtout dans les temps de révolution, la Convention paraît toujours en général animée d'un bon esprit, et décidée à remplir ses hautes destinées. Trop de grands talents s'y font distinguer pour que

____

(1) Arch. Nat., A. B., xix, 179 : don Le Bas.

j'émette sans nécessité une opinion que d'autres déve-
lopperont mieux que moi. L'essentiel est de bien faire,
de bien écouter pour bien opiner, et de ne parler que
quand on a à dire une vérité qui sans vous échapperait
aux autres. Ce n'est pas de notre gloriole personnelle
qu'il s'agit aujourd'hui, mais du salut de la République.
Voilà mes principes, et j'y tiens d'autant plus fortement,
qu'ils sont ceux de beaucoup de députés à la supériorité
desquels je me plais à rendre hommage. J'ai lié connaissance avec Merlin de Douai, que j'ai trouvé dans les bons
principes. Je vous embrasse. Bonvallet vous salue.

Le Bas.

Lettre du Conventionnel.

Paris, 5 octobre, l'an Ier de la République (1).

Je m'empresse de vous annoncer qu'outre les nouvelles renfermées dans le bulletin ci-joint, nous avons
appris officiellement que le général Custine avait pris la
ville de Spire et fait plus de trois mille prisonniers. Ce
qu'il y a de plus beau, c'est que notre brave armée ne
s'est portée à aucun excès dans une ville prise de vive
force, bien différente en cela des brigands autrichiens.
Notre victoire nous a procuré en outre des fourrages, des
vivres, des armes, des munitions.

Le Bas.

P. S. — Mon adresse ainsi : Aux députés du département du Pas-de-Calais à la Convention Nationale, maison
du citoyen Le Bas, rue Françoise n° 6.

____

(1) Arch. Nat., *loc. cit.* (don Le Bas).

3

Lettre de son père.

Ce samedi 6 octobre 1792,
1er an de la République, vers le soir (1).

J'ai reçu hier au soir, mon cher ami, ta lettre du 3 de ce mois ; j'en ai reçu une de François du 29 septembre : les nouvelles qu'il me donne sont du 29 septembre ; elles disent à peu près ce que les papiers nous apprennent ; il t'aura fait part que nous avons fait des hussards prussiens prisonniers, avec armes et bagages, voitures de culottes, vestes, souliers, bas et autres habillements, et six voitures chargées de pain, etc. Il me mande que nous sommes assez forts pour battre l'ennemi.

L'ennemi paraît avoir évacué le siège de Lille et perdu beaucoup de monde : nous sommes à présent dans cette partie-là en force, et je fais bien volontiers mes adieux aux féroces Autrichiens. En tout et partout je vois que nos ennemis ont faim et que la disette la plus désespérante s'empare d'eux. J'espère que nous ne nous en tiendrons pas là.

Je suis charmé que tu aies fait connaissance avec Merlin. Je le crois propre, franc et loyal. Bien des compliments à Duquesnoy. Deleville t'a-t-il écrit d'Arras ? il ne m'a point écrit depuis plus d'un mois : je lui en demande aujourd'hui la raison ; je me persuade qu'il ressuscitera. Tous mes enfants se portent bien ; tes frères et sœurs t'embrassent. Eugène est allé hier à Frévent ; il arrive ce soir avec plein de bonnes nouvelles. Il passe beaucoup de monde venant d'Amiens, Abbeville, Boulogne, Calais ; les Autrichiens ont levé le siège de Lille ; mais ils n'en seront pas quittes. Tout le monde est fou de joie. Je t'embrasse.

LE BAS.

(1) Collection Le Bas.

Du même.

Ce 15 octobre 1792, Ier an de la République (1).

Je suis bien aise, mon cher ami, d'avoir souvent de tes nouvelles. Tu me dis que François se porte bien ; cela me fait grand plaisir ; mais tu ne dis pas où il est. Sa dernière est du 29 septembre ; mais comme il ne disait pas l'endroit d'où il écrivait, je n'ai pu lui répondre qu'à l'armée du Nord, et peut-être n'aura-t-il pas reçu ma lettre. Donne-moi son adresse.

Deleville a été chargé par notre département du travail du complément de l'armée ; il est à présent franc patriote, et cela va ; il promet de venir nous voir à la Toussaint.

Nous espérons de voir bientôt une armée nombreuse entrer en Brabant. Ah ! que j'aurai de plaisir !

Mme de Rache est de retour de Paris. Elle a été plusieurs fois en vain chez Robespierre pour l'engager à s'intéresser pour faire crouler la substitution qui la gêne ; elle n'a pas trouvé moyen de lui parler et je lui ai dit que tu n'as pas trouvé le moment de l'aller voir et que ce ne sera que pour son premier retour à Paris.

Tes frères et sœurs se portent bien et t'embrassent. Bien des compliments au citoyen Merlin à l'occasion. Crois-moi ton ami.

Le Bas.

Lettre du Conventionnel.

Paris, 23 octobre 1792, l'an I de la République (2).

Je vous envoie, mon cher père, deux bulletins : on s'occupe d'un projet sur la vente des biens des émigrés,

(1) Collection Le Bas.
(2) Même collection.

qui déjà, comme vous le savez, sont bannis à perpétuité. Il paraît aussi que les substitutions vont être abolies.

Il y a longtemps que je n'ai reçu de nouvelles de François ; en avez-vous reçu ? Je vous prie, si cela est, de me les communiquer.

Je n'ai rien de nouveau à vous mander. Nous attendons des nouvelles de nos armées.

LE BAS.

Du même (1).

. . . .

Nous espérons placer François dans les troupes de ligne (2). Je vous embrasse.

LE BAS.

P.-S. — Je vous prie de m'envoyer ici l'extrait de baptême de François et un certificat de civisme de la municipalité.

28 octobre 1792.

Lettre de son père.

A Frévent, ce 29 octobre 1792, l'an I de la République (3).

Je n'avais pas reçu de nouvelles de François depuis un mois ; il vient de m'écrire, et je viens de lui envoyer les

----

(1) Même collection : le commencement de la lettre n'a aucun intérêt ; Le Bas y entretient son père de questions de procédure.

(2) François Le Bas, frère du Conventionnel, acquit vite ses grades : capitaine au 21ᵉ chasseurs le 14 août 1793, adjudant-chef d'escadron à l'armée du Nord, le 28 janvier 1794, adjudant-général chef de brigade à l'armée de Sambre-et-Meuse, le 29 avril 1794, il fut arrêté, en fructidor, sans autre motif que sa parenté avec le Conventionnel et « bien qu'il n'ait donné lieu, depuis qu'il était à l'armée, à aucun reproche » ; il passa cinquante-six jours au cachot, puis fut relâché sans réintégration, « l'intérêt de la patrie s'opposant à ce que le frère de celui qui conspira contre elle soit employé plus longtemps ». (Archives de la guerre, dossier François Le Bas. — Léonce Grasilier : *l'Adjudant-général Jean Landrieux*, Albert Savine, 1893.)

(3) Collection Le Bas.

chemises, bas, culottes et meubles qu'il demande pour l'hiver. Il est à présent au Quesnoy, en Hainaut, près Valenciennes ; mais tout se dispose de manière à faire croire qu'ils ne resteront pas là longtemps et qu'ils vont aussitôt pénétrer dans le Brabant.

Mercredi dernier, sont partis des districts 4 à 5,000 chevaux pour aller charger des canons à Douai ; on les dit conduits à Tournai et Mons, et que le bruit s'y fait déjà entendre ; nous croyons que le siège est déjà vis-à-vis l'une de ces places et peut-être vis-à-vis toutes deux. Il paraît que le nombre de nos ennemis est beaucoup diminué, et l'on ne croit pas que ses plans puissent tenir longtemps, car nos forces sont écrasantes sur les frontières du Nord, et il en arrive encore tous les jours. J'ai vu samedi dernier, en repassant par Saint-Pol, le bataillon du Hàvre arriver. Il est des mieux conditionné tant en hommes que armes, etc. Tout ceci nous donne de belles espérances et nous fait croire qu'avant l'hiver nous aurons une grande partie des Pays-Bas, car la Belgique paraît toute disposée à se joindre à nous.

Le Bas.

Du même.

Ce 17 novembre 1792,
l'an 1er de la République française (1).

François ne m'a pas écrit depuis la fin d'octobre ; je ne sais s'il était du siège de Mons : cela me donne de l'inquiétude. Je lui ai écrit ces jours derniers sous le couvert du Directoire de Valenciennes, le priant de lui faire passer ma lettre à l'endroit où il croira le trouver, et, dans le cas où il l'ignorerait, de la faire passer au citoyen Delorme, directeur à l'armée du Nord. Personne

(1) Même collection.

de nos volontaires n'a encore écrit depuis le siège de
Mons.

Je t'envoie vingt-cinq francs, pour abonnement de trois
mois au *Moniteur*, à commencer d'à présent. *L'adresse
à moi.* Fais-le aussitôt, car notre abonnement est tombé
au commencement du mois. Le surplus des vingt-cinq
francs viendra sur autre chose.

Nos électeurs sont à Saint-Omer depuis dimanche.
Nous n'avons de nouvelles de personne.

Les gardes nationaux du dernier bataillon, encore in-
complet à Saint-Pol, sont ici depuis hier pour engager
Frévent et Bonnière à fournir leur contingent; je ne sais
s'ils réussiront, car on est toujours ici aussi froid que
d'ordinaire. Je suis logé de deux.

Adieu. Nous nous portons bien tous et t'embrassons.

Le Bas.

Du même.

A Frévent, 21 novembre 1792, l'an I de la Rép. française (1).

Rien, mon cher ami, ne peut altérer la pureté et la
franchise de mes sentiments civiques, quelque perte que
je fasse dans le nouvel ordre de choses.

Je voudrais bien être juge de paix ; mais comment y
parvenir ?

Les élections vont se faire, et les anciens, tout mé-
diocres qu'ils sont, ont déjà accaparé beaucoup de suf-
frages. Il en arrivera ce qu'il pourra. J'espère que la providence n'abandonnera pas un père de treize enfants,
qu'il a élevés convenablement, et qu'il ne perd que par
une suite de ce nouvel ordre.

Les biens à vendre des émigrés sont immenses, no-

(1) Collection Le Bas.

tamment ceux de la ci-devant noblesse. Les biens des fabriques seront plus cher, parce que les lots sont déjà faits pour le détail des exploitations, et que ces biens sont loués assez cher.

Madame de R. rentrant dans la pleine propriété de ses biens, n'est pas émigrée ; mais il est sûr qu'elle vendra tout. Son frère a fait la folie de s'émigrer, et ce sont de pareils gens qui ont donné lieu à l'extinction des successions.

Je suis nommé, sans l'avoir aucunement demandé, au Conseil du département.

Adieu. Bien des compliments et de tous mes enfants au citoyen Bonvallet que nous embrassons aussi bien que toi.

LE BAS

Lettre du Conventionnel.

Paris 27 novembre (1).

Qu'il est doux, mon cher père, pour un patriote d'être votre fils ! Votre lettre, en me prouvant votre civisme, ne m'a cependant rien appris. Je vous félicite sur votre nomination au département. Mais les absences et les travaux gratuits auxquels ces nouvelles fonctions vous assujettissent ne sont-ils pas un obstacle à cette vie tranquille dont votre santé a besoin et dont vous m'avez si souvent exprimé le désir de goûter les charmes à la campagne ? Père d'une nombreuse famille dans laquelle la patrie a trouvé de zélés défenseurs, après avoir vous-même fait tant de sacrifices à cette patrie, vous avez, ce me semble, acquis des droits à un repos honorable dont je vous invite à jouir au milieu de vos enfants.

Je vous envoie une petite brochure ; elle vous donnera une idée de la division qui règne au milieu de nous,

____

(1) Arch. Nat., A. B., XIX, 179 (don Le Bas).

Quels que soient les projets de ceux qui crient si fort aux
agitateurs, il est certain que, pour un bon observateur,
leur conduite n'est pas celle de vrais patriotes, et res-
semble beaucoup à celle des feuillants dont ils ont à peu
près adopté le style et les maximes, et qu'il est assez curieux de voir figurer avec les aristocrates, parmi leurs
partisans, et se joindre à eux pour égarer l'opinion, dépopulariser les plus ardents défenseurs de la liberté, et
provoquer des décrets liberticides. Je vous embrasse.

LE BAS.

Lettre du même.

Paris, 30 novembre 1792, l'an I de la République (1).

... François m'a écrit. Je lui avais proposé de la part
de Deleville une place de capitaine dans une compagnie
franche attachée au 12ᵉ régiment de chasseurs, dans lequel sert notre cousin Waclair : il accepte, et il a écrit
à cet égard à Deleville.

Voilà trois jours que je suis retenu chez moi par une
fluxion. Elle est presque passée ; du reste je me porte
bien. Bonvallet vous fait ses compliments ; Charpentier
l'aîné, que je vois souvent, vous présente aussi ses civi-
lités. Je vous embrasse de tout mon cœur.

LE BAS.

Quelles nouvelles de l'assemblée électorale de Saint-
Pol ?

Du même.

Paris, 16 décembre 1792 (2).

J'ai reçu, mon cher père, avec votre lettre du 13 de ce
mois, la somme nécessaire pour payer Leperche ; je vous

(1) Collection Le Bas.
(2) Arch. Nat., A. B., xix, 179 (don Le Bas).

adresserai incessamment son mémoire quittancé. Ce
que vous me dites de Frévent n'est pas agréable. Je vois
avec peine que les aristocrates sont devenus plus inso-
lents peut-être que jamais. J'en attribue la principale
cause à cet esprit de modérantisme qui s'est introduit
dans une partie de l'assemblée, et à la conduite dès me-
neurs de cette assemblée. Notre situation dans l'intérieur
est vraiment inquiétante. Je vois encore sous des formes
peu différentes des anciennes les patriotes persécutés et
les aristocrates excusés. Si cela ne change pas, gare l'in-
dignation des patriotes. L'effet, cette fois, en serait affreux...

Louis doit paraître mercredi à la barre. Il y a, dit-on,
un système pour le sauver. C'est ce qu'il faudra voir.

Sans doute que vous ne tarderez pas à revoir François. Vous ne m'avez pas répondu sur Désiré. Quels sont
vos desseins à son sujet ? Je vous embrasse. Mille amitiés à mes frères et sœurs.

.Le Bas.

Du même.

Paris 21 décembre 1792 (1).

J'étais trop éloigné de la Convention. Je viens de me
loger rue de Chartres, hôtel de Bordeaux, avec plusieurs
députés ; c'est là désormais que vous m'adresserez mes
lettres.

J'ai reçu des nouvelles de François ; il se porte bien ;
mais il est fort maigre. Il est toujours au camp de Liège
et s'impatiente de ne pas être déjà à sa compagnie
franche. J'ai écrit à Deleville à ce sujet. J'ai écrit aussi à
Saint-Pol et à Arras, relativement à ce qui s'est passé à
Frévent. Je vous embrasse.

Le Bas.

(1) Collection Le Bas.

*Fragment d'une lettre du Conventionnel dont la première
partie n'a pas été retrouvée* (1).

. . . .

. . . . . . royauté par le peuple dans un moment où
son opinion n'était pas travaillée comme elle l'est, qui,
membre pour la plupart du comité de constitution, n'ont
encore rien présenté sur la Constitution, mais ont, au
contraire, fait les motions les plus incendiaires, les plus
désorganisatrices, telles que celles d'une force armée
tirée des quatre-vingt-trois départements, d'une loi sur
la liberté de la presse, d'une révision, par les assemblées primaires actuelles, des choix faits par les assemblées électorales des membres de la Convention, etc.
Pour tout dire, ce sont eux qui font différer le jugement
de Capet, et nous ont engagés dans un labyrinthe de
formes. Au surplus, observez qu'ils sont indirectement
inculpés dans l'affaire de Capet, et qu'ils se sont gardés
de donner, comme tant d'autres, leur opinion par écrit.
Peut-être est-ce là la clef de leur conduite. Réfléchissez-y...
Mais soyez en garde contre les diatribes ministérielles.
Louis paraît demain. Je m'attends à de vives discussions. Je vous embrasse.

LE BAS.

Du même.

Paris, 3 janvier 1793 (2).

Je vous adresse, mon cher père, le discours de Robespierre. Rien ne prouve mieux qu'il a dit de grandes vérités que l'acharnement avec lequel tant de personnages
le critiquent. Lisez-le, et faites-le lire à vos connais-

(1) Collection Le Bas.
(2) Arch. Nat., A. B., xix, 179 (don Le Bas).

sances. Nous nous battons encore pour l'appel au peuple.
L'issue du combat est incertaine.

LE BAS.

Du même.

Paris, 11 janvier (1).

Je vous envoie, mon cher père, une nouvelle opinion
sur l'affaire de Capet. Elle mérite d'être distinguée dans la
foule de celles qui paraissent. J'aurais pu faire imprimer
aussi celle que j'avais rédigée. Peut-être y aurait-on
trouvé quelques idées neuves ; mais j'ai renoncé à ce
petit profit de l'amour-propre. J'amasse en secret pour
mieux dépenser quand il en sera temps ; et puis quand
il faudra s'expliquer sur Louis à la tribune, lors de l'appel
nominal, on connaîtra ma façon de penser ; on saura que
je n'ai pas cessé d'être patriote et cela me suffit.

Nous sommes actuellement dans un grand calme ; je
crains qu'il ne soit le précurseur d'un nouvel orage politique. Je voudrais de tout mon cœur pouvoir me reposer
sur les bonnes intentions de la Convention, mais impossible. Je n'ai jamais vu tant de feuillants qui néanmoins
se disent républicains. Vous avez apprécié à leur valeur
certains personnages ; il en est beaucoup d'autres dont
le temps détruira les réputations, comme il a détruit
celles de tant de charlatans.

J'abonnerai incessamment le citoyen Le Blond ; cela
serait fait, mais je garde la chambre depuis quelques
jours, sans cependant être très indisposé ; seulement j'ai
besoin de repos. Je vous embrasse.

LE BAS.

P.-S. — Je n'ai pas le temps en vérité de donner d'avis.
Tâchez de faire entendre cela ; d'ailleurs, je ne puis, comme
législateur.

(1) Arch. Nat. (loc. cit.)

Du même.

Paris, 12 janvier (1).

Je vous envoie, mon cher père, avec le bulletin, l'exemplaire d'une opinion contre l'appel. Cette opinion est assez bonne.

La séance d'hier continue d'expliquer tout ce que je vous ai déjà mandé d'une coalition contre la liberté.

Madame de B... m'écrit pour que j'aille la voir. Sa lettre est très polie, et ce n'est plus le ton de jadis. Elle veut, dit-elle, me communiquer une lettre de vous ; quelle est cette lettre ? Je n'irai pas chez elle sans le savoir. Je vous prie de répondre promptement à cet article.

Je vous embrasse.

Le Bas.

Du même.

Paris, 16 janvier 1793 (2).

On m'a remis hier, à onze heures du soir, votre lettre du 12. Je revenais de l'Assemblée. Depuis avant-hier nous avons repris l'affaire de Capet. Ses amis ont si indécemment combattu, que les yeux de plusieurs personnes se sont ouverts : 1° Louis est-il convaincu ? *Oui* a été la réponse presque unanime ; 2° le jugement qui sera rendu sera-t-il soumis à l'appel au peuple ? *Non* a obtenu cent quarante et une voix de plus que oui, au grand étonnement des deux côtés, et au grand déplaisir des intrigants. Aujourd'hui il s'agit de statuer sur la peine ; l'action sera vive. Je n'ai pas le temps de vous en dire aujourd'hui davantage.

Je vous embrasse.

Le Bas.

(1) Collection Le Bas.
(2) Arch. Nat., A. B., xix, 179 (don le Bas).

Du même.

Paris, 17 janvier, dix heures du matin (1).

On continue l'appel pour la peine à infliger. La peine de mort paraît devoir l'emporter. Nous sommes en séance depuis hier dix heures.

Du même.

Paris, 20 janvier (2).

Le procès de Louis est terminé. L'on a décidé hier qu'il n'y aurait point de sursis à l'exécution du jugement, et demain un grand acte de justice nationale s'accomplira (3). Tout annonce que le calme règnera. Je vous assure que cette semaine a été bien fatigante. Les amis du roi ont mis tout en œuvre pour le sauver ; ils se sont démasqués. Les patriotes ont eu le dessus, et j'espère que les préventions vont cesser. J'espère que cette circonstance mémorable va redonner de l'énergie au corps politique. La Constitution paraîtra, dit-on, incessamment, et d'une autre part, on travaille fortement de tous côtés pour qu'au printemps prochain la guerre puisse se faire avec succès. Nous voilà lancés, les chemins sont rompus

(1) Arch. Nat., A. B., xix, 179 (don Le Bas).
(2) *Id.*
(3 Sur la question : « Louis Capet est-il coupable de conspiration contre la liberté publique et d'attentats contre la sûreté générale de l'État ? » plusieurs députés demandent à expliquer leur vote, et 683 membres répondent simplement *oui;* parmi ceux-ci, les députés du Pas-de-Calais Duquesnoy, Le Bas, Thomas Payne, Personne, Guffroy, Eulard, Bollet, Magniez, Daunou, Carnot et Verlet (*Procès verbaux des séances de la Convention* : V, page 219). — Ces mêmes députés, sauf Personne, Magniez et Verlet, font partie des 424 membres qui rejettent la ratification du peuple (*Proc verbaux* : V, p. 247). — Enfin Carnot, Le Bas, Duquesnoy, Guffroy et Bollet votent la mort ; Varlet se prononce pour le bannissement sous peine de mort *(Procès verbaux* : V, p. 271).

derrière nous ; il faut aller en avant bon gré, mal gré, et c'est à présent surtout que l'on peut dire : Vivre libre ou mourir.

Aussitôt qu'il sera possible, je m'occuperai de ce qui regarde François. Les affaires autres que celles que nous avons traitées jusqu'à présent n'ont pu trouver leur tour.

Je vous embrasse.

LE BAS.

Du même.

Paris, 21 janvier 1793 (1).

Enfin, mon cher père, le tyran n'est plus ; l'exécution s'est faite ce matin avec le plus grand ordre. Le peuple, délivré du chef des conspirateurs, a crié après que sa tête a tombé : « Vive la Nation ! Vive la République ! » Mais un événement tragique a eu lieu la veille du supplice. Pelletier, l'un des députés les plus patriotes, et qui avait voté pour la mort, a été assassiné. Un garde du roi lui a fait avec un sabre une blessure large de trois doigts : il est mort ce matin. Vous devez juger de l'effet qu'un pareil crime a produit sur les amis de la liberté. Pelletier avait six cent mille livres de rente ; il avait été président à mortier au Parlement de Paris ; il avait à peine trente ans ; à beaucoup de talents, il joignait des vertus plus estimables. Il est mort content, il a emporté au tombeau l'idée, consolante pour un patriote, que son trépas servirait à la chose publique. — Voilà donc un de ces êtres que l'infâme cabale qui, dans la Convention, voulait sauver Louis et ramener l'esclavage, désignait aux départements comme un Marastiste, un factieux, un désorganisateur... Mais le règne de ces fripons politiques est fini. Vous verrez les mesures que l'Assemblée a prises

(1) Arch. Nat., A. B., xix, 179 (don Le Bas).

tout à la fois pour venger la majesté nationale et pour
rendre hommage à un généreux martyr de la liberté.
Plusieurs autres députés ont été insultés, attaqués; mais
que les. traîtres tremblent! le bras du peuple peut se
lever encore. C'est maintenant queses représentants vont
déployer un grand caractère; il faut vaincre ou mourir;
tous les patriotes en sentent la nécessité. Que nos ennemis reparaissent, ils verront quels hommes ils ont osé
attaquer.

Ma santé est fort dérangée par les travaux continuels
de cette rude semaine; mais j'espère me rétablir.

Je vous envoie un discours de Marat; vous verrez que
cet homme raisonne quelquefois bien.

Je vous embrasse.

Le Bas.

Du même.

25 janvier (1).

J'ai reçu hier votre dernière. Paris est calme plus que
jamais. Ne croyez pas les bruits répandus par les malveillants. Je me porte assez bien.

Le Bas.

Du même.

Paris, 12 février (2).

Je vous envoie, mon cher père, la suite des appels no-
minaux dans le procès de Louis. J'ai reçu des nouvelles
de François; il est à Ath; il se porte bien. — Nous tra-
vaillons pour la campagne prochaine. Nous avons beaucoup d'ennemis, mais j'espère que ça ira.

Le Bas.

(1) Collection Le Bas.
(2) *Id.*

Du même.

Paris, 19 février (1).

Puisque je vois qu'un bulletin vous fait plaisir, je vais continuer à vous l'adresser ; d'ailleurs il est surtout très intéressant par les adresses qui nous arrivent en foule, et qui toutes nous félicitent du grand acte de justice que nous avons exercé. Pour moi, je crois que cet acte a sauvé la République, et nous répond de l'énergie de la majorité de la Convention. Je sais qu'il est des hommes qui nous blâment, qui doutent qu'un roi fût punissable : nous en avons de cette espèce parmi nous, mais ils ont obtenu le mépris qu'ils méritent. Le feuillantisme et la fausse modération ne sont plus à l'ordre du jour, malgré les beaux raisonnements avec lesquels on a attrapé quelques niais dans les départements et à Paris. Les faux amis des lois, les demi-patriotes sont connus.

On vient de nous lire une constitution ; je vous l'enverrai quand on la distribuera. Je crois que c'est un enfant mort-né, quoiqu'elle soit l'ouvrage de ces brissotins qui ont si longtemps mené la Convention. On peut dire au premier aperçu qu'elle a outré les principes démocratiques, et que rien n'est plus propre à faire haïr le régime républicain. Peut-être ceux qui l'ont faite ont-ils eu envie de faire passer à leur tour les jacobins pour des feuillants. Peut-être se souviennent-ils que le moyen qu'employèrent à Rome les ennemis d'un des Gracches, tribun connu pour son attachement à la cause populaire, pour le dépopulariser, fut de renchérir sur ses principes et d'être excessivement démocratique ; mais on y voit clair aujourd'hui.

J'ai reçu ce que vous m'adressez pour le citoyen Delforge.

(1) Collection Le Bas.

François m'a écrit deux fois depuis son départ d'Arras ; il se porte bien.

Je félicite ma sœur Roode ; je lui souhaite surtout bonne santé. Mille compliments à toute la famille.

LE BAS.

Déjà la presque totalité des sections a accepté la constitution. Le reste suivra aujourd'hui. — Les départements suivront sans doute un si bel exemple, et partageront l'enthousiasme patriotique qui anime en ce moment les Parisiens.

Voici quelques bulletins que vous ne lirez pas sans plaisir. Je vous embrasse.

LE BAS.

Du même.

Paris, 2 avril (1).

Je ne vous ai pas écrit depuis quelques jours à cause du peu de temps que j'ai pu donner à ma correspondance. J'ai passé une grande partie de la journée à l'Assemblée ; le reste et une grande partie de la nuit au comité de défense générale. Là, j'ai entendu toutes les trahisons de Dumouriez. On s'occupe des moyens de remédier à tous les maux qu'il nous a faits. On cherche aussi à réparer les mauvais effets de cet infernal modérantisme qui a si fort enhardi tous les contre-révolutionnaires ; mais je tremble qu'il ne soit trop tard, et qu'il n'y ait que le peuple qui puisse encore se sauver. Cette Montagne si calomniée est cependant toute remplie de courage. La crainte lui est étrangère. Je me suis toujours fait gloire d'y siéger, et j'y mourrai, s'il le faut, fidèle à ma patrie. Je vous embrasse.

LE BAS.

(1) Arch. Nat., A. B., xix, 179 (don Le Bas).

4

Du même.

Paris, 7 avril, l'an II de la République (1).

Nous apprenons, par un courrier d'hier soir, mon cher père, que l'infâme Dumouriez et la plupart des hussards de Berchigny sont passés à l'ennemi. Tout le reste de l'armée, toute l'artillerie, la caisse militaire sont à nous. Cette nouvelle a répandu la joie parmi les patriotes. Mais on eût été bien plus satisfait si l'on eût pu s'emparer du traître. Égalité père est gardé comme otage, ainsi que tous les Bourbons. La délibération, à cet égard, a été unanime. Il est donc encore des hommes qui pensent que les Français républicains peuvent reprendre des fers ! Les insensés !

Le tribunal révolutionnaire a fait, hier, guillotiner un ci-devant.

J'étais inquiet sur François. J'apprendrai avec plaisir qu'il a enfin une position.

Je vous ai abonné au *Républicain ;* vous devez maintenant le recevoir. Je vous embrasse.

LE BAS.

Du même.

Paris, 12 avril (2).

Je vous adresse, mon cher père, les pièces du citoyen Engramelle. Vous lui demanderez pour moi une décharge. Je ne désire pas dorénavant être chargé de pareille commission : on ne s'imagine pas chez nous combien les affaires se finissent lentement ici.

La situation actuelle de la Convention n'est rien moins que belle. Le parti de ceux qui appellent anarchistes les

(1) Arch. Nat., A. B., xix, 179 (don Le Bas).
(2) *Id.*

plus ardents patriotes, ceux que Dumouriez appelle la portion saine de la Convention, nous dominent en ce moment. Ils viennent d'écarter un surveillant incommode en faisant mettre Marat en état d'arrestation. Je ne sais ce que cela deviendra.

Je vous embrasse.

Le Bas.

Du même.

Paris, 21 avril (1).

Vous obtiendrez d'autant plus facilement un délai que l'on ne peut vous contraindre à rendre compte sans employer des formes judiciaires qui entraîneraient elles-mêmes un délai plus long que celui dont vous avez besoin. Mais, je dois vous le dire, je vous vois avec peine le présentateur d'un certificat dont on ne manquera pas de contester la validité. Je sens combien votre fortune souffrira de la perte de cette recette ; et je n'aperçois pas comment il vous sera possible de remplacer cette perte, au moins de sitôt ; néanmoins je préférerais un malaise qui vous laisserait sans reproche, et qui vous délivrerait de la nécessité d'avoir, avec certaines personnes, des relations dont il doit inévitablement résulter pour vous de grands désagréments. Il n'est pas un seul de vos enfants, il n'est pas un seul bon citoyen qui ne sente le prix de ce sacrifice, qui ne soit disposé à vous en dédommager par tous les moyens possibles ; et moi, surtout, je crois qu'une bonne action ne reste pas sans récompense, et personne, mon cher père, croyez-le, ne vous est plus dévoué, ne vous est plus fortement attaché que moi.

J'ai écrit à François. Je l'ai autorisé à se faire remettre par le citoyen Legrand-Leblond, l'argent qui lui est né-

(1) Arch. Nat., A. B., xix, 179 (don Le Bas).

cessaire. J'en ferai raison ici au citoyen Legrand. La
Convention va d'ailleurs rendre un décret pour dédommager les officiers et les soldats de la perte de leurs
équipages.

Depuis quelque temps nous menons une vie extrêmement fatigante par la longueur et l'agitation de nos
séances. Je ne sais au juste ce qu'on doit penser de ceux
qui, depuis une douzaine de jours, nous dominent. Ce
sont ceux que Dumouriez appelle la partie saine de la
Convention.

En vérité, l'on serait tenté de penser qu'ils sont d'accord ensemble. Les Parisiens qui les observent de près,
et dont l'opinion n'est point par conséquent gâtée par
leurs journaux, ne dissimulent plus leur mécontentement. Aussi cherche-t-on à signaler dans les départements les Parisiens de la manière la plus odieuse. C'est
ainsi que l'on oppose, pour quelque temps, des digues à
l'opinion publique ; mais elle les rompra, et le torrent
emportera les ouvrages et les ouvriers. Les plus beaux
mouvements du patriotisme, les expressions d'une indi-
gnation civique, consignés dans les écrits des Jacobins,
sont traités de conspiration par certains hommes; et
lorsque, pour prononcer sur ces affreuses conspirations,
on lit ces écrits, aucune puissance n'est capable de retenir des applaudissements qui sont autant de soufflets
appliqués à la joue des dénonciateurs. Ce sera bien pis,
quand les quatre-vingt-deux commissaires, envoyés dans
les départements pour le recrutement, seront de retour.
Alors on reverra, j'espère, cette majorité qui a renversé
le tyran. Je contrarie peut-être ici les discours que vous
entendez chez vous; mais je vous parle franchement;
c'est à vous de choisir entre les versions qu'on vous présente.

Hier se passa une scène fort extraordinaire. La Commune de Paris tant calomniée, tant persécutée, surtout depuis qu'elle a dénoncé les deux Gensonné, Brissot, etc., avait pris, le 18, un arrêté très vigoureux, et dans lequel son patriotisme se montrait d'une manière très saillante. Grande conspiration par conséquent. La municipalité est mandée, et on lui ordonne d'apporter ses registres. Elle vient, lit le fatal arrêté. Robespierre jeune démontre qu'il ne contient rien que de louable. On demande les honneurs de la séance pour la municipalité. Deux épreuves sont douteuses, à ce que dit le bureau farci d'hommes d'état. Les patriotes indignés demandent l'appel nominal. Alors le côté droit consent à admettre la municipalité aux honneurs de la séance. Mais on réclame l'appel nominal pour instruire les départements. Les hommes d'état luttent pendant trois heures, mais en vain, pour l'empêcher. On y procède. Alors tous les lâches fuient, les indifférents les imitent ; et les patriotes ne sont contrariés que par cinq ou six députés. Tout le reste vote pour l'admission aux honneurs de la séance. Il était une heure du matin, lorsque je suis rentré chez moi.

Je vous embrasse. Mille amitiés à toute la famille.

Le Bas.

Le Bas, qui avait un véritable talent comme orateur, aurait pu prendre une part active dans les débats de la Convention ; mais — c'est encore là un trait de son caractère — il était essentiellement modeste. Nous l'avons vu, par la déclaration contenue dans l'une de ses lettres : « bien écouter, pour bien opiner, et ne parler que quand on a à dire une vérité qui, sans vous, échapperait aux autres, » telle est sa devise. Il s'efface, il se met volontaire-

ment à l'ombre, attendant l'heure des fortes résolu-
tions et des grands dévouements.

Aussi bien, son silence ne l'empêche-t-il pas
d'être distingué par ses collègues : il devait être
le 14 septembre 1793, attaché au Comité de Sûreté
générale (1), et, dès avant cette époque, il fut envoyé en mission à l'armée du Nord, avec son parent
Duquesnoy, qui était son collègue à la Convention
(2 août 1793).

Mais un événement d'apparence fort insignifiante
vint, à cette époque, donner à ses sentiment un aliment nouveau : il fut introduit, par Robespierre, dans
la famille Duplay, et, de ce jour, Le Bas, fils dévoué, patriote enthousiaste, ami fidèle, fut amoureux
par surcroît.

(1) Les *Procès-verbaux de la Convention nationale* portent, au
sujet de Le Bas, les indications suivantes :

Le 13 octobre 1792, suppléant aux Inspecteurs de la salle (I, page
383.)

Le 16 octobre, membre du Comité des pétitions et correspondance (II, page 50.)

Le 23 mars 1793, membre du Comité de l'Examen des comptes
(VIII, page 183.)

Le 19 juin, membre du Comité des pétitions et correspondance
(XIV, page 125.)

Le 26 juin, membre du Comité de législation (XIV, page 339.)

Le 11 septembre, suppléant au Comité de Sûreté générale (XX,
page 301.)

Le 13 septembre : « Sur la proposition faite de nommer une Commission de six membres pour réviser les lois incohérentes, obscures
ou diffuses faites contre les émigrés, la Convention nomme Merlin
de Douai, Le Bas, Duhem, Bourdon de l'Oise, Eschasseriaux jeune
et Lebon. » (XX, page 323.)

Enfin, le 14 septembre 1793, Le Bas est nommé membre titulaire
du Comité de Sûreté générale (XX, page 364.)

IV

Pourquoi la version de Lamartine doit être accueillie sur certains points de l'histoire de Robespierre et de Le Bas. — Ses procédés d'investigation. — Il est présenté par Béranger à la veuve du conventionnel Le Bas. — Les extraits de l' « Histoire des Girondins » parus dans le *National*. — Erreurs signalées par Mme Le Bas et par son fils. — Rectifications accueillies.

Il est utile de remontrer en arrière pour examiner ce qu'étaient alors les hôtes de Robespierre et quel était le milieu dans lequel Le Bas allait trouver une femme aimée et des amis sûrs.

Je vais dire, d'abord, pourquoi, sur plusieurs points, j'adopterai la version de Lamartine.

Lamartine, avant d'écrire son *Histoire des Girondins*, s'était fait présenter par Béranger chez la veuve du conventionnel Le Bas, fille cadette de

Duplay ; il a tracé lui-même le récit de cette entrevue :

« Je trouvai dans Mme Le Bas une femme de la Bible après la dispersion des tribus de Babylone, retirée du commerce des vivants dans le haut étage d'un appartement modique, rue de Tournon, conversant avec ses souvenirs, entourée des portraits de sa famille... La jeune fille était devenue femme, mère, veuve ; elle avait vieilli d'années et de visage, sans aucune trace de beauté passée sur ses traits, mais sans aucun signe de vieillesse ou de caducité. Une pensée fixe, triste, mais nullement déconcertée, donnait à ses traits fortement accusés une sorte de pétrification lapidaire dans une seule idée et dans un même sentiment, idée abstraite, sentiment ferme mais nullement sévère. Elle m'accueillit avec sécurité... elle m'accorda un libre accès dans sa retraite, et me laissa feuilleter à mon aise, page par page, sa mémoire présente, intarissable et passionnée sur tous les détails intérieurs et extérieurs de la vie privée et de la vie publique de Robespierre. »

Lamartine « feuilleta » quelquefois mal.

Le *National* ayant publié, sous le titre de « Fragment de la vie de Robespierre », plusieurs des chapitres qui devaient être reproduits, quelques mois après, dans l'*Histoire des Girondins* (t. IV, p. 123 et suiv.), il y eut l'échange de lettres que voici entre le fils du conventionnel Le Bas et Lamartine :

Lettre de Philippe Le Bas à Lamartine (1).

82, rue de l'Université.

Monsieur et illustre confrère,

Je viens de lire l'extrait de votre livre qu'a publié le *National* et je l'ai communiqué à ma mère. Elle et moi nous avons admiré le talent de l'auteur et lui sommes reconnaissants de la justice qu'il rend à un homme qui nous est cher ; mais nous regrettons vivement que vous n'ayez pas jugé à propos de nous communiquer ces pages avant de les livrer à l'impression. Vous eussiez, par là, évité des erreurs, bien involontaires de votre part, dont une surtout nous a profondément affligés. Je veux parler des détails concernant la sœur de mon père.

Ma tante, qui s'appelle, non pas Sophie, mais Henriette, existe encore et ne lira pas sans douleur ce que vous dites d'elle. Car elle n'était pas d'un caractère *vain et léger*, et, bien loin d'avoir jamais *manqué de réserve*, elle aurait plutôt mérité le reproche d'être plus grave et plus sévère que ne le comportait son âge. C'est peut-être même à cette disposition que tenaient les dissentiments, d'ailleurs très légers, qui s'élevaient quelquefois entre elle et Saint-Just ; mais ce dernier n'a jamais révoqué en doute la sincérité de l'affection qu'elle lui portait, et Robespierre, qui rendait complètement justice aux qualités de ma tante, n'eut jamais à lui reprocher *aucune inconstance de cœur*.

Vous aurez sans doute confondu ce que ma mère vous a dit à son sujet avec les communications *tout à fait confidentielles* qu'elle vous a faites sur le caractère d'une de ses sœurs nommée Sophie. J'ai la conviction, monsieur, que vous partagerez nos vifs regrets, et que

(1) Collection Le Bas.

vous vous empresserez de réparer le mal autant qu'il est en vous.

Vous penserez avec moi qu'attendre une seconde édition pour rétablir la vérité serait, quelque grand que doive être le succès qui est réservé à votre livre, reculer trop loin la réparation ; et le coup que recevrait ma tante, déjà avancée en âge et d'une santé tout à fait chancelante, ne manquerait pas d'occasionner un malheur que vous ne vous pardonneriez pas.

Les autres rectifications que j'aurais eu à vous proposer sont, comparées à celles-là, d'une beaucoup moindre importance. Je crois néanmoins, dans l'intérêt de la vérité, devoir vous les signaler dès à présent.

Mon grand-père n'était pas le compatriote de Robespierre ; il était du Forez. Ce ne fut pas en Artois où il n'a jamais mis les pieds qu'il fit la connaissance de Maximilien. Leurs rapports eurent une origine également honorable pour l'un et pour l'autre : ils datent du jour où la loi martiale fut proclamée au Champ-de-Mars. Ce jour-là, le bruit s'étant répandu que les membres les plus influents du parti démocratique, et notamment Robespierre, allaient être arrêtés, mon grand-père fit offrir à ce dernier, dont il admirait le caractère et le talent, un asile dans sa demeure. Sa proposition fut acceptée, et, depuis lors jusqu'à son dernier moment, Maximilien ne cessa pas d'être le commensal de ma famille.

Vous auriez pu consulter, à ce sujet, l'article *Duplay* dans le « Dictionnaire encyclopédique de l'Histoire de France », dont vous avez bien voulu me permettre de vous offrir un exemplaire.

Ma mère affirme que jamais des ouvriers assidus aux Jacobins n'ont été admis, le soir, dans l'intimité de mon grand'père ; tout démocrate qu'il était, il sut toujours maintenir la distance qui sépare le chef de la famille des serviteurs qu'il emploie. Il aimait le peuple, mais sans le flatter; il ne recevait, dans son intérieur, que des amis et des parents. Aux noms que vous citez vous auriez pu ajouter celui de David, le peintre, qui aimait Robespierre autant qu'il en était aimé, et qui a gardé jusqu'à sa mort un respect religieux pour sa mémoire.

Quant à la famille de mon grand-père, j'ajouterai qu'il avait un fils qui, bien qu'à peine âgé de treize ans, avait devancé son âge, puisqu'il suivit mon père dans les missions qu'il eut à remplir auprès de l'armée du Nord; ce fils avait non pas deux sœurs, mais quatre, dont ma mère était la plus jeune.

Enfin, monsieur, le patriotisme de mon grand-père ne datait pas du jour où il avait connu Robespierre, et il ne fut nullement fanatisé par lui. La démarche dont je vous ai parlé plus haut prouverait tout le contraire. Son dévouement républicain était exempt de tout fanatisme. L'élévation et la générosité de son caractère lui firent, seules, partager l'enthousiasme qui anima les âmes à l'aurore de la Révolution, et une conviction éclairée le porta, seule, à tout sacrifier, repos et fortune, à la cause sainte qu'il avait embrassée.

Telles sont, monsieur et illustre confrère, les principales observations que j'avais à vous soumettre au nom de ma mère et au mien. Nous sommes heureux d'avoir pu vous aider à dégager la vérité des nuages qui l'obscurcissent depuis plus de cinquante ans, et nous acceptons, sans hésiter, toute la responsabilité des communications que nous vous avons faites; mais nous tenons essentiellement à ce qu'elles soient fidèlement reproduites, et à ce que l'interprète de nos sentiments soit aussi exact qu'il est éloquent.

Votre livre sera lu de tous, il fera une impression profonde et durable. Vous ne voudrez pas, j'en suis sûr, qu'aucun sentiment pénible accompagne l'admiration qu'il nous inspire.

Je suis, avec les sentiments les plus distingués, monsieur, votre dévoué serviteur et confrère.

PHILIPPE LE BAS.

Lettres de Lamartine à Philippe Le Bas (1).

(Pressée.)

Monsieur et cher confrère,

Il n'y a point de mal de fait : les épreuves du volume qui contient ces erreurs involontaires par confusion de faits ne sont pas encore corrigées. Si vous le voulez bien, je porterai le morceau chez vous et nous le corrigerons ensemble. Rien ne m'affligerait plus qu'une peine causée par ma faute à une famille comme celle de qui je tiens de si précieux documents, et pour laquelle je professe une véritable reconnaissance.

Gardez le *National* où se trouve ce morceau imprimé et annotez mes fautes pour qu'en un moment nous ayons fini.

Madame votre mère et vous, monsieur, vous verrez, j'espère, à la fin du livre où il est question de M. votre père, que je n'ai rien écrit sur lui qui ne pût être avoué par la tendresse d'une veuve et d'un fils.

Je vous le lirai avant les dernières épreuves.

Mille remerciements.

LAMARTINE.

18 mars (2).

Au dos de cette lettre, le post-scriptum suivant :

(1) Collection Le Bas.
(2) Le millésime n'est pas indiqué ; il est évident que ce billet date de 1847.

Si j'ai un moment aujourd'hui, je passerai chez madame votre mère, vers deux ou trois heures.

Excusez-moi auprès d'elle, pour qui j'ai un si vrai respect.

A M. Le Bas, 30, rue de Condé.

Monsieur et cher confrère,

J'ai sous la main le fragment à corriger sur Robespierre; *où* et *quand* voulez-vous que nous nous rencontrions.

Cela presse. Voulez-vous que j'aille demain chez vous à l'heure que vous m'indiquerez (vers deux heures par exemple.)

LAMARTINE.

Mars 20.   82, Université.

Dans le carton qui contient ces deux derniers billets, je trouve une autre lettre de Lamartine ; je la donne, parce qu'elle indique en quelle estime le grand écrivain tenait la femme et le fils du conventionnel Le Bas. Elle n'est pas datée, mais son contexte indique suffisamment qu'elle a été écrite en 1848.

A M. Le Bas, rue de Condé.

Monsieur,

Vous comprenez, et madame votre mère comprend par quelle surchage d'occupation j'ai été privé du plaisir de la voir depuis les événements qui ont dû réjouir son cœur.

Soyez assez bon pour lui expliquer la cause de mon absence.

J'espère que vous viendrez fortifier, éclairer et modérer dans son intérêt la République, dans sa seconde Assemblée Constituante. Je n'ai pas besoin de vous dire que
si je puis vous servir de quelque influence locale dans
cette pensée, je serai à vous.

LAMARTINE.

Philippe Le Bas divisa en douze fragments l'article du *National* et le colla sur des feuilles de papier blanc, en marge desquelles il inscrivit les corrections, sous la dictée de sa mère.

Nous possédons ces placards.

Dans le premier, Le Bas n'opère que deux chan-
gements de peu d'importance : il conseille une inver-
sion purement grammaticale que Lamartine n'adopte
pas ; la seconde modification consiste à supprimer
les mots en italique dans la phrase suivante : « Son
salaire quotidien (de Maximilien Robespierre) comme
député, pendant l'Assemblée Constituante *et pendant
la Convention*, subvenait aux nécessités de trois
personnes (son frère, sa sœur et lui). » Le Bas explique au crayon : « Cela n'est pas exact pour
l'époque de la Convention : Augustin recevait des
émoluments comme député. » Mais Lamartine avait
arrondi sa phrase d'une certaine manière ; il n'écouta
pas le scrupuleux gêneur.

Les autres placards sont plus tourmentés ; Le Bas
a biffé des paragraphes entiers et y a substitué un
texte, généralement plus étendu que celui qu'il sup-

primait ; Lamartine, sauf de légères variantes (1), s'est approprié toutes ces corrections.

Je ne veux tirer, de cette docilité à rectifier les faits, aucune déduction trop rigoureuse : on reconnaîtra cependant que le hasard a bien servi Lamartine en lui permettant de corriger les erreurs que le *National* avait, par sa plume, servies comme articles de foi. — L'Histoire qui adopte sans récriminer les rectifications sincères est une Histoire de choix ; elle marque, au moins, le bon caractère de l'historien.

Nous aurons d'ailleurs plus d'une occasion de signaler des erreurs chez Lamartine.

(1) Poussant jusqu'aux dernières limites l'exactitude des détails, le correcteur substitue, par exemple (placard 6), à la description un peu sommaire du lit de Robespierre « cette chambre... ne contenait qu'un lit de serge rayée de bleu et de blanc », l'indication suivante : « ... Un lit en noyer couvert d'un damas bleu à fleurs blanches qui *provenait d'une robe de Mme Duplay* ». Lamartine conforma son texte à la version de Le Bas, mais il supprima ces derniers mots : la poésie se cabra devant la réaliste exactitude.

V

Notes rétrospectives. — Maximilien Robespierre accueilli chez les Duplay. — Ce qu'était Duplay le menuisier. — Sa fortune. — Les raisons de ses convictions politiques. — Sa famille. — La « cour » de Robespierre. — Les filles de Duplay. — Eléonore et Robespierre; Élisabeth et Le Bas. — Simon Duplay. — Hôtes et comparses. — Saint-Just et Henriette Le Bas. — Charlotte Robespierre.

Le bruit s'étant répandu, le soir du 17 juillet 1791, qu'on allait arrêter les chefs du mouvement démocratique, Robespierre ne pouvait rentrer chez lui sans danger. L'entrepreneur de menuiserie Duplay (1), qui avait pour lui une vive admiration, lui offrit asile pour la nuit ; est-ce à la sortie du club des Jacobins, dont tous les deux faisaient partie ? est-ce au retour du Champ-de-Mars, comme l'affirma plus tard Charlotte Robespierre? D'autres personnes — et Mme Ro-

____

(1) Duplay, dont je vais parler tout à l'heure, n'était pas, comme on l'a souvent écrit, le compatriote de Robespierre et de Le Bas: il était né, en 1738, à Saint-Didier-la-Seauve (Haute-Loire).

land prétend qu'elle est du nombre — eurent-elles
la même pensée généreuse que Duplay ? les controverses subtiles, sur ce point, ne me passionnent pas :

PORTRAIT DE DUPLAY

les partisans et les ennemis de Robespierre s'empa-
rent trop facilement des moindres faits pour en
déduire des conséquences extravagantes.

Robespierre se rendit à l'invitation de Duplay.

* *
*

Pour dégager la personnalité de Duplay et évoquer sa physionomie exacte, il faut se reporter aux écrits des contemporains et puiser dans les documents de l'époque.

Le portrait que trace de lui d'Aubigny — un des plus violents adversaires du parti auquel le menuisier s'était dévoué — est très caractéristique :

« J'ai toujours vu Duplay bon père, bon mari, d'une probité sûre, d'un caractère doux et indulgent, incapable de ployer sa probité aux caprices de quelques ambitieux. »

Et le conventionnel Baudot, dont l'hostilité pour Robespierre, pour Saint-Just, et pour Le Bas est pourtant notoire, s'exprime ainsi sur le compte de l'hôte de Robespierre :

« Les Duplay, dit-il (1), étaient de fort honnêtes citoyens... Tous les Duplay languirent longtemps dans les prisons : hommes, femmes, filles, enfants. Lorsque cette crise fut terminée (mais elle dura longtemps pour eux), cette famille n'eut rien de plus pressé que de se renfermer dans le cercle domestique de ses occupations, et elle fit bien. Croirait-on, après cela, que le Directoire comprit, trois ans après,

(1) Baudot : *Notes historiques sur la Convention Nationale* (D. Jouaust-Cerf, édit. 1893), p. 243.

Duplay le père dans la conspiration Babeuf, et qu'il
fut traduit à Vendôme. Duplay ne connaissait ni Babeuf, ni son système, ni les autres accusés, et il fut
acquitté comme cela devait être ».

Maurice Duplay était, au moment où il connut
Robespierre, propriétaire de trois maisons à Paris (1);
il avait loué pour lui-même une maison de la rue
Saint-Honoré aux religieuses de la Conception,
moyennant la somme de 1,800 livres en principal et
244 livres de pot-de-vin (bail passé devant Choron,
notaire à Paris le 5 mai 1787); ses rentes s'élevaient
à quinze mille livres, amassées en quarante ans de
labeur (2). Il représentait donc la bourgeoisie aisée

(1) Une maison rue des Mathurins, louée 6500 livres; une seconde rue de l'Arcade, avec 3,000 livres de loyer; et une troisième
rue d'Angoulême, rapportant, avec une annexe située même rue,
une somme de 5,600 livres. (Renseignements donnés par le fils de
Duplay dans une note en réponse à une dénonciation anonyme
faite contre lui en 1815. — Collection Le Bas.)

(2) Duplay avait commencé très modestement; à l'époque de son
mariage, il ne possédait encore qu'un capital de quatre mille livres.
Voici un extrait du contrat passé le 15 janvier 1766.

« ...Furent présents sieur *Maurice Duplay*, menuisier à Paris, y
demeurant, rue des Quatre-Fils, paroisse Saint-Jean-en-Grève,
majeur, fils du sieur Jacques Duplay, maître menuisier entrepreneur de bâtiments à Saint-Didier en Vezelay, et de Marie Bontemps
sa femme, ses père et mère, d'une part.

« Demoiselle *Françoise-Éléonore Veaugeois*, fille majeure du
sieur Jean-Pierre Veaugeois, menuisier des bâtiments du roy et de
demoiselle Marie-Anne Huet, son épouse, ses père et mère demeurant ordinairement à Choisy-le-Roy, étant ce jour à Paris.

« Lesquelles parties, en vue du mariage proposé entre ledit sieur
Duplay et la demoiselle Veaugeois, ont fait et arrêté les conditions
civiles de leur mariage, en la présence de leurs parents et amis
ci-après nommés; savoir :

« De la part du futur époux : de Me Claude Étienne Alleou
Desgouttes avocat au Parlement; — Sieur Jacques Alleou, marchand joaillier et dame Françoise Duperray, son épouse; — Sieur

de l'époque ; et justice doit lui être rendue sur un premier point : en se lançant dans le mouvement révolutionnaire, il n'était poussé par aucune des raisons sordides des déclassés ambitieux, ni par aucun des motifs qui faisaient, des pauvres et des déshérités de la vie, les fidèles normaux des nouvelles doctrines.

S'il adopta les principes démocratiques, a dit Ph. Le Bas le fils, c'est que sa probité à toute épreuve, ses mœurs pures et sévères, le portaient à regarder comme possible l'exécution de ces idées de vertu antique qui faisaient alors battre tant de cœurs honnêtes ; c'est qu'il prenait au sérieux les projets de réforme sociale ; c'est qu'il était prêt à faire avec joie bien des sacrifices personnels à ce qu'il regardait comme un acheminement au bonheur public.

Il pouvait, dès l'origine, prévoir que sa conduite le mènerait à la ruine et aux pires catastrophes : vers le commencement de 1793, ses maisons ne se louèrent plus ; il fut obligé de reprendre son état et de renoncer à un repos pourtant bien gagné (1). Après les

---

Étienne Villetard, architecte juré expert du roy, entrepreneur de bâtiments à Paris, tous amis.

« De la part de la future épouse : de dame Marie-Louise Veaugeois, épouse de M Guillaume-Jean Duchange, bourgeois de Choisy, sœur ; — Jean-Pierre Veaugeois, menuisier des bâtiments du Roy, frère ; — Germain Goudoin, jardinier du Roy, et Marie Françoise Veaugeois, sa femme, sœur et beau-frère ; — Guillaume Jean Duchange, neveu ; – Charles Turpin, Bourgeois, amis. »

(Suit l'énonciation des biens apportés par le futur (4,000 livres) et de ceux apportés par sa future (même somme).

(Collection Le Bas.)

(1) Lettre de madame Duplay à sa fille, madame Auzat (*Papiers inédits trouvés chez Robespierre*, t. III, p. 230).

malheurs que nous allons retracer, Duplay, rendu à la liberté, s'occupa de recueillir les débris de sa fortune ; lors de la dépréciation du papier-monnaie, ses débiteurs — et notamment le gouvernement, pour lequel il avait exécuté des travaux — l'avaient remboursé en assignats sans valeur : il ne crut pas devoir s'acquitter de la même manière envers les personnes qui lui avaient prêté de l'argent ; il vendit toutes ses maisons pour les payer en numéraire (1). Cet acte de probité consomma sa ruine. Il aurait été réduit à la misère sans l'aide de son fils.

Rectifions, en même temps, quelques erreurs répandues sur son compte : plusieurs fois appelé à faire partie du jury du tribunal criminel ordinaire, Duplay ne put, malgré sa répugnance, refuser d'être juré au tribunal révolutionnaire (2); mais il exerça rarement ces terribles fonctions.

(1) Ces renseignements sont fournis par le fils de Duplay, dans la note rédigée en 1815, en réponse à une dénonciation anonyme adressée au roi ; cette note, distribuée aux membres de la Chambre des députés, contient sur le point qui nous occupe la mention suivante :

« On peut consulter sur l'exactitude de ces faits tous les créanciers de mon père et notamment les deux principaux : M. Le Dure, inspecteur des domaines, dont les principes politiques n'ont jamais été douteux, et qui cependant professe pour son ancien débiteur une estime qui tient de la vénération, et M. de La Coste, vieillard aujourd'hui, presque nonagénaire, qui a été si sensible aux procédés de mon père qu'il lui a fait remise de vingt mille francs sur sa créance. »   (Collection Le Bas.)

(2) Il est intéressant d'étudier, à cet égard, la composition du tribunal, telle que l'avait fait arrêter Robespierre.

Voici le décret qui la consacre :

« Décret de la Convention nationale du 26 septembre 1793, l'an second de la République française une et indivisible, contenan

Pour se dispenser de répondre aux convocations,
il invoqua souvent, comme excuse, les travaux dont

la liste des juges et des jurés composant les quatre sections du
tribunal criminel extraordinaire.

« La Convention Nationale, sur la présentation à elle faite par les
comités de salut public et de sûreté générale, de la liste des citoyens proposés pour compléter la formation des quatre sections
du tribunal criminel extraordinaire de Paris, adopte cette liste ainsi
qu'il suit :

» *Président du tribunal :*

« Les citoyens :

« *Hermann*, président du tribunal du Pas-de-Calais.

« *Vice-président :*

« *Dumas*, de Lons-le-Saulnier, département du Jura.

« *Juges :*

« *Sellier*, juge au tribunal ; *Dopsen*, id.; *Brûlé*, juge au tribunal
du 5ᵉ arrondissement du département de Paris, séant à Sainte-
Geneviève ; *Coffinhal*, juge au tribunal ; *Foucault*, id ; *Bravetz*,
juge dans le département des Hautes-Alpes ; *Deliège*, juge au tribunal ; *Subleyras*, greffier du tribunal du district d'Uzès, département du Gard ; *Celestin Le Fetz*, administrateur du district d'Arras ;
Verteuil, substitut de l'accusateur public, près le tribunal ; *Lanne*,
procureur-syndic du district de Saint-Pol ; *Ragmey*, homme de loi,
de Lons-le-Saulnier ; *Masson*, premier commis du greffe du tribunal ; *Denizot*, juge du tribunal du 5ᵉ arrondissement ; *Harny*, auteur
de la pièce intitulée « la Liberté conquise » ; *David*, de Lille, député suppléant à la Convention nationale ; *Maire*, juge du tribunal
du premier arrondissement.

« *Accusateur public :*

« *Fouquier-Tinville.*

« *Substituts :*

« *Fleuriot-Lescot*, substitut au tribunal ; *Grébauval*, juge au tribunal ; *Royer*, envoyé par l'assemblée primaire de Châlon-sur-
Saône ; *Naulin*, commissaire national du tribunal du 5ᵉ arrondissement de Paris ; *Liendon*, juge au troisième tribunal.

« *Jurés :*

« *Antonelle*, ex-député des Bouches-du-Rhône à l'Assemblée législative ; *Benoitrais*, de la section du Muséum ; *Servières*, cordonnier, de la même section ; *Fauvetty* fils, d'Uzès, envoyé par l'Assemblée primaire de la section des sans-culottes du département du
Gard ; *Lumière*, membre du Comité révolutionnaire de la section du
Muséum ; *Fauvel*, de la section du Panthéon, rue Saint-Jacques,
nº 41 ; *Auvray*, employé aux diligences, section du Mail ; *Fainot*,
électeur de Paris ; *Gauthier de Chesne-Chenu*, département d'Eure-

l'avait chargé le gouvernement. Il existe même des

et-Loir ; *Renard*, de la section du Contrat social ; *Renaudin*, luthier, section des Gardes-françaises ; *Meyère*, membre du Directoire du département du Gard ; *Chatelet*, peintre, section des Piques ; *Clémence*, commis aux assignats ; *Gérard*, artiste, rue des Poulies, près du Louvre ; *Fiévé*, du Comité révolutionnaire de la section du Muséum ; *Léonard Petit-Tressein*, de Marseille ; *Trinchard*, de la section du Muséum ; *Toping-Lebrun*, de Marseille, au Louvre ; *Pijol*, membre du Comité de surveillance, rue Contrescarpe ; *Girard*, orfèvre, rue Saint-Honoré ; *Tresselin*, tailleur d'habits, rue du Rempart-Saint-Honoré ; *Deidier*, serrurier à Choisy-sur-Seine ; *Sambat*, peintre ; *Vilate*, rue du Bacq ; *Klispis*, joaillier, rue Saint-Louis-au-Palais, n° 68 ; *Chrétien*, actuellement juré ; *Leroi*, id. ; *Thoumin*, id. ; *Paul-Jean-Louis Laporte*, administrateur du district de Lacey, département de la Mayenne ; *Ganney*, actuellement juré ; *Jourdeuil*, id. ; *Brochet*, id. ; *Garnier*, section de la Montagne ; *Martin*, chirurgien, rue de Savoye ; *Guermeur*, du département du Finistère ; *Dufour*, rue Sainte-Croix-de-la-Bretonnerie ; *Mercyer*, rue du Battoir ; *Aubry*, tailleur, rue Mazarine ; *Compagne*, orfèvre, dans la galerie du théâtre de la République ; *Billon*, menuisier, rue du Faubourg-Saint-Denis ; *Gimmd*, tailleur, section des Marchés ; *Baron*, chapelier, cour du Commerce ; *Prieur*, peintre, près la porte Saint-Denis ; *Lohier*, marchand épicier, section du Théâtre-Français ; *Duplay* père, rue Saint-Honoré, n° 366 ; *Deveze*, charpentier, de la section de la République ; *Boissot*, électeur de Paris ; *Maupain*, id. ; *Camus*, artiste, faubourg Saint-Denis ; *François-Victor Aigoin*, de Montpellier ; *Picard*, ex-président de la section des Tuileries ; *Nicolas*, imprimeur, rue Saint-Honoré ; *Dumon*, laboureur à Cahors ; *Besson*, envoyé des assemblées de Saint-Dizier, département de la Haute-Marne ; *Gravier*, vinaigrier à Lyon ; *Payan*, du département de la Drôme, employé dans les bureaux du comité de Salut Public de la Convention ; *Gillibert*, négociant à Toulouse, au coin de la Bourse ; *Becu*, médecin à Lille.

« Collationné à l'original, par nous, le 27 septembre 1793.

« ROBESPIERRE, ex-président de la Convention nationale.

« VOULLAND et D.-V. RAMEL, secrétaires.

« Au nom de la République, le Conseil exécutif provisoire mande et ordonne à tous les Corps administratifs et tribunaux, que la présente loi ils fassent consigner dans leurs registres, lire, publier et afficher, et exécuter dans leurs départements et ressorts respectifs ; en foi de quoi, nous y avons apposé notre signature et le sceau de la République.

« A Paris, le 27° jour du mois de septembre 1793, l'an second de la République française, une et indivisible.

« DALBARADE. GOHIER. »

jugements dans la minute desquels son nom est
mentionné, bien qu'il n'y ait point pris part : le fait
a été notamment constaté lors des débats du procès
de Fouquier-Tinville (1). Il n'a pas assisté non plus

(1) Compris dans l'acte d'accusation dirigé contre les anciens
membres du tribunal révolutionnaire, Duplay fut acquitté à la
fois sur le fait et sur l'intention.

Je me fais un devoir de conscience de reproduire les deux pièces
suivantes, extraites du dossier de procédure qu'a conservé M. Léon
Le Bas. L'acquittement de Duplay prononcé solennellement sept
mois après le 9 thermidor, à une époque où la haine contre les
amis de Robespierre était dans toute sa violence, montre à quel
point sont fantaisistes les récits présentant Duplay comme un
homme à . tendances sanguinaires ou simplement comme un
M. Jourdain de la guillotine, faisant tomber les têtes sans le
savoir.

Première pièce

« Nous, Pierre-Paul-Marie Liger, vice-président du tribunal révolutionnaire établi à Paris; vu la déclaration du jury de jugement
sur l'accusation portée contre MAURICE DUPLAY, âgé de 58 ans, né à
Saint-Didier (Haute-Loire), demeurant à Paris, rue Honoré, menuisier avant la Révolution, et, depuis, électeur en 1792, commissaire
des comités civils et révolutionnaires de la section des Piques,
ex-juré du tribunal révolutionnaire jusqu'au 9 thermidor.

» Portant à l'unanimité :

» Qu'il est constant qu'il a été pratiqué au tribunal révolutionnaire, séant à Paris, dans le courant de l'an deuxième de la République française, des manœuvres ou complots tendant à favoriser
les projets liberticides des ennemis du peuple et de la République,
à provoquer la dissolution de la représentation nationale et le ren-
versement du régime républicain, et à exciter l'armement des citoyens les uns contre les autres :

» Notamment, en faisant périr, sous la forme déguisée d'un jugement, une foule innombrable de Français, de tout âge et de tout
sexe, en imaginant, à cet effet, des projets de conspiration dans les
diverses maisons d'arrêt de Paris et de Bicêtre; en dressant ou faisant dresser, dans ces différentes maisons, des listes de proscriptions ;

» En rédigeant, de concert avec certains membres des anciens
comités de gouvernement, des projets de rapport sur ces prétendues conspirations, propres à surprendre la religion de ces comités
et de la Convention nationale, et à leur arracher des arrêtés et des
décrets sanguinaires ;

» En amalgamant dans le même acte d'accusation, mettant en

au jugement de la reine, ni à celui de madame Élisabeth : il n'y était même point appelé. — On a pré-
jugement, faisant traduire à l'audience et au supplice, plusieurs personnes de tout âge, de tout sexe, de tout pays, et absolument inconnues les unes aux autres ;

» En requérant et ordonnant l'exécution de certaines femmes qui s'étaient dites enceintes, et dont les gens de l'art avaient déclaré ne pouvoir pas constater l'état de grossesse ;

» Enjugeant, dans deux, trois ou quatre heures au plus, trente, quarante, cinquante et jusqu'à soixante individus à la fois ;

» En encombrant, sur des charrettes destinées pour l'exécution du supplice, des hommes, des femmes, des jeunes gens, des vieillards, des sourds, des aveugles, des malades et des infirmes ;

» En faisant préparer ces charrettes dès le matin, et longtemps avant la traduction des accusés à l'audience ;

» En ne désignant pas, dans les actes d'accusation, les qualités des accusés, d'une manière précise, de sorte que, par cette confusion, le père a péri pour le fils, et le fils pour le père ;

» En ne donnant pas aux accusés connaissance de leur acte d'accusation, en la leur donnant au moment où ils entraient à l'audience ;

» En livrant, avant la rédaction du jugement, la signature au greffier, sur des papiers blancs, de sorte qu'il s'en trouve encore plusieurs, dans le préambule et le vu desquels se trouvent rappelées grand nombre de personnes, qui toutes sont exécutées, mais contre lesquelles ces jugements ne renferment aucune disposition ;

• En n'écrivant pas ou ne faisant pas écrire la déclaration du jury au bas des questions qui lui étaient soumises ;

» Lesquelles deux dernières prévarications, suite nécessaire de la précipitation criminelle des juges dans l'exercice de leurs fonctions, ont pu donner lieu à une foule d'erreurs et de méprises, dont une se trouve parfaitement constatée dans la personne de Pérès ;

» En refusant la parole aux accusés et à leurs défenseurs ; en se contentant d'appeler les accusés par leurs noms, âges et qualités, et leur interdisant toute défense ;

» En faisant rendre, sous prétexte d'une révolte qui n'exista jamais, des décrets pour les mettre hors des débats :

» En ne posant pas les questions soumises au jury, en présence des accusés ;

» En choisissant les jurés, au lieu de les prendre par la voie du sort ;

» En substituant aux jurés de service d'autres jurés de choix ; en jugeant et condamnant des accusés sans témoins et sans pièces, en n'ouvrant pas celles qui étaient envoyées pour leur conviction ou

tendu, enfin, que Robespierre exerçait une influence
sur ses votes ; Philippe Le Bas, le fils, aimait à ra-

leur justification ; en ne voulant pas écouter les témoins qui étaient
assignés ;

» En mettant en jugement des personnes qui ont été condamnées
et exécutées avant la comparution des témoins, et l'apport des
pièces demandées et jugées nécessaires pour effectuer leur mise en
jugement ;

» En faisant conduire sur le lieu destiné au supplice d'un grand
nombre d'accusés, et rester exposé pendant le temps de leur exécution, lé cadavre d'un de leurs accusés, qui s'était poignardé pendant la prononciation du jugement ;

» En donnant une seule déclaration sur tous les accusés en
masse, en proposant de saigner les condamnés, pour affaiblir le
courage qui les accompagnait jusqu'à la mort ;

» En corrompant la morale publique par les propos les plus atroces
et les discours les plus sanguinaires ;

» En entretenant des liaisons, des correspondances et des intelligences avec les conspirateurs déjà frappés du glaive de la loi ;

» Que MAURICE DUPLAY, ex-juré, n'est pas convaincu d'être l'auteur
de ces manœuvres et complots, et, à la majorité de 8 voix, qu'il
n'en est pas le complice ;

» Disons que ledit Duplay est acquitté de l'accusation ; en conséquence, ordonnons qu'il sera mis sur-le-champ en liberté.

» Fait et prononcé en l'audience publique du tribunal, le 17 floréal,
an III, à six heures de relevée.

» LIGER, vice-président.
» JOSSE, commis-greffier. »

Deuxième pièce.

« CONVENTION NATIONALE
» Le Comité de sûreté générale.

» Du 25 floréal, an III, de la République française, une et indivisible.

» Le comité arrête que le nommé Maurice Duplay traduit au tribunal révolutionnaire et acquitté par jugement de ce tribunal,
encore détenu dans une des maisons d'arrêt de la Commune de
Paris, sera sur-le-champ mis en liberté au vu du présent, et les
scellés levés.

» Les membres composant le comité de sûreté générale.

» SEVESTRE, PIERRET, PERRIN, CALES, COURTOIS, KERVELEGAN,
ELECLOY, ISABEAU, CHEMIN. »

(Collection Le Bas.)

conter, pour répondre à cette allégation, le trait qui a été rapporté par Louis Blanc, par Hamel et par d'autres encore : Un jour que Duplay avait siégé comme juré, son hôte lui demanda vaguement ce qu'il avait fait au tribunal : « Maximilien, lui répondit-il, jamais je n'ai cherché à connaître ce que vous faites au Comité de Salut public. » Robespierre, sans répliquer, lui serra affectueusement la main.

*
* *

Une discussion topographique sur la distribution des bâtiments et des locaux de la maison habitée par Duplay s'est élevée, il y a quelques années, entre Ernest Hamel et M. Victorien Sardou.

La publication que je fais aujourd'hui du manuscrit de Mme Le Bas semble devoir mettre fin aux controverses.

Il est plus difficile d'établir quels étaient les membres de la famille présents et les hôtes ordinaires de la maison — ceux que Lamartine appela « la cour de Robespierre » — au moment où Le Bas y fréquenta : parlant des détails intérieurs qui attestaient la simplicité des passions et des intérêts qui s'agitaient autour de celui qu'il nomme « le maître de la République », le poète ajoute : « La maison d'un ouvrier continuait à être son palais. C'était l'école d'un philosophe au lieu de l'entourage d'un dictateur (1). »

Voyons la composition de cette école, qui me laisse plutôt l'impression d'un cercle de famille.

* *

Près de M. et de Mme Duplay, leur jeune fils, Jacques-Maurice, que Robespierre appelait dans l'intimité « notre petit patriote (2) ». C'est lui qui, plus tard, alors qu'il avait dix-sept ans et qu'il était

(1) *Histoire des Girondins*, t. VII.

(2) Jacques-Maurice Duplay occupa une haute situation dans l'administration des Hospices ; dans une note distribuée en 1815 à la Chambre des députés, et que j'ai déjà visée, on trouve les renseignements suivants :

« En 1789, j'avais onze ans, j'étais au collège d'Harcourt ; j'y suis resté jusqu'à sa suppression, puis j'ai continué mes études à la maison, sous la direction de M. Gilles, ancien maître ès-arts de l'Université.

» Écolier jusqu'en 1794, j'eus envie de voir l'armée ; un de mes beaux-frères, député (Le Bas), m'y emmena en qualité de copiste. J'ai assisté à quelques affaires ; j'ai copié quelques dépêches ; et, à mon retour, c'est-à-dire un mois environ après mon départ, je fus placé, en qualité de commis, à la Commission ministérielle de l'instruction publique.

» ... J'avais seize ans lorsque le 9 thermidor arriva. Je fus mis en prison avec toute ma famille et j'y restai un an...

» En sortant de prison, j'entrai dans le notariat, et je commençai l'étude du droit. Peu de temps après, Babœuf, qui apparemment me connaissait bien, me plaça sur ses listes en qualité de ministre des finances ! Le ministre des finances avait dix-sept ans et demi, et tout occupé qu'il était du Traité des obligations de Pothier, il n'aurait pu faire, sans faute, une addition un peu chargée.

» Je ne dirai point que nous fûmes acquittés à l'unanimité et de la manière la plus honorable ; l'absurdité de l'accusation a dû le faire pressentir ; mais je dois dire que nous n'avons pris part à aucune des récusations par lesquelles le plus grand nombre des accusés cherchaient à éterniser l'affaire, et certes il y avait bien quelque courage dans cette opposition. — Plusieurs conseillers à

tout occupé de ses études de droit, fut poursuivi,
avec son père, comme conspirant contre le Directoire : Babeuf avait eu la singulière idée de l'indi-
quer, parmi les futurs fonctionnaires, comme *ministre des finances*. Cette insigne folie valut au
père et au fils une détention de treize mois (1). Le
fils Duplay mourut en 1847, membre de la Commission administrative des Hospices.

Une seule de ses quatre sœurs (Éléonore, Sophie,
Victoire et Élisabeth) n'habitait plus la maison paternelle ; Sophie avait épousé Auzat, avocat à
Issoire. Éléonore, l'aînée, mourut à soixante-quatre
ans (26 juillet 1832), après avoir vu s'écrouler tous
ses rêves et disparaître presque tous les êtres qu'elle
avait aimés. Elle partageait les sentiments patriotiques de son père ; c'était, affirmait Ph. Le Bas, le fils,
un de ces esprits sérieux et justes, un de ces caractères fermes et droits, un de ces cœurs généreux et
dévoués, dont il faut aller chercher le modèle dans
les beaux temps des républiques anciennes. Robespierre ne pouvait manquer de rendre hommage à de
telles vertus ; une mutuelle estime les rapprocha ; ils
s'aimèrent sans se le dire, et si Maximilien avait

la Cour de cassation qui existent encore et qui faisaient alors
partie de la Haute-Cour attesteraient au besoin l'exactitude de ces
faits... » (Collection Le Bas.)

(1) Le mandat d'arrêt décerné contre le père et le fils est du
27 floréal, an IV ; ils furent « intégrés » dans la maison de justice
de la Haute-Cour siégeant à Vendôme le 15 fructidor de cette même
année, et l'ordonnance d'acquittement est du 7 prairial, an V.

Les pièces justificatives ont été conservées par ma famille, ainsi
qu'un dossier de procédure relatif au procès de Vendôme.

réussi à ramener l'ordre et le calme dans l'État, si son existence avait pu ne plus être aussi agitée (1) il serait certainement devenu le gendre de son ami.

La calomnie, qui n'a ménagé aucun de ceux qu'il affectionna, n'a pas manqué de s'attaquer à Éléonore, et l'on n'a pas craint d'écrire qu'un lien coupable l'unissait à Robespierre : « Nous qui l'avons connue pendant près de cinquante ans, a écrit Ph. Le Bas, le fils, nous qui savons jusqu'à quel point elle s'élevait au-dessus des faiblesses et de la fragilité de son sexe, nous protestons hautement contre une si odieuse imputation. Notre témoignage mérite toute confiance. »

Ajoutons à cette affirmation très nette une anecdote que M. G. Lenotre tire des notes de Mlle Hémery, la condisciple de Mlle Duplay à l'atelier du peintre Regnault :

« Un jour, Vallière arrive à l'atelier la figure bouleversée, les yeux rouges ; elle court à moi, m'embrasse, me dit adieu, qu'elle va mourir. Effrayée, je la questionne, elle me raconte en sanglotant que le Comité révolutionnaire de sa section a envoyé à ses parents l'ordre de la faire monter sur un char,

____

(1) « Ame virile, disait Robespierre de son amie, elle saurait mourir comme elle sait aimer... Le dénuement de sa fortune et l'incertitude du lendemain l'empêchaient de s'unir à elle avant que la destinée de la France fût éclaircie ; mais il n'aspirait, disait-il, qu'au moment où, la Révolution terminée et affermie, il pourrait se retirer de la mêlée, épouser celle qu'il aimait et aller vivre en Artois, dans une des fermes qu'il conservait des biens de sa famille, pour y confondre son bonheur obscur dans la félicité commune. » (Extrait de la partie de l'*Histoire des Girondins* revue par Philippe Le Bas.)

qu'elle était désignée pour représenter la déesse à la *Fête de la Jeunesse*. Faute d'obéir, la famille serait déclarée suspecte et incarcérée. Le désespoir de Vallière se communiqua à toutes nos compagnes, ses parents avaient dit qu'ils aimeraient mieux la voir morte que déesse. Vallière se persuadait qu'elle devait mourir. Mille idées plus extravagantes les unes que les autres furent émises pour parer le coup fatal, Guilbert lui proposa de se défigurer comme la fille du bourgeois de Manosque... — En 1516, François Ier, allant en Italie, passa par Manosque. Les clefs de cette ville lui furent présentées par la fille d'un bourgeois chez qui il logea. La jeune personne plut au Roi qui ne put le lui cacher. Mais, comme elle avait autant de vertu que d'attraits, pour sauver son honneur, elle fit brûler du soufre sur des braises ; la fumée à laquelle elle s'exposa s'imprégna sur son visage au point de le rendre méconnaissable. — Ce trait d'héroïsme nous fit rire malgré notre chagrin. Une autre l'engageait à se cacher. Éléonore arriva ; je lui racontai le sujet de nos débats. Je savais qu'elle aimait Vallière, ses larmes le prouvèrent. « Je suis étonnée, dit-elle, qu'ils n'y aient pas pensé » plus tôt, elle est si belle ! Je ne vois qu'un moyen » de parer à cet ordre absurde. — Vallière, dites à » votre mère de paraître enchantée du choix du » Comité ; qu'elle aille demander au président le » costume que vous devez mettre. Faites confec- » tionner ce costume dans votre magasin, faites-le

» voir à tous les voisins, affectez de la joie ; que vos
» ouvriers chantent la *Marseillaise*. Puis, décadi
» matin, prenez trois grains d'émétique ; lorsque
» le cortège viendra vous prendre, il sera facile de
» prouver que vous êtes malade. Du reste, soyez
» tranquille, je vous assure qu'on ne vous demandera
» plus... » Tout s'exécuta selon l'avis d'Éléonore.
Notre gentille compagne garda le lit deux ou trois
jours sans être malade ; le Comité révolutionnaire
fut complètement dupe de la ruse, et une honnête
fille ne fut pas exposée aux regards impudiques des
immoraux mythologues républicains. »

« Je trouve très tragique, écrit M. Lenotre après
avoir fait cette citation, l'histoire d'Éléonore Duplay,
de cette jeune fille qui eût pu être une femme heureuse, une tranquille mère de famille, car il semble
qu'elle fut bonne et honnête, et qui, en moins de
trois ans, à l'âge où l'on a le droit d'être heureux,
fit une telle provision de douleurs qu'elle en eut pour
toute sa vie (1). »

C'est à Éléonore qu'incomba le soin de faire démarches sur démarches et de défendre la réputation
de son père et de son frère, au moment où la haine
persistante des amis de Robespierre ressuscitait,
contre eux, les griefs les plus imaginaires ou les
moins bien fondés (procès Fouquier-Tinville et procès Babeuf) (2).

(1) *Paris Révolutionnaire*, p. 22.
(2) Nous avons conservé, notamment, un certificat adressé « à la

Des deux autres filles de Duplay, Victoire et Élisabeth, la première ne se maria point, l'autre épousa

citoyenne Duplay, rue Honoré, vis-à-vis la rue Florentin », déniant l'existence, après le 9 thermidor, d'une petite imprimerie que Dulplay avait organisée à son domicile. Bien que le procès-verbal dressé le 26 prairial (pièces de la procédure contre Duplay père et fils au procès de Vendôme. — Collection Le Bas) ne mentionnât l'existence, chez Duplay, que de trois presses, de caractères dans leurs casses et d'autres ustensiles d'imprimerie *dans un état de délaissement complet*, on l'avait imputé à crime aux deux accusés.

Sur la demande d'Éléonore, la pièce suivante put être produite :

« Je soussigné, ci-devant principal locataire de la maison ci-devant conventuelle de la Conception, rue Honoré, certifie avoir une pleine connaissance qu'à compter du 9 thermidor, l'imprimerie dite patriotique qu'exploitait le citoyen Duplay, dans ladite maison, a cessé d'être en activité, et que, depuis, elle ne l'a point reprise, attendu les scellés apposés à cette époque, l'inventaire qui s'en est suivi, et les autres opérations judiciaires qui ont eu lieu.

» En foi de quoi j'ai signé le présent pour servir et valoir à qui de droit ce que de raison.

» A Paris, ce 14 pluviôse an V.

» LEMAIRE,
» homme de loi. »
(Collection Le Bas.)

A ce certificat deux autres sont joints ; il est probable qu'ils furent remis à la Haute-Cour de justice établie à Vendôme par les soins d'Éléonore. Les voici :

« Les citoyens de la section de la place Vendôme soussignés attestent que les citoyens Maurice Duplay et Jacques-Maurice Duplay, son fils, ont rempli constamment leurs devoirs de citoyen avec zèle, et qu'ils sont connus généralement pour des hommes paisibles et pleins de probité.

» Paris, le 15 brumaire, an V de la République française, une et indivisible.

L'HULLIER.

MAROTTE, commissaire de police, division de la place Vendôme.

DANGIVILLÉ.

BOUCHEAS, capitaine.

Jean LACAZE.

L'HERMINIER, commandant.

MICHEZ.

GAMARD.

TOULEMONDE.

HUBERT.

» Nous, juge de paix de la division de la place Vendôme, attes-

6

Le Bas le 26 août 1793. — C'est à la lumière des notes et des souvenirs d'Élisabeth que Philippe Le Bas, son fils, put reconstituer bien des événements de la période révolutionnaire ; c'est aussi dans ces notes et dans ces souvenirs — transmis à son petit-fils — que je cherche, à mon tour, le contrôle des assertions formulées par les partisans comme par les ennemis des robespierristes.

*
* *

A partir de 1792, un neveu, Simon Duplay, était venu se joindre à la famille. Le conventionnel Bau-

tons à tous qu'il appartiendra que les signatures ci-dessus sont bien celles de différents citoyens de notre section et que foi doit y être ajoutée.

» Paris, le 25 brumaire an V.

» CHÉPY, juge de paix. »

« Nous administrateurs municipaux du 1ᵉʳ arrondissement du canton de Paris, certifions que la signature du citoyen Chépy, apposée d'autre part est sincère et véritable et que foi pleine et entière doit y être ajoutée.

» Fait en administration le 25 brumaire an V.

(*Signatures.*)
(Collection Le Bas.)

» Nous soussignés, habitants de la commune de Paris, domiciliés rue Honoré, section de la place Vendôme, témoignons à qui il appartiendra, que, depuis notre résidence dans le voisinage du citoyen Duplay, entrepreneur de bâtiments, actuellement détenu dans la prison de Vendôme, sa maison nous a toujours paru très régulière, et que nous ne nous sommes jamais aperçu qu'il s'y soit passé, soit intérieurement, soit extérieurement, quelque chose contraire à la police et à la sûreté publique ; nous certifions, en outre, que, dans tous les temps, la porte en a été constamment fermée à neuf heures du soir.

» A Paris, le 25 pluviôse, an V de la République.

GAINARD. — DANGIVILLÉ. — DESGNNE.

— Même légalisation que ci-dessus. —
(Collection Le Bas.)

dot, qui, je l'ai dit, n'était pas tendre pour les amis de Robespierre, a pourtant écrit (1) : « Simon Duplay était un jeune homme ardent, plein d'esprit, qui s'était enrôlé volontairement au commencement de la Révolution, et il avait été blessé et amputé ; à l'époque du 9 thermidor, il portait une jambe de bois (2). Il écrivait sous la dictée de Robespierre, et au besoin lui servait de secrétaire. Il n'est pas nécessaire de dire qu'il était mal payé. Dans ce temps-là le zèle faisait tout. » Simon Duplay est mort vers 1826.

* *

A côté de Duplay et de sa famille se groupaient quelques hôtes de moindre importance que Robespierre, et des comparses qui ne firent que franchir quelquefois le seuil de la maison.

Lamartine, dans la première édition de ses *Girondins,* s'exprimait ainsi :

« Un très petit nombre d'amis de Robespierre et de Duplay étaient admis tour à tour dans cette intimité : *les Lameth quelquefois ; Le Bas, Saint-Just, toujours ; Panis, Sergent, Coffinhal, Fouché, qu'aimait la sœur de Robespierre et que Robespierre*

____

(1) *Notes historiques sur la Convention nationale,* p. 40.
(2) « Duplay à la jambe de bois », comme on le nommait alors, avait eu la jambe gauche emportée par un boulet, à la bataille de Valmy. (Corrections de Philippe Le Bas sur le texte de Lamartine.

n'aimait pas; Taschereau, Legendre, Le Boucher, Merlin de Thionville, Couthon, Péthion, Camille Desmoulins, Buonarotti, patriote romain, émule du tribun Rienzi, un nommé Nicolas, imprimeur du journal et des discours de l'orateur ; un serrurier nommé Didier, ami de Duplay ; *quelques ouvriers assidus aux Jacobins,* enfin Mme de Chalabre, femme noble et riche, enthousiaste de Robespierre, se dévouant à lui comme les veuves de Corinthe ou de Rome aux apôtres du culte nouveau, lui offrant sa fortune pour servir à la popularisation de ses idées, et captant l'amitié de la femme et des filles de Duplay pour mériter un regard de Robespierre. »

Sur le placard corrigé par la veuve et le fils de Le Bas, tous les mots en italique sont effacés et remplacés par ceux-ci : « ... Les Lameth et Péthion dans les premiers temps ; assez rarement Legendre, Merlin de Thionville, Fouché, qu'aimait la sœur de Robespierre, mais que Robespierre n'aimait pas ; souvent Taschereau, Camille Desmoulins, Piault ; toujours Le Bas, Saint-Just, David, Couthon, Buonarotti. »

Pourquoi Lamartine, donnant ce texte modifié dans son *Histoire des Girondins* (livre XXX, § 13), reproduit-il néanmoins les noms de Coffinhal, Panis et Sergent, après celui de Taschereau, et indique-t-il, contre toute vérité, que Camille Desmoulins venait « tous les soirs » avec Le Bas, Saint-Just, David, Couthon et Buonarotti ?

*
* *

A ces noms d'amis et de fervents, il faut ajouter quelques noms oubliés : celui de Robespierre jeune surtout (1) et ceux de Henriette (sœur de Le Bas) et de Charlotte (sœur de Robespierre), hôtes de passage, qui n'en reçurent pas moins un cordial accueil chez les Duplay.

J'ai dit l'affection qu'Henriette Le Bas avait inspirée à Saint-Just; son nom a été prononcé, nous l'avons vu, dans l'échange de lettres entre Lamartine et Philippe Le Bas.

Charlotte Robespierre a davantage occupé l'opinion. M. Lenotre, dans son dernier volume (2), lui a consacré tout un chapitre, et le fils du conventionnel Le Bas a tracé sa biographie, en quelques lignes qui détruisent, par leur sévérité, la portée d'une historiette racontée jadis par Jules Simon dans *le Temps* :

(1) La personnalité d'Augustin-Bon-Joseph Robespierre, frère cadet de Maximilien, est trop connue pour qu'il soit nécessaire de tracer sa biographie ; nous nous contentons de reproduire, plus loin, trois de ses lettres que Mme Le Bas nous a laissées dans ses papiers. C'était un fidèle de la maison Duplay : il aimait les hôtes de la maison et son affection pour son frère était sans bornes : « Il possédait les vertus de famille, a dit Baudot, il était bon frère ; il admirait sincèrement Maximilien et le regardait comme le plus vertueux des hommes ». (*Notes historiques de la Convention nationale*, page 2.) Il habita longtemps chez Duplay ; une lettre que lui adressait Deshorties, le 30 messidor an II, porte la curieuse inscription suivante : « Au citoyen Robespierre jeune, maison du citoyen Duplay, *au premier sur le devant*. Rue Saint-Honoré, Paris ». (*Arch. nat*., F., 7\4433 : liasse des pièces offertes par M. Barbier.)

(2) *Vieilles maisons, vieux papiers* (1900).

« Un jour que je déjeunais chez mon professeur d'histoire, M. Philippe Le Bas — dit Jules Simon — je vis entrer dans le salon une vieille demoiselle, bien conservée, se tenant très droite, vêtue, à peu près, comme sous le Directoire, sans aucun luxe, mais d'une propreté recherchée. Mme Le Bas, la mère, (autrefois Mlle Duplay) et M. Le Bas l'entouraient de respects, la traitaient presque en souveraine. Elle parla peu pendant le repas, poliment, avec gravité : « Comment la trouvez-vous ? me dit M. Le Bas quand nous fûmes seuls dans son cabinet. — Mais qui est-ce ? — Comment ? Je ne vous l'avais pas dit ? C'est la sœur de Robespierre. » J'étais alors élève de première année à l'École normale. »

L'élève de première année à l'École normale fut, depuis, un homme éminent, un philanthrope remarquable, et pourtant il lui arriva de manquer d'indulgence pour ceux de ses anciens professeurs qui l'avaient accueilli, pourtant, avec bonté : le cœur étant excellent chez lui, j'aime à croire que la mémoire seule était en défaut ; rien d'étonnant à ce qu'elle l'ait mal servi lorsqu'il écrivit sa chronique.

« Charlotte Robespierre — dit Philippe Le Bas dans son *Dictionnaire encyclopédique de l'Histoire de France* — ne rougit pas de recevoir des assassins de ses frères une pension qui, de 6,000 fr. d'abord, puis réduite successivement jusqu'à 1,500, lui fut servie par tous les gouvernements qui se succédèrent jusqu'à sa mort (1834). Elle a laissé des

Mémoires qui contiennent de curieux renseignements, mais où le faux se trouve trop souvent mêlé au vrai. »

Je ne pense pas que le savant consciencieux qui traça ces lignes ait jamais traité Mlle Robespierre en « souveraine » : c'est « solliciteuse » qu'a voulu écrire Jules Simon.

Aussi bien, Charlotte Robespierre ne saurait m'intéresser que par les lettres ou souvenirs où elle a parlé de son frère Maximilien, et, sur ce point, le document que reproduit M. Lenotre a le plus grand intérêt, parce qu'il dissipe des malentendus copieusement utilisés par certains écrivains ; c'est le testament que voici, conservé dans les archives de M⁵ Dauchez, notaire à Paris :

« Voulant, avant de payer à la nature le tribut que tous les mortels lui doivent, faire connaître mes sentiments envers la mémoire de mon frère aîné, je déclare que je l'ai toujours connu pour un homme plein de vertu ; je proteste contre toutes les lettres contraires à son honneur, qui m'ont été attribuées, et, voulant ensuite disposer de ce que je laisserai à mon décès, j'institue pour mon héritière universelle, Mlle Reine-Louise-Victoire Mathon.

» Fait et écrit de ma main, à Paris, le 6 février 1828.

» Marie-Marguerite-Charlotte DE ROBESPIERRE. »

On ne peut guère discuter la sincérité de ceux qui vont mourir.

VI

Lettres inédites des frères Robespierre.

Voici les cinq lettres dont les originaux sont restés annexés aux papiers de Mme Le Bas ; je les reproduis parce qu'elles sont inédites et curieuses à divers titres ; elles marquent, notamment, l'affection des deux Robespierre pour Duplay ; et la lettre d'Augustin à ce dernier laisse deviner l'amour profond qui unissait les deux frères.

J'aurai à reparler de celle des lettres qui suit :

Première lettre de Maximilien Robespierre à Duplay.

Arras, le 16 octobre 1791.

Mon cher ami, je suis arrivé à bon port, vendredi, à Bapaume. Les gardes nationales de Paris campées ci-devant à Verberies, celles du département de l'Oise qui venaient d'arriver le jour même dans cette ville, jointes aux patriotes de Bapaume, me présentèrent une couronne

civique avec les témoignages de l'affection la plus frater-
nelle. Le directoire du district et de la municipalité,
quoiqu'aristocrates, ne dédaignèrent pas de venir me
rendre visite au corps. J'ai été enchanté du patriotisme
des gardes nationales, qui paraissent très bien compo-
sées. Aussi celles de Paris n'ont-elles trouvé aucun pré-
paratif pour les recevoir à Bapaume ; celles de l'Oise ont
été obligées de partir sans armes, et n'en ont point encore.

De Bapaume, plusieurs officiers des deux corps, joints
à une partie de la garde nationale d'Arras, qui étaient
venus à ma rencontre, me reconduisirent à Arras, où le
peuple me reçut avec les démonstrations d'un attachement que je ne puis exprimer, et auquel je ne puis songer sans attendrissement ; il n'avait rien oublié pour me
le témoigner ; une multitude de citoyens était sortie de
la ville à ma rencontre ; à la couronne civique qu'ils m'of-
frirent ils en joignirent une pour Pétion ; dans leurs acclamations ils mêlaient souvent à mon nom celui de mon
compagnon d'armes et de mon ami. Je fus surpris de
voir les maisons de mes ennemis et des aristocrates (qui
ne paraissent ici que sous la forme ministérielle ou feuil-
lantine ; les autres ont émigré) illuminées sur mon passage, ce que je n'ai attribué qu'à leur respect pour le
vœu du peuple. Huit jours auparavant on avait fait les
mêmes préparatifs parce que j'étais attendu pour ce
temps-là. Dans l'une et l'autre occasion la municipalité,
qui est de l'ordre des feuillants, n'avait rien épargné
pour s'opposer à ces démarches de la part du peuple et
des patriotes : « Quand ce serait le roi, disait-elle ingé-
nieusement, on n'en ferait point autant ; quand nous
avons été installés, nous a-t-on rendu des honneurs ? »

Aussi je ne fus pas plutôt entré chez moi qu'elle envoya

les alguazils de la police porter l'ordre d'éteindre les lampions, ce qui ne fut pas partout ponctuellement exécuté.

Le lendemain, un autre désordre s'introduisit dans la ville : les gardes nationales de l'Oise arrivèrent à Arras où ils devaient passer pour se rendre à leur destination ; ils dansèrent sur la place publique en chantant des airs patriotiques et vinrent chez moi en faisant retentir les airs d'acclamations extrêmement désagréables pour l'oreille d'un feuillant. Il n'est point arrivé d'autre malheur.

Les gardes nationales cantonnées dans ce pays sont vues de très mauvais œil par l'aristocratie ministérielle qui est très nombreuse; elles se répandent dans les villages d'alentour pour prémunir les habitants des campagnes contre les insinuations dangereuses des prêtres réfractaires, qui font un mal incalculable ; elles raniment partout le patriotisme languissant. Je ne doute pas que l'on ne continue de faire tout ce qu'on pourra pour les dégoûter ou pour s'en défaire.

Nous avons, sur notre route, trouvé les auberges pleines d'émigrants. Les aubergistes nous ont dit qu'ils étaient étonnés de la multitude de ceux qu'ils logeaient depuis quelque temps.

Il vient de s'opérer ici un miracle, ce qui n'est pas étonnant, puisqu'il est dû au Calvaire d'Arras, qui, comme on le sait, en a déjà fait tant d'autres : un prêtre non assermenté disait la messe dans la chapelle qui renferme le précieux monument; des dévotes comme il faut l'entendaient. Au milieu de la messe un homme jette deux béquilles qu'il avait apportées, étend les jambes, marche; il montre la cicatrice qui lui reste à la jambe, déploie des papiers qui prouvent qu'il a eu une grième blessure ; au miracle la femme de cet homme arrive ; elle

demande son mari ; on lui dit qu'il marche sans béquilles ;
elle tombe évanouie ; elle reprend ses sens pour rendre
grâces au ciel et pour crier au miracle. Cependant il fut
résolu, dans le sanhédrin dévot, que ce ne serait point
dans la ville qu'on ferait beaucoup de bruit de cette aven-
ture, et qu'on la répandrait dans les campagnes ; depuis
ce temps plusieurs paysans viennent, en effet, brûler des
petits cierges dans la chapelle du Calvaire.

Je me propose toujours de ne pas rester longtemps
dans cette terre sainte ; je n'en suis pas digne ; je ne la
quitterai cependant pas sans regrets ; car mes concitoyens ne m'y ont procuré jusqu'ici que les plus douces
jouissances : je m'en consolerai en vous embrassant.

Veuillez bien présenter les témoignages de ma tendre
amitié à Mme Duplay, à vos demoiselles, et à mon petit
ami. N'oubliez pas non plus, je vous prie, de me rappeler
au souvenir de La Coste et Couthon.

ROBESPIERRE.

Deuxième lettre de Maximilien Robespierre à Duplay.

Arras, le 17 novembre 1791.

Frère et ami, j'ai reçu avec reconnaissance la nouvelle
marque d'intérêt et d'amitié que vous me donnez par
votre dernière lettre. Je me propose sérieusement, cette
fois, de retourner dans quelques jours à Paris. Le plaisir
de vous revoir ne sera pas le moindre avantage que j'y
retrouverai. Je pense avec une douce satisfaction que
mon cher Pétion a peut-être été nommé maire de Paris
au moment où j'écris. J'éprouverai plus vivement que
personne la joie que doit donner à tout citoyen ce
triomphe du patriotisme et de la probité franche sur
l'intrigue et sur la tyrannie.

Présentez les témoignages de mon tendre et inalté-

rable attachement à vos dames, que je désire vivement
d'embrasser, ainsi que notre petit patriote.

                              ROBESPIERRE (1).

(1) Reproduction autographique de cette lettre :

arras le 17 novembre 1791

*frere et ami, j'ai reçu, avec reconnaissance la nouvelle
marque d'intérêt et d'amitié que vous me donnez par
votre dernière lettre je me propose sérieusement cette
fois de retourner dans quelques jours a paris le plaisir
de vous revoir ne sera pas le moindre avantage que
j'y retrouverai je pense avec une douce satisfaction,
Que mon cher pétion, a peut être été nommé maire
de paris au moment ou j'écris. j'éprouverai plus vivement
Que personne la joie Que doit donner a tout citoyen
ce triomphe du patriotisme et de la probité française
sur l'intrigue et sur la tyrannie.
présentez les témoignages de mon tendre et inaltérable
attachement a vos dames que je désire vivement
d'embrasser, ainsi que notre petit patriote.*

Robespierre

Lettre de Robespierre le jeune à Duplay.

Arras, 19 mars 1792.

Patriote Dupleix (1), j'ai appris indirectement que mon frère est incommodé; je suis inquiet; mandez-moi au plus tôt sa situation. Envoyez-moi aussi la cartouche que j'ai prié l'ami de mon frère de rechercher dans ses papiers.

Dites à mon frère que ma sœur est convalescente,

(1) Cette orthographe inexacte n'est pas l'effet d'une erreur de plume; on lit également sur l'adresse : « A monsieur *Dupleix*, rue Saint-Honoré, Paris. » — A cette époque où la variabilité d'écriture des noms patronymiques était extrême, le nom de Duplay est, d'ailleurs, un de ceux qui furent le plus diversement écrits : dans les dossiers que possède la famille Le Bas, je le trouve tracé de six manières différentes ; voici la pièce où l'orthographe est le plus fantaisiste (cette pièce est contemporaine de la lettre de Robespierre le jeune) :

MESSAGERIES NATIONALES

MM les voyageurs sont avertis qu'ils doivent se rendre au Bureau au moins une demi-heure avant celle du départ, pour régler les places.

Les hardes et paquets doivent être apportés avant quatre heures du soir, sans quoi ils seraient remis au départ suivant.

Pour que les voyageurs ne soient pas vexés dans les auberges, l'Administration a cru convenable de fixer les prix de leur nourriture pendant la route, ainsi qu'il suit :

Diner à Montereau.
1. Coucher à Sens.
Diner à Auxerre.
2. Coucher à Vermenton.
Diner à Avallon.
3. Coucher à Sauliers.
Diner à Autun.
4. Coucher à Châlon.
Diner à Tournus.
5. Coucher à Mâcon.
Diner à Riottier.
6. Coucher à Lyon.

DILIGENCE DE PARIS A LYON

—

DÉPART DU MERCREDY 4 AVRIL 1792

A DIX HEURES DU SOIR

—••⊛••—

Monsieur DU PLET a payé la somme de cinquante livres, pour arrhes de la place qu'il a retenue dans la diligence.

Faute de se trouver à la dite heure, les arrhes seront perdues.

Fait à Paris, ce 30 mars 1792.

BAVOILLOT.

et que je renverrai sous très peu de jours le livre de
Mme Witty.

Ne perdez pas un moment, et des réponses sur-le-
champ. Mon inquiétude est à son comble. Il ne tient à
rien que je ne vole à Paris.

Envoyez-moi aussi quelques exemplaires du discours
sur la guerre que votre ami a prononcé et des observations de Pethion et Robespierre.

Je vous embrasse et votre famille.

A.-B.-J. ROBESPIERRE.

Lettre de Robespierre le jeune.

Je vous prie de proposer à l'Assemblée Nationale de
prendre sous sa sauvegarde la dénonciation des plus
horribles forfaits commis journellement par une congré-
gation de scélérats. Un Bon Fils persécuté par ses con-
frères pour avoir montré un peu d'humanité, est venu
me faire le tableau des scènes affreuses qui se passent
dans l'enceinte de ces maisons infernales. Les assassi-
nats y sont multipliés ; les jours de ce malheureux sont
en péril, parce qu'il est soupçonné d'avoir découvert
leurs monstrueux mystères.

Je frémis lorsque je pense que l'Assemblée Nationale
laisse jouir en paix ces bourreaux de l'humanité ; ces
monstres s'indignent d'être obligés de modérer leur férocité, dans l'inquiétude qu'ils éprouvent de l'incertitude
de leur existence. Ma lettre n'est point une déclamation,
c'est la vérité. Ces démons incarnés se sont réjouis de
la fausse nouvelle de la mort du comte de Mirabeau,
qu'ils regardent comme le fléau des abus. Il est de l'honneur de l'humanité que ces coupables n'échappent pas.
Il faut pour cela obtenir de l'Assemblée une décision
prompte, pour autoriser leur dénonciateur à se retirer
dans une communauté, et obtenir une pension provisoire

pour l'infortuné qui va dévoiler tout ce que la terre a vu de plus forcené, de plus infâme. Il m'a offert de rapporter les preuves des supplices inouis que l'innocent souffre dans ces cavernes. Tout ce qu'on nous a dit de l'Inquisition n'approche point du régime des Bons Fils. La Bastille était un séjour enchanté auprès de ces prisons habitées par le crime, la scélératesse.

On vient de publier aujourd'hui, dimanche, la loi Martiale. J'ai marqué mon étonnement d'entendre, immédiatement après la lecture de cette loi, déclarer que la garde nationale était toujours libre, déclaration qui m'a paru une espèce d'atteinte au décret. J'ai fait proposer au comité l'explication de la déclaration.

Répondez-moi sur-le-champ ; ne perdez pas un moment pour m'instruire de ce que vous aurez fait relativement aux Bons Fils. Dénoncez ces criminels ; faites qu'on s'assure d'eux. Le dénonciateur est un nommé frère Célestin Hérau, Bon Fils d'Armentières. Ne dites pas encore son nom avant qu'il ne soit en sûreté.

ROBESPIERRE.

Lettre de Robespierre le jeune à son frère.

Ta lettre, cher frère, paraît produire un très bon effet. La calomnie est réduite au silence : ce n'est encore là qu'un léger succès remporté sur tes ennemis. Je te ferai connaître plus tard que ceux sur lesquels tu comptais le plus ne sont que des lâches. S... (*illisible*) est toujours un patriote zélé ; il vient d'offrir à la patrie l'honneur de ses boucles ; il a bravé le ridicule qu'on cherche à répandre sur ceux qui témoignent leur amour pour le bien public par ces légers sacrifices.

Tu as sans doute déjà vu nos deux échevins députés par une assemblée d'échevins en exercice et d'anciens échevins ; tous les membres du comité n'y ont point concouru ; plusieurs de ces derniers n'ont point été convoqués. De quel front osent-ils se présenter pour demander ce que vous devez toujours avoir présent à l'esprit, l'intérêt de votre patrie, lorsqu'il ne blessera point l'intérêt général. Mais comment écouterez-vous la demande qu'ils font pour les moines de se charger de l'éducation ? Le grand prieur de Saint-Vaast a été à l'assemblée échevinale solliciter lui-même cette grâce, promettant de convertir en bourses les biens du collège. Sans doute que vous ne ferez point une exception en faveur des moines flamands lorsque vous travaillerez à l'important objet de l'éducation nationale.

Il serait à propos, je crois, d'affecter pour cet hiver une portion des revenus de cette riche abbaye pour le soulagement des pauvres ; les ecclésiastiques refuseront, comme tu le sens, de les secourir, sous prétexte qu'on leur enlève tout. Il faudrait prendre les revenus de l'abbé commandataire. M⁰ Liger a voulu renouveler tous les baux, sans doute pour profiter des pots-de-vin.

Réponds à ma dernière lettre ; ce malheureux Bon Fils (car un Bon Fils peut être malheureux) est réduit au désespoir. Peut-on le mettre sous la protection de l'Assemblée ou non : réponds-moi aussitôt, que je puisse lui faire prendre un autre parti.

J'aurais bien des choses à te dire encore ; mais je n'en ai pas le temps. Tout le monde t'embrasse.

De Robespierre (1).

(1) Ces deux dernières lettres ne sont pas datées. Bien qu'elles soient un peu plus anciennes que les précédentes, nous les avons classées dernières parce qu'elles n'intéressent ni Duplay, ni Le Bas.

VII

Ce qu'on faisait chez les Duplay. — Les veillées de famille.
— Concerts improvisés. — Lectures faites par Robespierre
et par Le Bas. — Habitudes et goûts de Maximilien.

Si l'on s'entretenait de la Révolution, dans les
réunions familiales chez les Duplay, on ne s'occupait point, comme on l'a insinué, d'arrêter les
listes des suspects. Les idées échangées étaient
moins tragiques.

Plus d'une fois, après une courte conversation et
quelques bavardages avec les jeunes filles, « Buonarotti et Le Bas improvisaient un concert de famille »
(ces mots, ajoutés par Ph. Le Bas à l'édition du *National*, n'ont pas été conservés par Lamartine dans son
texte définitif des *Girondins* ; pourtant Le Bas, qui
chantait agréablement, se faisait entendre dans ces
réunions intimes où Buonarotti tenait le piano) (1).

____

(1) Buonarotti donnait même des conseils musicaux aux enfants
de son hôte ; le fils Duplay signale, dans l'interrogatoire qu'il

7

D'autres fois Robespierre faisait des lectures à la famille : c'était, très souvent, des pièces de Racine ou de Corneille, dont Maximilien aimait à accentuer les vers, soit pour s'exercer lui-même à la tribune par la déclamation, soit pour élever les âmes de ses auditeurs au niveau des grands sentiments de l'antiquité.

Il arrivait aussi à chacune des personnes présentes de choisir un rôle, et, parmi ces acteurs improvisés, c'étaient Maximilien et Le Bas qui déclamaient avec le plus de chaleur.

Robespierre dînait rarement hors de la maison — six fois au plus pendant les trois années de son sé-jour rue Saint-Honoré, a dit Buonarotti. — Il conduisait deux ou trois fois par an Mme Duplay et ses filles au spectacle, au Théâtre-Français presque toujours, et à des représentations classiques.

« Il n'aimait, avait écrit Lamartine dans le « National », que les déclamations tragiques, qui lui rappelaient la tribune, la tyrannie, le peuple, l'*échafaud*, les grands crimes, les grandes vertus ; *théâtral jusque dans ses rêves et dans ses délassements*. » Ph. Le Bas avait effacé les mots en italiques ; Lamartine supprima le mot « échafaud », mais conserva le reste.

Souvent Robespierre se retire de bonne heure dans sa chambre pour préparer ses discours (on sait

subit le 27 floréal an IV, au cours du procès Babeuf, que le patriote italien lui donnait des leçons de clavecin. (*Pièce de procédure de la collection Le Bas.*)

qu'ils étaient mûris longuement et longuement re-
maniés : plusieurs brouillons qu'a conservés M. Léon
Le Bas sont presque illisibles, tant ils sont ra-
turés) ; souvent encore il va se promener aux Champs-
Élysées ou dans les environs de Paris, n'ayant
comme compagnon de ses courses que Brount, son
chien ; « dans les moments d'agitation extrême, seulement, le typographe Nicolas, le serrurier Didier et
quelques amis (1) l'accompagnent de loin à son insu. »

Il s'irritait de ces précautions :

— Laissez-moi sortir de votre maison et aller
vivre seul, disait-il à son hôte ; je compromets votre
famille, et mes ennemis feront un crime à vos enfants de m'avoir aimé.

— Non, non, nous mourrons ensemble ou le
peuple triomphera, répondait Duplay.

Quelquefois le dimanche, toute la famille sortait
de Paris avec Robespierre, qui parcourait avec la
mère, les sœurs et le frère d'Éléonore, les bois de
Versailles ou d'Issy.

Est-ce là l'homme qu'on a représenté comme se
créant des adorateurs, même au sein de la famille
de son hôte, à force de tirades oratoires ? Est-ce
l'être infaillible rendant des oracles, le « dieu en
chambre » respirant un nuage d'encens ? (2)

(1) Les mots « et quelques amis » ont été substitués, par Ph. Le Bas,
au texte de Lamartine, qui avait écrit « ... et le jeune Duplay, armés sous leurs habits ; » c'est le texte rectifié qui figure dans les
Girondins.
(2) Taine : *la Révolution,* III, p. 199.

J'y vois plutôt — sous les traits du farouche jacobin, dont la famille Duplay n'aperçoit que les qualités — l'ami fidèle, auquel on rend dévouement pour
dévouement, et dont on est heureux de flatter quelquefois les innocentes manies.

N'a-t-on pas été jusqu'à s'emparer des détails les
plus insignifiants pour y édifier la sotte calomnie ?
Fréron, dans ses Notes sur Robespierre (1) raconte
sérieusement : « Il étouffait de bile. Ses yeux et son
teint jaune l'annonçàient. Aussi avait-on l'attention,
chez Duplay, de servir devant lui au dessert, dans
toutes les saisons de l'année, une pyramide d'oranges que Robespierre mangeait avec avidité. Il en
était insatiable ; personne n'osait toucher à ce fruit
sacré ; sans doute que son acidité diminuait l'humeur
bilieuse de Robespierre et en facilitait la circulation.
Il était aisé de distinguer la place que Robespierre
avait occupée à table par les monceaux d'écorce
d'oranges qui couvraient son assiette. On remar-
quait qu'il se déridait à mesure qu'il en mangeait. »

*
* *

Des écrivains (non plus des pîtres, mais des hommes sérieux), qui n'ont pas trouvé le moyen de concilier les opinions contradictoires des contemporains,
se sont demandé à quoi Robespierre devait l'attachement de Duplay, de sa famille et de ses amis ?

(1) Reproduites par Baudot, *loc. cit.* p. 278.

Louis Blanc répond : « A la douceur de son caractère, à la facilité de son commerce et à la bonté de son cœur ». Tout le temps qu'il ne consacrait pas à ses devoirs publics et à ses promenades solitaires, il le passait près de ses hôtes (1), et un lien, de plus en plus intime, s'établissait entre eux. Maximilien avait été, dès l'abord, séduit par le spectacle d'une famille dont les mœurs patriarcales contrastaient avec la corruption de l'époque, et la sympathie des Duplay pour lui s'était augmentée encore de la confiance qu'il leur témoignait.

Lamartine, qu'il faut consulter lorsque ses affirmations ont été contrôlées, dit que Robespierre payait en affection les services que lui rendait sa famille adoptive : « Il renfermait son cœur dans cette pauvre maison. Causeur avec le père, filial avec la mère, paternel avec le fils, familier et presque frère avec les jeunes filles, il inspirait et il éprouvait, dans ce cercle intérieur formé autour de lui, tous les sentiments qu'une âme ardente n'inspire et n'éprouve qu'en se répandant sur beaucoup d'espace au dehors. — L'amour même attachait son cœur là où le travail, la pauvreté et le recueillement fixaient sa vie... »

Rien ne montrera mieux la place véritable qu'occupait Robespierre au foyer des Duplay que l'écrit suivant de Mme Le Bas.

---

(1) Renseignement donné par Le Bas le fils, d'après les récits de sa mère.

VIII

Manuscrit de Mme Le Bas (1).

Ce fut le jour où Marat fut porté en triomphe à l'Assemblée que je vis mon bien-aimé Philippe Le Bas pour la première fois.

Je me trouvais, ce jour-là, à la Convention Nationale avec Charlotte Robespierre. Le Bas est venu la saluer ; il resta longtemps près de nous et demanda qui j'étais. Charlotte lui dit que j'étais une des filles de l'hôte de son frère aîné. Il lui fit quelques questions sur ma famille ; il demanda à Charlotte si nous venions souvent à l'Assemblée, et dit que tel jour il y aurait une séance bien intéressante. Il l'engagea beaucoup à y venir.

Charlotte demanda à ma bonne mère l'autorisation de m'y emmener avec elle. A cette époque, ma mère

(1) Je reproduis ce manuscrit sans en altérer le texte, sans en redresser le style, un peu fruste et souvent incorrect ; les femmes de cette époque, grandes par les sentiments, n'étaient point des femmes de lettres.

l'aimait beaucoup ; elle n'avait pas encore à s'en plaindre.

PORTRAIT DE MADAME LE BAS, NÉE DUPLAY (1)

Ma mère était si bonne qu'elle ne lui refusait jamais rien de ce qui pouvait lui faire plaisir. Elle me permit de l'accompagner plusieurs fois.

(1) Appartient, comme les deux autres portraits, à M. Léon Le Bas.

Donc, je fus avec elle à la Convention.

Elle occupait un appartement sur le devant, dans la maison de mon père, rue Saint-Honoré. J'avais aussi beaucoup d'amitié pour elle, et je me faisais un plaisir d'aller la voir souvent; quelquefois même je me plaisais à lui friser les cheveux et à m'occuper de sa toilette. Elle aussi paraissait m'affectionner beaucoup.

Ma mère nous voyait avec plaisir porter de l'attachement à Robespierre et à sa famille. Pour nous, nous l'aimions comme un bon frère! Il était si bon! Il était notre défenseur lorsque ma mère nous grondait. Cela m'arrivait quelquefois: j'étais bien jeune, un peu étourdie; il me donnait de si bons conseils que, toute jeune que j'étais, je les écoutais avec plaisir.

Lorsque j'avais quelque chagrin, je lui contais tout. Ce n'était pas un juge sévère : c'était un ami, un frère bien bon; il était si vertueux! Il avait pour mon père et ma mère de la vénération. Nous l'aimions tous bien tendrement.

Enfin Charlotte vint me chercher pour assister à une séance qui devait être bruyante. Le Bas vint près de moi; pour la première fois, il m'adressa la parole pour me dire des choses bien bonnes. Il dit à Charlotte qu'il y aurait une séance de nuit, qu'elle devait être fort intéressante, qu'il fallait demander la permission pour que je vinsse avec elle.

Charlotte n'eut pas de peine à l'obtenir. Elle était

sœur de Robespierre, et ma mère la regardait comme sa fille. Pauvre mère ! Elle croyait Charlotte aussi pure et aussi sincère que ses frères. Grand Dieu ! cela n'était pas !

Nous nous rendîmes donc à cette séance. Nous avions emporté des oranges et quelques sucreries. Charlotte en offrit à Le Bas et à son jeune frère.

Ces messieurs, après être restés quelque temps près de nous, nous quittèrent pour aller voter.

Je demandai à Charlotte si je pouvais offrir une orange à Le Bas ; elle me dit que oui. J'étais heureuse de pouvoir lui témoigner une attention. Il accepta avec plaisir. Qu'il me parut bon et respectueux !

Comme je l'ai dit déjà, mademoiselle Robespierre paraissait se plaire avec moi.

A une autre séance de l'Assemblée, où nous nous trouvions encore ensemble, elle me prit une bague que j'avais au doigt. Le Bas s'en aperçut et la pria de la lui faire voir, ce qu'elle fit. Il regarda le chiffre qui y était gravé, et il fut obligé, dans ce moment, de s'éloigner pour donner son vote, sans avoir le temps de remettre la bague, ce qui me causa un grand tourment ; car il ne put me la rendre, et je craignais que ma mère ne s'aperçût que je ne l'avais plus au doigt. Nous chérissions tous notre bonne mère et nous tremblions de lui faire du chagrin.

A cette même séance, Le Bas nous avait prêté une lorgnette, à Charlotte et à moi. Il revint, un instant, parler à Mlle Robespierre de ce qui venait de se passer à la séance ; je voulus lui rendre la lorgnette ; il ne voulut pas la reprendre et dit que nous allions en avoir encore besoin. Il me pria de vouloir bien la garder. Il s'éloigna encore, et, dans ce moment je priai Charlotte de lui redemander ma bague ; elle me le promit, mais nous ne revîmes plus Le Bas.

Il avait chargé Robespierre le jeune de nous faire ses excuses et de nous dire qu'il se trouvait indisposé et qu'il avait été obligé de partir bien à regret. Et moi aussi j'avais du regret de n'avoir pas ma bague et de n'avoir pu lui remettre sa lorgnette. Je craignis de déplaire à ma mère et d'être grondée ; cela me tourmentait beaucoup. Ma mère était bonne, mais très sévère.

Charlotte me dit, pour me consoler : « Si ta mère te demande ta bague, je lui dirai comment la chose s'est passée ». Tout cela me rendait bien malheureuse : c'était la première fois qu'une chose pareille m'arrivait.

Depuis cette époque-là, nous n'eûmes plus l'occasion de retourner à la Convention. Charlotte me dit d'être tranquille pour ce qui me tourmentait tant. Elle me dit aussi que M. Le Bas était bien malade et ne pouvait plus revenir à l'Assemblée.

J'avoue que cette nouvelle me fit grande impression. Je ne pouvais me rendre compte de cela : moi, si jeune et si gaie, je devins triste et rêveuse ; tout le monde s'aperçut de ma tristesse, jusqu'à Robes-

pierre, qui me demanda si j'avais quelque chagrin ;
je l'assurai que je n'avais rien, que ma mère ne m'a-
vait pas grondée, que je ne pouvais pas me rendre
compte de ce que j'éprouvais. Il me dit avec bonté :
« Petite Élisabeth, regardez-moi comme votre meilleur ami, comme un bon frère ; je vous donnerai tous
les conseils dont a besoin votre âge. » Plus tard, il
vit combien j'avais de confiance en lui.

Depuis longtemps, je n'entendais plus parler de
Le Bas, et je ne savais à qui m'adresser pour en avoir
des nouvelles.

A cette époque, nous allions souvent, en famille,
nous promener aux Champs-Élysées ; nous choisis-
sions ordinairement les allées les plus retirées. Robespierre nous accompagnait souvent dans ces promenades. Nous passions ainsi d'heureux instants
ensemble. Nous étions toujours entourés de pauvres
petits Savoyards, que Robespierre se plaisait à voir
danser ; il leur donnait de l'argent : il était si bon !
C'était pour lui un bonheur que de faire du bien : il
n'était jamais plus gai et plus content que dans ces
moments-là. Il avait un chien, nommé *Brount*, qu'il
aimait beaucoup ; la pauvre bête lui était très attachée.

Le soir, au retour de la promenade, Robespierre
nous lisait les ouvrages de Corneille, de Voltaire,
de Rousseau ; nous l'écoutions en famille avec grand
plaisir ; il faisait si bien sentir ce qu'il lisait ! Après
une heure ou deux de lecture, il se retirait dans sa

chambre en nous donnant le bonsoir à tous. Il avait
un profond respect pour mon père et ma mère ; aussi
le regardaient-ils comme un fils, et nous comme un
frère.

Depuis quelque temps, ma santé était moins bonne ;
mes parents s'en aperçurent et prirent la résolution
de m'envoyer passer un mois à la campagne, chez
Mme Panis (à Chaville). Elle eut pour moi tous les
soins d'une mère ; elle me menait promener dans de
très beaux jardins.

Un jour entre autres, elle me mena à Sèvres, dans
une maison de campagne habitée par Danton. Je ne
l'avais jamais vu ; mais grand Dieu ! qu'il était laid !
Nous le trouvâmes avec beaucoup de monde, se
promenant dans un très beau jardin. Il vint à
nous et demanda qui j'étais à Mme Panis, qui lui
répondit que j'étais une des filles de l'hôte de Robespierre.

Il lui dit que je paraissais souffrante, qu'il me
faudrait un bon ami, que cela me rendrait la santé.
Il avait de ces formes repoussantes qui font peur. Il
s'approcha de moi, voulut me prendre la taille et
m'embrasser. Je le repoussai avec force, quoique bien
faible encore.

J'étais bien jeune ; mais sa figure me fit tellement
peur que je priai instamment Mme Panis de ne plus
me ramener dans cette maison ; je lui dis que cet
homme m'avait tenu des propos affreux, tels que
je n'en avais jamais entendus. Il n'avait aucun res-

pect pour les femmes, encore moins pour les jeunes personnes.

Mme Panis parut regretter de m'avoir menée dans cette maison et me dit qu'elle ne connaissait pas cet homme sous ce rapport ; elle m'assura que nous ne retournerions plus chez lui et m'apprit alors que c'était Danton ; elle m'engagea à ne pas parler à ma mère de ce qui s'était passé, parce que cela pourrait lui faire de la peine, et qu'elle ne voudrait plus me laisser venir chez elle. J'avoue que cette recommandation ne me plut pas, car notre bonne mère nous avait élevées dans l'habitude de ne jamais rien lui cacher.

Je ne voulais même plus rester à la campagne ; mais mon frère vint me voir, et nous y passâmes encore quelques jours ; et nous repartîmes pour Paris.

Dieu ! que je me trouvais contente de revoir mes parents ! J'avais tant besoin de tout raconter à ma mère ! La figure affreuse de cet homme me poursuivait partout.

Ma mère ne trouva pas ma santé beaucoup meilleure ; elle me fit plusieurs questions, me demanda ce que j'avais fait à Chaville et si je m'y étais amusée, si je m'étais beaucoup promenée et où nous avions été. Pauvre mère ! Je ne pus rien lui cacher, et je lui racontai ce qui s'était passé à Sèvres ; elle parut très contrariée de cela et me demanda si je voudrais encore retourner à Sèvres ; mais je lui dis non,

avec tant d'empressement qu'elle ne me parla plus
de rien.

J'étais toujours bien triste; notre bon ami Robespierre chercha tous les moyens de savoir ce que j'a-
vais, me dit que cette tristesse n'était pas naturelle
à mon âge, d'autant plus que j'avais toujours été gaie
jusqu'alors.

Que lui répondre ? Je ne pouvais me résoudre à lui
expliquer le motif de ma tristesse !

A mon retour, j'allai voir Charlotte ; je craignais
de lui parler de Le Bas ; j'avais peur qu'elle ne pensât
que c'était au sujet de la bague. Elle parut contente
de me voir et me trouva aussi changée. Je lui demandai alors s'il y avait longtemps qu'elle n'avait
été à la Convention ; elle me répondit que oui, et je ne
pus en savoir davantage.

Combien j'aurais désiré entendre parler de Le Bas !
Dieu ! que je souffrais ! Personne ne prononçait son
nom ; il y avait près de deux mois qu'il n'avait paru à
la Convention ni aux Jacobins.

Ce fut après ces deux mois d'absence que je revis
mon bien-aimé. Ma mère, étant, un jour, allée diner
à la campagne avec Robespierre, nous avait laissées à
la maison, ma sœur Victoire et moi, en nous recommandant d'aller lui retenir des places aux Jacobins, pour la séance du soir, où l'on pensait que Robespierre parlerait (les jours où l'on devait l'entendre,
il y avait toujours une si grande affluence que l'on
était forcé de retenir des places à l'avance). J'y allai

seule et j'arrivai de bonne heure, afin de ne pas en manquer.

Quelles furent ma surprise et ma joie quand j'aperçus mon bien-aimé ! Son absence m'avait fait verser des larmes. Quel fut mon bonheur, lorsque je le reconnus !

Je le trouvais bien changé ; lui me reconnut tout de suite et s'approcha de moi avec respect. Il me demanda de mes nouvelles et de celles de toute ma famille, ainsi que de celles de Robespierre, qu'il n'avait pas vu depuis longtemps, et pour lequel il avait beaucoup d'amitié. Enfin, après un silence de plusieurs minutes, qu'il rompit le premier, il me fit beaucoup de questions et chercha à m'éprouver.

Il me demanda si je ne devais pas bientôt me marier, si j'aimais quelqu'un, si la toilette et les plaisirs étaient de mon goût, et si, mariée et devenue mère, j'aimerais à nourrir mes enfants.

Je lui répondis que je suivrais l'exemple de ma bonne mère et lui demanderais toujours conseil.

Alors, il me dit que, sachant que j'étais très bonne, il voulait me prier de lui chercher une femme très gaie, aimant les plaisirs et la toilette et ne tenant pas à nourrir elle-même ses enfants, que cela la rendrait trop esclave et la priverait des plaisirs qu'une jeune femme doit aimer.

Dieu ! que ce langage me fit de mal, de sa part ! Quoi ! me dis-je, voilà donc la manière de penser d'un homme que je croyais si raisonnable et si vertueux !

Je voulus alors m'éloigner ; mais il me pria de rester, disant qu'il avait encore à me parler ; je lui dis que s'il n'avait pas autre chose à me demander, je désirais me retirer, que sa manière de voir étant très différente de la mienne, je ne pouvais accepter la commission qu'il voulait me donner de lui chercher une femme. Je le priai de charger une autre personne de ce soin.

Je devins sérieuse ; car jamais je n'avais éprouvé tant de chagrin : il m'était pénible de découvrir de tels sentiments chez un homme que j'adorais en secret, que je croyais si bien sous tous les rapports. J'avoue que, l'ayant vu si plein de respect et d'attentions pour moi toutes les fois que je l'avais rencontré, me trouvant avec Charlotte, et que la persistance qu'il avait mise à garder ma bague et à ne pas reprendre sa lorgnette qui avait été un précieux souvenir pour moi pendant sa maladie, j'avoue que tout cela m'avait fait penser qu'il y avait entre nous un peu de sympathie. Mes illusions se trouvaient donc détruites.

Aussi cette conversation fit sur moi une telle impression que je fus près de me trouver mal. Je me disais : « Mon Dieu, combien j'ai été imprudente de penser à lui ! Combien j'aurais à rougir, ma mère, si vous connaissiez ma faiblesse ! Combien je mériterais d'être grondée par vous ! Mais que votre fille était malheureuse ! J'aimais et je voulais vous le cacher. »

Je vis bien alors ma faute, et je voulus à l'instant m'éloigner de lui ; mais il fit beaucoup d'instances pour me faire rester, et s'aperçut du mal qu'il m'avait fait. Il me dit : « Bonne Élisabeth, je vous ai fait bien de la peine, mais pardonnez-le moi. Oui, je vous l'avoue, je voulais connaître votre manière de penser. Eh bien ! celle que je vous priais de me chercher, ma chère Élisabeth, c'est vous ; oui, mon amie, c'est vous que je chéris depuis le jour où je vis pour la première fois. Je l'ai donc trouvée, celle que je cherchais tant ! Oui, mon Élisabeth, si tu veux, je demanderai ce soir ta main à tes parents ; je les prierai de faire tout de suite notre bonheur. » Il me prit alors les mains et me dit : « Mais tu ne réponds pas ? Est-ce que tu n'éprouves pas pour moi ce que je sens pour toi ? »

J'étais tellement saisie de joie que je ne pouvais lui répondre ; je croyais rêver. Il tenait toujours ma main et me priait de lui répondre. Dieu ! que j'étais heureuse ! Je lui dis alors que si mes parents consentaient à notre union je serais heureuse.

Il me pressa les mains tendrement et me dit : « Moi aussi je t'aime ; ne crains rien ; tu as affaire à un homme de bien. » — « Moi aussi, Philippe, je vous aime depuis le jour où je vous vis à la Convention avec Charlotte, à cette séance du soir... J'ai encore votre lorgnette. » — « Et moi, dit-il, j'ai ta bague ; elle ne m'a pas quittée depuis le jour où je suis tombé malade et où je ne te revis plus. Mon

Dieu ! que j'ai souffert, pendant si longtemps, privé
de tes chères nouvelles ! Ne pouvant plus espérer te
revoir quelquefois avec Mlle Charlotte, toutes ces pensées étaient loin d'avancer ma guérison. Dix fois par
jour, je t'écrivais, mais je n'osais te faire parvenir
mes lettres, dans la crainte de t'attirer du chagrin,
bonne Élisabeth. Plusieurs amis vinrent me voir,
mais personne ne me parlait de toi ; juge de ma douleur ! Enfin Robespierre vint un jour ; c'était le seul
homme de qui j'eusse pu avoir de tes nouvelles ; mais
combien j'étais malheureux ! Je ne savais comment
m'y prendre pour lui en demander. Enfin, il me vint
à la pensée de lui parler de ses hôtes ; il me fit le plus
grand éloge de toute la famille, me parla du bonheur
qu'il avait d'être chez des gens si purs, si dévoués
pour la liberté. Je savais déjà cela par plusieurs de
mes amis ; mais, mon Élisabeth, il ne me parla pas
de toi. Mon Dieu ! que j'ai souffert pendant plusieurs
jours. Ce temps fut bien long... Robespierre le
jeune vint enfin me voir. Quelle joie pour moi ! J'étais
plus familier avec lui : nous étions du même âge.
Nous parlâmes de son frère. Enfin, je n'y pus plus
tenir ; je lui parlai de ta famille, de tes sœurs ; je lui
parlai de toi, mon Élisabeth. Il me fit ton éloge, me
dit qu'il avait pour toi l'amitié d'un frère, que tu
étais gaie, bonne, que c'était toi qu'il aimait le plus,
que ta bonne mère était excellente, qu'elle vous avait
bien élevées, en femmes de ménage, que votre intérieur était parfait et rappelait l'âge d'or, que tout y

respirait la vertu et un pur patriotisme, que ton bon père était le plus digne et le plus généreux des hommes, que toute sa vie s'écoulait dans le bien. Il me dit que son frère se trouvait bien heureux d'être chez vous, que vous étiez pour lui sa famille, qu'il vous aimait comme des sœurs et regardait ton père et ta mère comme ses propres parents. Si tu savais, mon Élisabeth, combien j'étais heureux d'entendre parler ainsi d'une famille que j'honorais déjà, et que sa conduite envers Robespierre, envers l'ami de la liberté, m'avait fait connaître et estimer! Je faisais des vœux pour le rétablissement de ma santé, afin de pouvoir te rencontrer comme autrefois avec Charlotte... »

Enfin, après une longue promenade et une longue conversation dans le jardin des Jacobins, nous vîmes arriver ma mère.

Comme je l'ai dit déjà, on croyait que Robespierre lirait un discours ce jour-là, mais la séance fut remise au lendemain. Alors mon ami vint trouver ma mère dans la tribune et lui demanda un moment d'entretien ; ma mère lui dit : très volontiers ; et nous nous rendîmes aux Tuileries.

Il faisait un temps superbe. Après plusieurs tours d'allée, mon ami proposa à ma mère de s'asseoir, elle y consentit ; il lui fit alors la demande de ma main. Ma mère, surprise de cette demande, lui répondit qu'elle n'était pas dans l'intention de marier la plus jeune de ses filles avant les aînées, et qu'elle en avait encore deux à marier avant moi. (A cette époque, ma sœur Sophie avait déjà épousé M. Auzat).

Une conversation assez vive eut lieu alors entre ma mère et M. Le Bas ; il lui dit que ce n'était pas mes sœurs Éléonore ni Victoire qu'il aimait. C'est, dit-il, Élisabeth que j'aime depuis longtemps. Il ajouta qu'ayant été depuis deux mois malade, il avait été bien malheureux de ne pas me voir, et que n'ayant eu de mes nouvelles qu'une fois par Robespierre le jeune, il avait voulu m'écrire, mais qu'il avait toujours craint de me compromettre, qu'il m'aimait trop pour me faire de la peine, qu'enfin ce fut par un hasard heureux qu'il me rencontra allant retenir des places pour la séance. « Je priai, dit-il, Élisabeth de vouloir bien m'entendre un moment ; elle ne le voulut pas, craignant de vous déplaire ; je l'ai tant suppliée qu'elle finit par rester. Alors je lui dis que je l'aimais, que mon bonheur serait de l'avoir pour femme. La circonstance me sert aujourd'hui et je suis bien heureux, citoyenne, de pouvoir vous demander la main de mon Élisabeth. Si j'avais tardé à vous le demander, je sens que j'aurais employé tous les moyens pour la voir le plus souvent possible ; j'aurais pu la compromettre et lui causer du chagrin ; je l'aime trop pour cela ; d'ailleurs ce n'eût pas été agir en honnête homme que d'agir ainsi. »

Ma mère, qui désirait marier mes sœurs avant moi, dit à Philippe que j'étais trop jeune encore et un peu étourdie :

« Je l'aime comme cela, répondit-il ; je serai son
ami et son mentor ».

Enfin il était tard : on allait fermer les Tuileries ;
ma mère, ne voulant pas se prononcer positivement,
dit qu'elle ne pouvait rien promettre sans le consentement de mon père, et engagea M. Le Bas à venir
le lendemain matin, vers neuf heures ou dix heures ;
elle ajouta que si mon père consentait à cette union,
elle y consentirait elle-même de tout son cœur. Jugez
de tout ce que j'ai dû éprouver pendant cette conversation !

Il fallut nous séparer jusqu'au lendemain. Je passai
une nuit très agitée ; ma mère, en rentrant à la
maison, avait parlé à mon père de la conversation
qu'elle venait d'avoir avec M. Le Bas ; j'avoue à ma
honte, que d'une chambre voisine de la leur, j'avais
écouté leur entretien. Mon père parut content ; mais
ma mère tenait toujours à marier mes sœurs avant
moi. Enfin, j'entendis mon père appeler notre bien
bon ami : il était si bon que nous l'aimions plus
qu'un frère. Mon père lui fit part du sujet de la conversation et lui dit : « Mon ami, c'est notre Élisabeth, notre étourdie, que M. Le Bas nous demande
en mariage ». — « Je vous en félicite, répondit-il,
tant mieux. Élisabeth sera heureuse ; mon cher ami,
ne balancez pas un instant : Le Bas est le plus digne
des hommes, sous tous les rapports ; il est bon fils,
bon ami, bon citoyen, homme de talent ; c'est un
avocat distingué. »

Ce bon Maximilien paraissait heureux de me voir demandée en mariage par son compatriote, et insistait pour nous auprès de mes parents ; il ajouta : « Cette union, fera, je crois, le bonheur d'Élisabeth ; ils s'aiment ; ils seront heureux ensemble ».

Il fit mon éloge et celui de mon bon ami ; ma mère fit encore quelques objections sur mon étourderie ; mais notre ami l'assura que je serais une bonne épouse et une bonne ménagère.

Il était près d'une heure du matin lorsqu'il se retira dans sa chambre en souhaitant une bonne nuit à mon père et à ma mère. J'entendis alors mon père dire : « Il n'y a pas à balancer, après l'éloge que Robespierre vient de nous faire de son ami. »

Notre bonne mère aimait ses enfants également ; elle craignait, en mariant sa plus jeune fille la première, de nuire à ses aînées ; mon père pensait autrement et disait : « S'ils s'aiment, faut-il retarder leur bonheur ! Non, femme, il faut mettre les préjugés de côté et consentir à cette union. » Ma bonne mère, alors, parut désarmée et dit à mon père : « Eh bien ! mon ami, à demain ; il viendra pour te demander ton consentement ». Je n'entendis plus parler et fus me coucher, mais bien triste, car je craignais qu'il ne s'élevât quelque difficulté. Je ne dormis pas beaucoup, et cette nuit me parut bien longue ; j'étais levée avant le jour.

A neuf heures précises, je vis arriver mon ami. Dieu ! que le cœur me battait ! J'étais à ce moment occupée à repasser dans la salle à manger. Il passa tout près de moi et me dit, en me prenant la main qu'il serra tendrement : « Du courage, mon amie ! » Il entra dans le salon où mon père l'attendait. Je n'entendis que ces mots : « Vous savez, citoyen, ce qui me procure le plaisir de vous voir. On vous a parlé des vœux que je fais pour entrer dans votre famille ; vous savez que celle que j'aime est la dernière de vos filles ; sans une longue maladie que je viens de faire, je vous l'aurais demandée plus tôt. Ayant eu l'occasion de rencontrer quelquefois votre fille, j'ai cru m'apercevoir qu'elle comprenait et partageait mes sentiments ; mais, étant tombé malade, je ne la revis plus. Jugez de ce que j'ai dû souffrir pendant près de deux mois d'absence. »

Après une assez longue conversation dont je n'entendis pas la suite, mon père me fit venir près de lui et me dit avec sévérité qu'à cause de mon manque de confiance en ma mère, il ne consentirait jamais à mon mariage ; il me fit une longue morale qui me fit pleurer aux sanglots. Enfin mon bien-aimé vint près de moi et me dit de ne pas me faire ainsi du mal, de me consoler, que mon bon père me pardonnerait et que mes tendres parents consentaient à notre union.

Jugez de mon bonheur ! je n'y pouvais pas croire ; mon ami était si bon, si doux, si caressant, que mon père lui dit : « Allons, je veux faire le bonheur de ma fille, je vous la donne de tout cœur : c'est une bonne petite fille ; elle vous rendra heureux, je l'es-

père. » Quelle joie pour mon ami ! Nous sautâmes
au cou de mon père et de ma bonne mère, qui pleurait d'attendrissement.

Le bon Robespierre vint partager notre joie ; ce
bon ami me dit : « Soyez heureuse, Babet, vous le
méritez ; vous étiez faits l'un pour l'autre. »

Alors mon père, Robespierre, Le Bas et ma mère
prirent ensemble du chocolat ; pendant ce temps je
retournai à mon travail : la conversation dura jusqu'à plus de onze heures. J'étais encore dans la salle
à manger lorsque Le Bas la traversa pour sortir ; il
me prit la main et me dit : « Au revoir, ma bien-
aimée, je dîne avec toi, ta digne famille et notre ami
Robespierre. »

Ce dernier ne tarissait pas en éloges sur le compte
de Le Bas ; il parla beaucoup de sa respectable famille, qu'il connaissait très bien : ils étaient encore
treize enfants et avaient été vingt et un ; leur mère
n'avait que cinquante ans lorsqu'elle mourut, par
suite d'un saisissement : le bruit ayant couru, dans
le pays, que les Espagnols étaient aux frontières,
elle fut tellement frappée de cette terrible nouvelle,
non pour elle-même, mais pour sa nombreuse famille, que rien ne put la rappeler à la vie. Son fils
bien-aimé, Philippe, fut inconsolable. On voulut connaître la cause d'une mort si cruelle et l'on fit l'au-
topsie de son corps ; on découvrit que le foie et le
cœur étaient attaqués.

Ce fut une perte bien cruelle pour cette famille :

c'était une femme chérie de son mari, de ses enfants, bonne et humaine ; elle était la mère des pauvres. Son fils Philippe l'a pleurée bien longtemps et ne tarissait pas en éloges sur cette excellente mère. Le père de M. Le Bas avait été régisseur des biens de la princesse de Bergues et de Rache ; il fut aussi bailli de Frévent. Il était aimé et vénéré de tout le pays.

M. Le Bas continuait à venir assidûment chez mes parents. Un soir, il me parut triste, lui qui, jusque-là, s'était toujours montré si gai et si heureux près de moi. Il était soucieux et un peu froid. Je voulus connaître la cause de ce changement et lui demandai s'il était encore malade ; il me répondit que non, mais qu'une chose qu'il avait apprise récemment l'affligeait beaucoup ; il hésitait à m'en faire la confidence ; cependant je l'obtins à force d'instances, et j'appris alors de lui qu'un homme de sa connaissance lui avait dit beaucoup de mal de moi, et l'avait vivement détourné de m'épouser, cherchant à lui faire croire que j'avais eu des amants et que l'un d'eux même avait dû m'épouser, ajoutant qu'il n'y avait pas de fortune dans la maison de mon père, que je n'avais pas d'ailleurs reçu d'éducation, qu'enfin, comme compatriote, il lui devait toute la vérité, et que, dans son intérêt, il lui conseillait fort de ne pas faire la sottise de m'épouser, et qu'il lui serait facile de trouver bien mieux que moi, insistant sur ce que j'avais eu des intrigues, et lui disant qu'il ferait bien de ne pas se fier à moi.

On voyait que ces calomnies avaient fait impression sur l'esprit de mon ami.

J'en étais profondément affligée, et je lui dis : « Pour ce qui est de l'instruction, si je n'en ai pas reçu une très étendue, la nature m'a fait don d'un cœur pur, et de bons et tendres parents, qui nous ont élevées sagement, nous ont donné une éducation capable de faire de nous des femmes vertueuses. » Quant aux infamies qu'on lui avait débitées sur mon compte, je lui dis que j'étais bien peinée de voir que mon Philippe ait pu y ajouter foi, et je pleurais beaucoup en lui parlant.

Il chercha alors par tous les moyens à me consoler, me dit qu'il ne croyait pas à ces calomnies, mais que, malgré lui, il avait éprouvé une grande douleur en songeant que celle qu'il avait choisie pour épouse avait pu être soupçonnée d'être capable de le tromper. « Vous me faites bien du mal, » lui dis-je en versant des larmes. J'exigeai alors qu'il me fît connaître la personne de qui il tenait toutes ces horreurs : « Si vous refusez de me la nommer, lui dis-je, je dirai tout à notre bon ami Robespierre. Il sera très fâché d'apprendre que vous ayez pu croire au mal qu'on vous a dit de moi. Il sait combien nos parents sont bons mais sévères, et comment ils nous ont élevées. »

Il vit ma douleur et me nomma enfin Guffroy ; c'était un libraire-imprimeur.

Il me quitta ce soir-là, en m'assurant qu'il ne vou-

lait croire que moi, et me promit de venir le lendemain de bonne heure, afin de prier mes parents de
nous marier le plus tôt possible. J'étais moins malheureuse, quoique encore triste. Il me dit : « Adieu,
ma bien-aimée ; oublie surtout le chagrin que je t'ai
fait ; pardonne-le-moi, car j'étais bien malheureux. »
Il souhaita le bonsoir à ma mère, qui l'invita à venir
le lendemain dîner en famille ; cela parut lui faire
plaisir ; il m'embrassa en disant : « A demain. »

Ma bonne mère, qui travaillait avec mes sœurs
dans la pièce voisine du cabinet où nous avions
causé, avait entendu quelques mots de notre longue
conversation et s'aperçut que j'avais pleuré. Elle
avait toute confiance en Philippe, d'après ce que lui
en avait dit Robespierre, et nous étions fiancés.
Cette bonne mère me dit d'aller lui parler dans sa
chambre avant de me coucher. Je fus donc la trouver
et je lui racontai tout ce que Philippe m'avait dit.
Elle me proposa d'en parler à notre ami et me dit :
« Il ne faut rien lui cacher ; il connaît Philippe, et il
nous dira s'il connaît le misérable qui a tenu ces
odieux propos ; il faut éclairer cela ; il y va de ton
honneur. » Je vis que cela affligeait beaucoup ma
mère et je craignais aussi de faire de la peine à Robespierre.

Ma mère m'embrassa et me dit avec bonté : « Ne
te chagrine pas ; cela ne sera rien. » Je la quittai, et
malgré ses consolations, je passai une très mauvaise
nuit. Il me revenait sans cesse à la pensée que mon

Philippe avait pu ajouter foi aux mauvais rapports qu'on lui avait faits sur mon compte. S'il m'aimait comme je l'aime, me disais-je, il n'aurait pu croire au mal qu'on lui disait de moi ! Enfin, je fis de mauvais rêves et je fus malheureuse jusqu'au moment où je le revis.

Il vint le lendemain et s'aperçut que j'étais triste et froide ; il m'en fit le reproche en me disant : « Tu m'avais promis de ne plus t'affliger, et je vois que tu as pleuré cette nuit ; cela n'est pas bien, mon Élisabeth ; je t'aime plus que ma vie, tu le sais bien ; allons ! plus de chagrin ; j'ai bien des choses à te dire ».

Que j'éprouvais de joie à le revoir ! Ainsi qu'il me l'avait promis, il était venu de bonne heure et ne savait que faire et que me dire de bon et d'aimable pour me faire oublier le passé ; mais il eut de la peine à y parvenir, car j'avais le cœur bien gros. Il me dit qu'il désirait savoir, ce jour-là même, l'époque de notre mariage. « Je voudrais, me dit-il, que ce fût plutôt aujourd'hui que demain. Quel beau jour pour ton ami et pour ma Babet ! » Ma mère alors lui dit : « Vous avez fait bien du chagrin à votre Élisabeth ; j'ai voulu savoir sa peine ; elle me l'a confiée ; savez-vous, mon fils, que cela est affreux d'attaquer l'honneur d'une jeune fille ; c'est épouvantable ! »

Il répondit que cela était, en effet, affreux sous tous les rapports, et dit à ma mère qu'il voudrait lui parler un moment en particulier. Il m'embrassa, en me disant : « J'ai à dire à notre mère des choses que toi, mon amie, tu ne peux pas entendre, et que plus tard je te dirai. »

Il raconta alors à ma mère (ce que j'ai su depuis), qu'il était allé, ce jour-là même, chez Guffroy, et lui avait demandé d'où il savait tout ce qu'il avait dit de moi, qu'il voulait connaître toute la vérité, et que si ce qu'il avait dit de ma conduite était vrai, il ne m'épouserait pas et ne me reverrait jamais. Guffroy lui dit alors : « Écoutez, j'ai ma fille aînée qui est charmante, qui a reçu de l'éducation et à qui je donnerai une fort jolie dot ; ce serait, en outre, une compatriote ; mon cher Le Bas, épousez ma fille, et vous serez le bienvenu dans ma famille. »

. Philippe avait, à ce qu'il paraît, appris de source certaine beaucoup de choses sur la conduite de cette jeune personne, et savait même qu'elle était grosse, ayant eu une liaison avec le prote de son père. Il répondit donc avec humeur : « Guffroy, vous me voulez trop de bien ; je vous remercie du mal que vous m'avez dit de Mlle Duplay, mais je ne veux être père que de mes œuvres ».

Guffroy, furieux du refus, fit plus tard tous ses efforts pour troubler notre bonheur, mais il n'y parvint pas. La grossesse de sa fille n'était que trop certaine, car elle accoucha quatre mois après mon mariage.

Ce méchant homme était connu peu avantageusement sous plus d'un rapport ; il ne savait que médire

sur le compte de tout le monde ; il était méprisé de
tous et mal vu de ses collègues. Il était député du
département du Pas-de-Calais à ce que je crois, mais
je ne l'ai jamais vu chez mon père. Les deux frères
Robespierre avaient pour lui un grand mépris.

Ce jour-là même, pendant le dîner, Philippe parla
à Robespierre de tout ce qui s'était passé. Notre bon
frère gronda Philippe et lui dit qu'il avait eu grand
tort de ne pas lui en parler en premier, parce qu'il
nous aurait épargné bien du chagrin à tous les
deux : « Pauvre petite, me dit-il, reprenez votre
gaîté, cela n'est rien. Philippe vous aime bien ; il est
heureux d'avoir son Élisabeth. »

Il nous prit la main à l'un et à l'autre et nous la
pressa ; il semblait nous donner sa bénédiction.
Pauvre ami ! tu avais pour nos parents la tendresse
d'un bon fils, et pour nous la tendre amitié d'un bon
frère ; nous te le rendions bien, car nous t'aimions
sincèrement !

Après le dîner, j'entendis mon Philippe demander
à mes parents de fixer l'époque de notre mariage, disant que le plus tôt possible serait le plus heureux
pour lui. Robespierre appuya la demande et dit : « Il
a raison ; il faut terminer ce mariage. »

Mes parents demandèrent que ce fût dans deux
décades, afin d'avoir le temps de préparer mon trous-
seau et notre logement. Mon père, propriétaire, à
cette époque, de plusieurs maisons, en avait dans ce
moment une vacante, rue de l'Arcade ; il nous y

donna un logement et tout fut promptement terminé
pour l'époque convenue.

Mais, grand Dieu ! quel chagrin vint nous frapper
encore ! Au moment d'être unis, nous fûmes séparés.
Mon ami fut obligé de se rendre promptement à l'armée. Le Comité de Salut public venait de le nommer
et lui enjoignait de partir le jour même ; il eut à peine
le temps de faire sa malle et de prendre quelque nourriture ; il vint en hâte nous dire adieu ; la chaise de
poste était à notre porte.

Il partit avec son cousin Duquesnoy, un homme
pur et intègre, un patriote dévoué. Jugez de la douleur de mon bien-aimé et de la mienne ! nous voir séparés à la veille d'être unis ! Je ne pus m'empêcher
de dire à Robespierre qu'il nous faisait bien du mal.
« Ma bonne Élisabeth, répondit-il, la patrie avant
tout lorsqu'elle est en danger ; ce départ est indis-
pensable, mon amie ; il faut du courage ; il reviendra
bientôt ; sa présence est nécessaire où on l'envoie.
Vous serez bien plus heureuse, vous si patriote, de le
voir revenir après qu'il aura rendu un grand service
à son pays. »

J'avais tellement de douleur que je ne voulais plus
être patriote. Je lui reprochais d'avoir fait partir
mon Philippe ; il me répondit que cela faisait son
éloge d'avoir à remplir une telle mission, surtout
dans un moment pareil à celui où l'on se trouvait
alors, qu'il fallait des hommes comme lui pour un
moment comme celui-là. Il chercha, ainsi que mes

bons parents, à me consoler, mais c'était inutilement ; j'étais inconsolable.

Ma santé en souffrit beaucoup ; cela alarma ma famille et notre ami, qui me promit bien de saisir un moment favorable pour le faire revenir. Ce fut encore bien long, mais il fallut attendre : j'avais confiance dans notre ami ; je savais qu'il ferait tout ce qu'il pourrait pour faire rentrer Le Bas à Paris et le faire remplacer par un de ses collègues.

Philippe m'écrivait souvent et me chargeait de dire à Robespierre que s'il ne trouvait pas le moyen de le faire revenir, il se verrait forcé de faire une absence de quelques jours pour venir à Paris se marier et me ramener avec lui, car il lui était impossible de supporter plus longtemps notre séparation, qu'il ne pouvait pas vivre ainsi et tomberait malade.

Je fis tant d'instances auprès de Robespierre, je l'obsédai si souvent, que ce bon ami fit revenir mon Philippe, qui m'écrivit de prier nos parents de tenir tout prêt pour le moment de son retour.

Il arriva, et, tout étant prêt, nous fûmes mariés à la Ville, par Lebert ; c'était le 10 fructidor (26 août 1793). Quelle joie pour nous, et combien j'étais heureuse ! Je croyais n'être plus jamais séparée de mon mari ; mais hélas ! il devait en être autrement.

Au bout de quelques mois, il fallut qu'il s'éloignât encore ; mon ami partit, la tristesse dans le cœur, et pria ma mère de me rapprocher d'elle. Cette bonne

mère me trouva un petit appartement près de l'As-
somption, et, le surlendemain du départ de mon
mari, je me trouvai rapprochée de ces chers parents.
Ils étaient affligés de ma solitude, ainsi que notre
ami ; mais ce dernier, ami zélé de la patrie, mettait
avant tout les devoirs du bon citoyen. Il me dit : « Tu
m'en veux, pauvre petite, mais tu as tort. Je vois, en
ton mari, l'un des représentants les plus dévoués du
pays, un de ceux sur qui repose, en ce moment terrible, le salut de la patrie. Nous sommes menacés de
tous les côtés, il nous faut aujourd'hui des hommes
comme lui. » Pour toute réponse, je pleurais à
chaudes larmes et n'avais pas la force de me
plaindre ; il était si bon pour moi et me parlait avec
tant de douceur ! « Il reviendra bientôt, ajouta-t-il,
du courage, sois digne de lui ! »

Il vit que j'étais souffrante, me prit la main et me
demanda encore si je lui en voulais : « Oh non ! lui
dis-je, mon ami, vous avez toujours été si bon pour
moi ! Pourrais-je vous en vouloir ! » Mes parents
pleuraient aussi.

Je recevais souvent des lettres de mon mari ; il
s'inquiétait de ma santé et me recommandait d'instruire ma mère de tout ce que j'éprouvais ; ma bonne
mère comprit bien que je devenais grosse, et me le
dit avec joie, en m'engageant à en écrire promptement à Philippe : « Qu'il va être heureux ! quel
bonheur pour lui ! » Elle ajouta : « Du courage, ma
fille ; ne te chagrine plus ; ménage bien ta santé ; tu

deviens mère ». Cette bonne mère était si contente qu'elle annonça cette nouvelle à mon père et à notre ami, qui se réjouissait toujours de ce qui pouvait nous rendre heureux.

Pauvre ami ! On ne connaissait pas ton cœur ! Il eût tout fait pour mon mari et pour moi ; mais il plaçait toujours avant tout les intérêts de la patrie.

Il s'aperçut que ma santé s'altérait ; cela lui fit grand'peine ; il fit tout pour rappeler mon mari ; il me dit enfin un jour : « Tu vas le revoir. »

Il ne me trompait pas. Le Bas revint de l'armée, et me trouva bien changée ; j'avais éprouvé tant de chagrin loin de lui ! Il me dit qu'il ne partirait plus sans moi, qu'il se trouvait trop malheureux loin de son Élisabeth. Enfin nous fûmes tranquilles et heureux pendant quelque temps ; mais ce bonheur ne put durer : il fallut encore partir et se rendre à l'armée du Rhin pour faire lever le blocus de Landau.

Quel chagrin pour nous ! Le Bas dit à notre bon ami qu'il ne voulait pas partir sans moi, qu'il voyait bien que je ne pourrais plus supporter une aussi cruelle séparation, qu'ayant déjà fait quelques sacrifices pour le bien de son pays, il ne se sentait pas la force de compromettre la santé de sa femme par le chagrin que lui causerait une nouvelle séparation.

Notre ami ne voyait que trop combien j'étais affligée à l'idée d'être séparée de mon mari. Cependant il fallait partir ; Robespierre, qui avait une grande confiance en Le Bas parce qu'il connaissait bien son caractère prudent et sage, l'avait choisi pour accompagner Saint-Just, que son brûlant amour de la patrie entraînait quelquefois à trop de sévérité, et dont le caractère péchait par l'emportement.

Saint-Just aimait beaucoup mon mari ; il s'aperçut du chagrin que lui causait la pensée de me quitter. Il avait aussi de l'amitié pour moi et venait assez souvent chez nous. Il vit bien que je supporterais difficilement, dans l'état de grossesse où j'étais, le chagrin d'une nouvelle séparation.

Enfin notre providence, notre bon ami Robespierre, parla à Saint-Just pour l'engager à me laisser partir avec eux, ainsi que ma belle-sœur Henriette. Il y consentit, mais avec des conditions : il nous fit promettre de ne voir personne de la ville où nous allions nous rendre, de ne recevoir qui que ce soit, de n'avoir aucun rapport de société avec les habitants, et nous dit que si nous ne nous conformions pas scrupuleusement à sa recommandation, il se verrait forcé de nous faire repartir tout de suite pour Paris. Saint-Just et mon mari, qui sentaient toute l'importance de leur mission, craignaient que l'on ne s'adressât à nous pour chercher à les influencer et les troubler dans leurs devoirs.

Ma belle-sœur n'avait que dix-huit ans ; nous étions trop jeunes, l'une et l'autre, pour avoir de l'expérience ; nous n'avions d'ailleurs jamais quitté notre famille, et nous ignorions à quel danger la moindre légèreté de notre part pourrait exposer Saint-Just et mon mari.

Nous partîmes enfin pour Saverne. Nous voyagions tous les quatre dans la même voiture. Saint-Just eut pour moi, en route, les attentions les plus délicates et les prévenances d'un tendre frère. A chaque relai, il descendait de la voiture pour voir si rien n'y manquait, de peur d'accident. Il me voyait si souffrante qu'il craignait pour moi. Il fut enfin si bon et si attentif pour ma belle-sœur et pour moi que la route ne nous parut pas longue. Mon bien-aimé fut très sensible à toutes ses bontés et lui en marqua toute sa reconnaissance.

Pour passer le temps, ces messieurs nous lisaient des pièces de Molière ou quelques passages de Rabelais, et chantaient des airs italiens ; ils faisaient tous leurs efforts pour nous distraire et me faire oublier mes souffrances.

Nous fûmes très gais ; aucun accident ne nous arriva et je me réjouissais de nous voir au terme de notre voyage. Mais nous avions encore à traverser les gorges de la montagne de Saverne. Ce passage me fit peur. Je croyais à chaque instant que notre voiture allait être brisée, que nous allions périr. Ces secousses me faisaient un mal affreux ; mon bien-aimé me tenait dans ses bras pour me protéger contre les secousses, mais rien ne pouvait m'empêcher d'en souffrir. Notre voiture frappait tantôt à droite, tantôt à gauche, et recevait le mouvement du roulis sur

mer. A peine y avait-il, par place, la voie d'une voiture. Ce passage-là me fit bien plus de mal que tout
le reste de la route.

Ce voyage fit sur moi et sur ma belle-sœur une
grande impression ; jamais nous n'avions quitté nos
parents ; tout nous semblait extraordinaire, à moi
surtout qui étais Parisienne, et qui n'étais allée que
très rarement à la campagne. Nous voyagions au
milieu de l'hiver ; un jour (dois-je le dire à ma honte),
je me mis à dire : « Mon Dieu ! quel malheur ! nous
n'aurons pas de blé cette année ; la neige va détruire
toute la moisson ! » (Je n'avais jamais eu l'occasion
d'observer à quelle époque on fait la moisson.)
Lorsque j'eus fait cette sotte remarque, je vis bien
que j'avais dis une sottise : mes amis se mirent à rire
aux éclats : je compris que j'avais dit quelque chose
d'absurde ; j'en fus toute confuse et je me promis de
ne parler à l'avenir que de choses que je connaîtrais
bien. Mes amis virent que cela m'avait fait de la
peine et cessèrent de plaisanter.

Enfin je vis avec joie les portes de Saverne ; je
me crus sauvée : j'avais tant souffert ! Ma belle-
sœur avait mieux que moi supporté le voyage. A
notre arrivée Philippe me força à prendre le lit pour
me reposer de toutes mes émotions. Quelques heures
après, je me trouvais bien mieux.

Nous occupions un appartement dans l'hôtel du
quartier général, mais tout à fait séparé de la partie
occupée par les officiers et les soldats. A peine arri-

vés, il fallut encore nous séparer : Saint-Just et Philippe ne prirent que quelques instants de repos, pour dîner, et furent obligés d'aller exposer leur vie en se rendant au blocus de Landau. Avant de partir, Saint-Just nous recommanda encore avec sévérité d'être très prudentes et·de nous conduire avec beaucoup de circonspection, nous répétant encore que, s'il en était autrement, il se verrait forcé de nous renvoyer à Paris. Mon mari me dit aussi : « Tu sais, mon Élisabeth, combien tu ferais de peine à ton Philippe. Aussi, ne voyez personne, ne recevez qui que ce soit ; vous nous compromettriez horriblement. » Ils partirent et je me séparai à grand'peine de mon mari.

A notre arrivée, ces bons amis, dans leur prévoyance, nous avaient choisi pour mentor, pour protecteur et pour ami, un vieillard, le maire de Saverne, homme vénérable à cheveux blancs et décoré de l'ordre de Saint-Louis. Mes amis, l'ayant connu précédemment, avaient en lui une grande confiance, qu'il méritait sous tous les rapports. Il nous témoignait la tendresse d'un père et veillait avec sollicitude à ce que rien ne nous manquât ; il nous promenait partout et passait souvent la soirée avec nous. C'était un de ces hommes purs et respectables ; il était chéri dans le pays comme maire et comme bon citoyen. A cette époque-là j'étais très souffrante ; un père n'eût pas eu plus de soin et plus d'égards qu'il n'en eut pour moi. Il nous choisit lui-même une charmante petite bonne appartenant à une famille hon-

nête du pays ; sage, douce, bonne, elle avait à peine
dix-huit ans et était très réservée ; elle ne savait pas
un mot de français, et ma sœur et moi nous ne savions pas un mot d'allemand ; jugez de la difficulté
que nous avions à nous entendre ! Un jour, je lui demandai de nous avoir un pigeon pour notre dîner ;
elle ne pouvait me comprendre, mais comme cette
petite avait beaucoup d'intelligence, elle alla me
chercher son livre de prières, me fit voir le Saint-
Esprit, et parut enchantée de m'avoir devinée. Elle
était très adroite, savait coudre, repasser, blanchir,
faire la cuisine ; elle était, de plus, fort jolie et avait
une voix charmante. Je remerciai beaucoup notre bon
maire de nous avoir donné cette fille ; il me dit que
s'il ne l'avait pas bien connue, ainsi que sa famille,
il ne nous l'aurait pas donnée, et qu'elle était, en
effet, ce qu'il y avait de mieux dans sa classe.

Elle aurait bien voulu partir avec nous ; ma
sœur et moi nous l'aurions bien voulu aussi ; nous
lui étions attachées ; elle savait se faire aimer ; elle
serait venue à Paris pour rien, plutôt que de nous
quitter. Quand, après le déblocus de Landau, nos
amis revinrent nous chercher, nous demandâmes à
mon Philippe de prendre à notre service cette jeune
fille qui nous était si attachée.

Philippe me dit : « Non, mon Élisabeth ; elle te
plaît ; elle plaît à ma sœur ; moi-même je serais content de te voir cette petite qui est si bien, et surtout
d'après ce que nous en dit notre respectable maire.

Mais elle est trop jolie pour la faire venir à Paris ; nous serions au désespoir si elle se perdait : quelle douleur pour sa famille ! Non, mon amie, Paris est trop dangereux pour de si jeunes filles, si jolies, et étrangères, ne connaissant pas un mot de français. Je vois que cela t'afflige ; mais réfléchis bien ; ce ne sera que peine et inquiétude pour toi et pour moi ; tu es trop raisonnable pour ne pas voir que cela est impossible. » Je compris parfaitement que la chose n'était pas faisable, que c'était pour nous une trop grande responsabilité. Nous, avons éprouvé, ma sœur et moi, du chagrin de nous en séparer et surtout de lui voir couler ses larmes.

. . . .
. . . .
. . . .

Catastrophe du 9 thermidor.

Au jardin Marbeuf, peut-être quatre ou cinq jours avant le 9 thermidor, Philippe me dit : « Si ce n'était pas un crime, je te brûlerais la cervelle et me tuerais ; au moins nous mourrions ensemble... Mais non ! il y a ce pauvre enfant ! »

. . . .

Au Champ-de-Mars, lorsque Babeuf, Bourdon et d'autres dirent que Robespierre périrait de leurs mains, mon mari me dit : « La patrie est perdue ! »

. . . .

Lorsqu'ils sont venus mettre les scellés chez nous,

ils nous prirent toute notre correspondance intime, nos papiers de famille, et on ne nous a jamais rien rendu. Ils n'ont jamais parlé, dans le rapport de cet infâme Courtois, d'une correspondance qu'ils ont trouvée dans les papiers de mon pauvre mari concernant les vols et les rapines faits en Belgique par ces misérables Danton, Bourdon de l'Oise et Léonard Bourbon et d'autres. Jamais on n'en a parlé ; ils ont tout fait disparaître de ce qui pouvait démontrer leur crime.

. . . .

Aussitôt après l'arrestation de mon mari, on vint mettre les scellés chez nous. Le gardien nous coûta cinq francs par jour. Le Bas y fut amené par des agents du comité de sûreté générale pour assister à cette opération, et fut ensuite conduit à la Force.

Quelques heures plus tard mon mari me fit dire par un commissionnaire de lui envoyer un lit de sangles, un matelas et une couverture. Je me rendis à la Force, accompagnée de ma belle-sœur Henriette, avec ces objets dans un fiacre. En y arrivant je vis à la porte de la prison une grande foule de gens exaspérés. J'appris alors que le peuple venait pour délivrer les prisonniers.

J'abandonne aussitôt la voiture pour courir vers mon mari ; nous marchons tous trois dans la direction de l'Hôtel de Ville ; chemin faisant, il m'exhorte à retourner chez moi, me fait mille recommandations au sujet de notre fils, me prie de ne point lui faire

haïr les assassins de son père : « Nourris-le de ton
lait, me dit-il ; inspire-lui l'amour de sa patrie ; dis-
lui bien que son père est mort pour elle ; adieu, mon
Élisabeth, adieu ! » Là il fallut me séparer de lui.
Ses derniers mots furent : « Vis pour notre cher
fils ; inspire-lui de nobles sentiments, tu en es
digne. Adieu, adieu ! » Et je ne le revis plus... (1).

Je revins chez moi avec sa sœur bien-aimée. Jugez
de ma douleur cruelle, de mon désespoir ! Nous ren-
contrâmes en revenant sur le quai trois députés à
cheval, qui paraissaient être dans un état d'exaspé-
ration horrible : c'était Barrère, Bourdon ; je ne reconnus pas le troisième ; ils proclamaient la mise
hors la loi de mon malheureux mari et celle de ses
infortunés amis. Je ne savais pas ce que c'était que
la mise hors la loi ; mais les figures atroces de ces
trois hommes me firent horreur et je vis bien que mon
mari et ses amis étaient perdus.

Je rentrai chez nous éperdue, presque folle. Jugez
de ce que j'éprouvai lorsque notre cher enfant me
tendit ses petits bras ; il y avait cinq semaines seulement que j'étais accouchée ; la force et la raison
m'abandonnaient ; je ne pouvais me soutenir ; du
9 au 11 je restai sur le parquet ; je n'avais plus de
force ni de connaissance ; je ne me couchai pas.
Grand Dieu ! et l'on ne meurt pas de douleur.

Je fus tirée de mon anéantissement par l'arrivée
d'agents de police ou d'agents du Comité de sûreté

(1) Le Bas se donnait la mort quelques heures après. (V. p. 292).

générale. On me mena à la prison de Talarue, où je fus bien mal, sans air, sans une croisée, avec mon fils et ma sœur ; il y pouvait à peine tenir deux lits de sangle, deux chaises et une toute petite table. Jugez de mon affreuse position ! Je n'avais de jour que par une tabatière, et bien petite ; à peine si nous pouvions respirer. J'étais mère de cinq semaines ; j'allaitais mon fils ; j'avais moins de vingt et un ans ; j'étais privée de presque tout ; après la mort de mon malheureux mari j'avais à ma charge ma sœur, qui ne pouvait rien me procurer, puisqu'elle-même manquait de tout. Notre position était tellement affreuse que ma belle-sœur dut retourner dans sa famille. Il suffisait que, jeune et jolie, elle n'eût plus son mentor, pour qu'elle ne pût solliciter ma liberté ; ces misérables, tels qu'un Ricord et autres, la poursuivaient, cherchant tous les moyens de la séduire, lui promettant même ma liberté. Quoiqu'elle fût jeune, elle vit bien que ces monstres cherchaient toutes manières de la corrompre et de déshonorer la famille. Elle préféra partir, devinant bien qu'ils ne feraient rien pour moi ni pour mon beau-frère François Le Bas, adjudant-major (les deux familles avaient été arrêtées).

Dans la matinée du 10, une femme vêtue de noir et couverte d'un grand voile, demanda à me parler ; elle ne voulait ne parler qu'à moi seule, disait-elle, de la part de mon mari qui l'avait chargée de venir me voir ; elle insista vivement ; mais ma belle-sœur et quelques personnes qui étaient près de moi ne

voulaient pas que cette femme me vit seule. Ces pauvres amis crurent voir en elle une envoyée des ennemis de mon mari, qui venait pour m'assassiner
ainsi que mon fils, afin de se débarrasser d'une
femme qui adorait son mari et d'un fils auquel sa
mère inspirerait sans doute un jour le devoir sacré
de défendre la mémoire de son malheureux père.

Des amis firent tout ce qu'ils purent pour obtenir
ma liberté ; ils ne purent rien. J'étais malade ; je fis
la demande que l'on me mit dans une chambre plus
saine et plus aérée ; on me la refusa.

Jugez de ce que je devais souffrir ! Obligée de laver
le linge de mon fils, je descendais sur les dix heures
avec une petite lanterne. Il y avait dans la cour un
abreuvoir ; je descendais lorsque tous les prisonniers
étaient retirés. J'avais dû obtenir du geôlier la permission de laver les couches de mon enfant ; ensuite
je remontais dans mon grenier (car j'étais au-dessus
des écuries ; il y avait des odeurs infectes). Comme il
fallait les faire sécher, je les mettais entre mes matelas et ceux de ma bonne sœur, qui s'était sacrifiée
pour venir partager mes fatigues et mes peines...
oh ! je ne t'oublierai pas de ma vie ! car sans toi
j'aurais succombé ; mais, par ton courage, tu as ra-
nimé mes forces et tu m'as appris que j'avais une
grande tâche à remplir, que j'avais un fils, qu'il fallait
vivre pour lui.

Une nuit, le geôlier vint me réveiller et me dire de
descendre, qu'il y avait deux citoyens qui désiraient

me parler. Jugez de ma joie! Je crus qu'on venait m'apporter ma liberté. Hélas! ce n'était pas cela! Ces misérables envoyaient des agents pour me faire des propositions : ils me dirent que, si je voulais quitter le nom infâme de mon mari, il y avait un député qui m'épouserait, que l'on reconnaîtrait mon fils pour enfant de la Patrie, qu'on lui ferait un sort heureux, et que je serais mise en liberté tout de suite. Quel réveil pour moi ! Pensez ce que je pus dire à ces misérables ! « Allez dire à ces monstres que la veuve Le Bas ne quittera ce nom sacré que sur l'échafaud. » Ils me répondirent que j'avais tort et que je resterais longtemps en prison : « Allez! vos menaces ne me font pas peur ; je ne crains plus la mort. »

Croyez-vous qu'ils revinrent à la charge, dès le surlendemain, me tourmenter et me montrer ma liberté signée ; ils me dirent que si je consentais, mes peines finiraient, et que si je persistais, je verrais ce que c'est que de résister. J'étais si jeune ! ils crurent avoir raison de moi. Mais ils virent le contraire, ils virent que j'avais du courage. Dieu ne m'abandonna pas ; je leur ai bien fait voir combien la vertu a de force.

Ils s'aperçurent qu'ils ne réussiraient pas ; aussi, quelques jours après leur visite, on vint m'avertir qu'on allait me changer de prison. Nous étions six, ma sœur, moi et quatre autres ; on nous fit monter dans une charette découverte. (Non, bonne chère

sœur Éléonore, je n'oublierai de ma vie tout ton dévouement pour moi et pour ton pauvre petit neveu ;
ma reconnaissance sera éternelle !)

. . . .

Au sortir de la prison, je me trouvai toujours sans
ressources. Un ami de mon pauvre Philippe vint me
voir et me dit qu'il fallait réclamer ce qui était dû à
mon mari.

Bien que dénuée de tout, très voisine de la misère,
je ne voulais rien leur réclamer à ces misérables. Je
ne voulais faire aucune demande. Mais ce bon ami,
voyant qu'il ne pouvait rien obtenir de moi, la fit à ma
place, quelques jours après et sans me le dire ; je fus
fort surprise de voir arriver une lettre à mon adresse,
timbrée du Comité des inspecteurs (?) : on me disait
de me rendre tel jour au Comité des secours pour
affaire qui me concernait. Jugez de mon désespoir !
Moi qui n'avais rien demandé ! je fus la rage dans le
cœur au Comité des inspecteurs ; là je trouvai l'ancien garçon de bureau de mon mari ; il me reconnut
bien : il venait souvent chez nous porter des papiers
à mon Philippe. Je lui demandai du papier et de
l'encre ; il me le refusa ; il vit bien que je voulais
faire quelque chose d'imprudent. Il me pria de ne pas
écrire ; ces méchants, disait-il, me feraient remettre
en prison ; il me suppliait de ne rien faire.

Voyant qu'il ne voulait pas me donner ce que je
lui demandais, je pris une plume et un morceau de
papier que je trouvai sur le bureau. Là, avec une

épingle et la plume, je me fis une large piqûre et j'écrivis avec mon sang au président Rovert que si l'on avait réclamé ce qui était dû à mon mari, je ne demandais pas des secours de ses assassins ; je signai : « Veuve Le Bas ».

A peine avais-je fait remettre ce billet que je vis ce misérable Rovert sortir de l'ombre et crier : « J'ordonne d'arrêter cette femme. »

— Eh bien ! je me moque de vous !

— Qu'on la mène en prison.

Ces pauvres gens, voyant une veuve avec un jeune enfant de dix mois à peine, ne savaient que faire. Au moment où ils se décidaient à m'arrêter, l'ami de mon mari, dont j'ai parlé plus haut, entra et me reconnut.

— Quoi ! c'est vous ! me dit-il.

Il entra au Comité et expliqua combien j'étais malheureuse et combien il eût été inconvenant de me remettre en prison, alors que j'en étais sortie depuis quinze jours à peine.

Rovert lui montra mon billet. Mon défenseur lui dit : « C'est moi qui suis cause de cela ; la veuve Le Bas ne voulait rien demander ; j'ai adressé cette requête à son insu. » L'autre était furieux et ne voulait rien entendre. Mon ami me dit de me retirer ; il allait tout arranger, ajoutait-il, et il irait me voir.

Je me retirai enfin, mais la mort dans l'âme, et je n'entendis plus parler de rien, ni de ce qui était dû à mon mari, ni des secours que ces monstres auraient voulu me faire accepter pour me déshonorer. Mais, si j'étais jeune, je savais être fière du nom que je portais.

Le même ami vint me voir et m'exprimer tous ses regrets de ce qu'il avait fait, disant qu'il l'avait fait pour le bien, ne pensant pas qu'on m'offrirait un secours, mais seulement ce qui m'était dû : « Si vous voulez me prouver, me dit-il, que vous ne m'en voulez plus, veuillez accepter ma bourse ». Je remerciai beaucoup et je lui répondis que, si j'avais besoin, je ne m'adresserais pas à un autre qu'à lui. Il parut heureux de cette réponse et s'aperçut bien que j'étais fière et que j'avais du caractère, et que je ne voulais dépendre que de moi.

NOTES ÉPARSES

Saint-Just demeurait rue Gaillon, près Saint-Roch, dans un hôtel garni ; c'est de là que nous partimes pour l'armée.

*
* *

Parler du général Burnouf. Il se conduisit bien mal avec moi après la mort de mon Philippe. Cet homme lui a dû la vie. Lui et le général Jourdan se trouvaient compromis dans une affaire où il ne s'agissait rien moins que de la mort. Le Bas, Saint-Just, Robespierre, et d'autres députés patriotes virent bien que c'était une trahison, qu'ils étaient innocents ; mais avant tout, il fallait les soustraire à leurs dénonciateurs.

Le Bas cacha Burnouf pendant quarante-huit heures, et Saint-Just cacha chez un de ses amis le général Jourdan.

Ces bons amis passèrent deux jours au Comité général pour les défendre et démontrer leur innocence. Il fut prouvé qu'on cherchait déjà à attaquer les vrais amis de la patrie, et l'on reconnut plus tard que c'étaient toujours les mêmes traîtres qui conspiraient sourdement contre les amis de la République : c'étaient les Tallien, les Fouché, les Rovert, les Bourdon de l'Oise, les Collot d'Herbois, les Varennes.....

***

Mon mari avait un chien nommé Schillichem, de race allemande ; il ne revint que trois jours après la mort de son maître ; il était haletant, la langue pendante ; cette pauvre bête avait passé ce temps sur la tombe de son maître.

***

Note sur un ouvrage traitant de la Révolution (mort du conventionnel Le Bas (1).

Il y a de grandes fautes dans cet ouvrage. Pourquoi se servir du mot de « cadavre » ? Son corps fut porté

(1) Cette note a été écrite, par Mme Le Bas, quelques années avant sa mort ; elle semble être un projet de réponse aux allégations contenues à la fin du tome IV de l'*Histoire des Girondins*.

par deux gendarmes, je crois, à Saint-Paul ; mon fils a son extrait mortuaire. Il ne fut pas jeté dans le tombereau avec ses amis.

Il a su mourir pour la patrie ; il ne devait mourir qu'avec les martyrs de la liberté ! Il me laissa mère et veuve à vingt et un ans et demi. Je bénis le ciel de me l'avoir ôté ce jour-là ; il ne m'en est que plus cher.

Ils m'ont traînée de prison en prison avec mon jeune fils de six semaines ; il n'est pas de souffrance qu'ils ne m'aient fait endurer. Les monstres croyaient m'intimider ; je leur fis voir qu'ils n'y arriveraient pas ; plus ils m'en faisaient, plus je leur fis voir que j'étais heureuse de souffrir ; j'aime la liberté ; le sang qui coule dans mes veines, à soixante-dix ans, est un sang de républicaine. Je n'ai jamais quitté le nom, si cher à mon cœur, que je me fais gloire de porter.

. . . .

Oui, je fus bien malheureuse à la sortie de la prison où je suis restée huit mois..... Je me trouvai seule, sans ressources, avec mon jeune enfant ; toute ma famille dans les fers..... Vous vous trompez pour mon père : il ne fut pas condamné à mort, comme vous le dites ; il fut acquitté par le tribunal révolutionnaire. Ma pauvre mère fut étranglée par des monstres atroces. Mon père et ma mère étaient incarcérés au Plessis, rue Saint-Jacques.

. . . .

Oui, j'ai préféré aller savonner au bateau, plutôt que de demander des secours aux assassins de nos pauvres amis. Je ne craignais pas la mort ni la persécution. Ce n'est pas moi qui ai quitté mon nom ; je dois le dire avec peine, c'est Mlle Robespierre qui prit le nom de sa mère, Charlotte Carreau. Je vous prie de rectifier toutes ces erreurs ; il faut dire la vérité lorsque l'on écrit l'histoire.

Si vous vous étiez informé de ma demeure, je me serais empressée de vous dire la vérité. Le bien que vous dites de nos martyrs n'est pas trop chargé : c'étaient les vrais amis de la liberté ; ils ne vivaient que pour le peuple, pour leur patrie ; mais les monstres, en un seul jour, ont tout détruit ; en un seul jour on a assassiné la liberté. Oui, monsieur, un républicain comme vous eût été heureux de connaître ces hommes si vertueux sous tous les rapports ; ils sont tous morts pauvres.

*
* *

Robespiere eut une impression affreuse du vote du duc d'Orléans : « Quoi, dit-il, lorsqu'il pouvait se récuser si aisément ! » Cet homme, profondément immoral et si désireux de devenir roi, avait répandu la plus grande partie de sa fortune pour parvenir à son but : les Mirabeau, les Danton, les Camille Desmoulins, les Collot d'Herbois, les Billaud-Varennes, et tant d'autres aussi méprisables que

lui, avaient eu part à ses prodigalités corrup-
trices.

(En marge et au crayon, on lit :)

Quand Camille Desmoulins se maria, le duc
d'Orléans lui fit meubler un appartement rue de
l'Odéon.

.*.

*Détails sur notre habitation et sur notre
intérieur :*

Une grande porte cochère. Deux boutiques, une
de chaque côté, occupée, l'une par un bijoutier, l'autre
par un restaurateur. Sur le devant, un seul étage,
occupé par la sœur de Robespierre et par son frère
cadet. L'entrée de cet appartement s'ouvrait à gauche, sur un grand escalier ; dans la cour, deux hangars, un pour les ouvriers, un autre pour le bois ; à
droite de la cour, un petit jardin de vingt pieds car-
rés ; au milieu, comme une corbeille de fleurs, chacun
des enfants avait son petit coin.

En entrant, une salle à manger, au fond une cuisine, ayant un jour de souffrance sur le jardin des
religieuses de la Conception, dont mon père était locataire. C'est dans ce couvent que nous avons fait,
mes sœurs et moi, notre première communion.

A droite de la salle à manger, un salon éclairé par une croisée donnant sur le petit jardin ; à gauche du salon, un cabinet d'étude, avec un jour de souffrance donnant sur la cabane du jardinier du couvent de la Conception. Dans la salle à manger, un petit escalier en bois par où l'on montait dans les appartements ; à droite était la chambre à coucher de ma mère, éclairée par deux croisées ; à droite de la chambre, et y attenant, un petit cabinet de toilette, qu'on traversait pour entrer dans la modeste chambre de Maximilien.

Elle n'avait qu'une croisée, une cheminée ; son mobilier était le plus simple du monde : un lit de noyer ; les rideaux du lit en damas bleu à fleurs blanches, garniture provenant d'une robe de ma mère ; un très modeste bureau ; quelques chaises de paille ; il y avait aussi un casier servant de bibliothèque. Cette chambre était éclairée par une fenêtre donnant sur les hangars, en sorte que Robespierre entendait sans cesse le bruit du travail, mais sans en être troublé.

A la suite de la chambre de Robespierre, mais d'un degré plus bas, se trouvaient deux cabinets, éclairés du même côté que cette chambre, occupés l'un par Simon Duplay, mon cousin, qui perdit une jambe sur le champ de bataille de Valmy, l'autre par mon frère Maurice, jeune écolier de quatorze ans. Le second cabinet donnait sur le grand escalier de Mlle Robespierre, et rejoignait ainsi le reste de la maison.

.*.

Robespierre envoyait Le Bas avec Saint-Just en mission parce qu'il savait Le Bas calme et juste, quoique ardent, et capable de modérer Saint-Just, dont le caractère véhément et passionné aurait été quelquefois nuisible aux intérêts de la Patrie.

.*.

Robespierre croyait à l'Être suprême et à l'immortalité de l'âme. Que de fois il m'a grondée, de ce que je ne semblais pas y croire avec la même ferveur que lui ! Il me disait : « Tu as grand tort ! Tu seras malheureuse de ne pas y croire ; tu es bien jeune encore, Élisabeth ! Pense bien que c'est la seule consolation sur la terre ! »

.*.

Famille Duplay.

Nous étions cinq enfants : quatre filles, Éléonore, Sophie, Victoire, Élisabeth ; un frère nommé Maurice : c'était le plus jeune de la famille. Ma sœur aînée était promise à Robespierre ; ma sœur Sophie avait épousé, sous la Constituante, M. Auzat, avocat à Issoire, en Auvergne ; ma sœur Victoire ne fut jamais mariée. J'épousai Philippe Le Bas

IX

Bien des sentiments divers apparaissent dans l'é-
crit que nous venons de reproduire : amour immense
pour le pays, respect — presque vénération — pour
Robespierre, qui incarne le patriotisme aux yeux de
ses amis, faculté de sacrifice, oubli de souffrances
supportées pour la grande cause.

Beaucoup de notes de Mme Le Bas demanderaient
à être développées ; plusieurs d'entre elles sont précieuses. Je reviendrai notamment sur celle concernant l'Être suprême et l'immortalité de l'âme.

Je veux, d'abord, faire un rapprochement qui s'im-
pose : à côté de l'idylle dont la veuve du conventionnel retrace naïvement les phases, il faut placer les

glorieuses opérations dont son mari fut l'un des héros aux armées.

Les lettres du fiancé à la fiancée (et, bientôt après, celles du mari à la femme) créeront d'ailleurs une antithèse curieuse, peu banale, avec les événements qui vont suivre.

Parmi les effusions de tendresse de ces deux êtres qui se sont donnés l'un à l'autre et qui seront pendant trop peu de temps unis, nous aurons à enregistrer des proclamations, des ordres du jour, et les manifestations d'une dévorante activité chez l'homme public, commissaire extraordinaire aux armées, membre du Comité de Sûreté générale ou président des Jacobins.

*　*

Le 2 août 1793, la Convention décrète (1) que deux de ses membres, les citoyens Le Bas et Duquesnoy, « se rendront, sur le champ, à l'armée du Nord, pour y correspondre avec le Comité de Salut public, et y prendre les mesures qu'exige l'intérêt de la République ».

Duquesnoy était, comme Le Bas, député du Pas-de Calais ; des liens de parenté les unissaient. Plus âgé que son collègue (2), il avait déjà représenté son département à l'Assemblée législative. Simple agri-

(1) Voir *Procès-verbaux des séances de la Convention* : XVIII, p. 52.

(2) Duquesnoy (E.-D.-F.) était né à Bouvigny-Boyeffles en 1748 ; il avait donc dix-sept ans de plus que Le Bas ; comme lui, il se tua pour échapper à l'échafaud.

culteur, sans grande instruction, Duquesnoy n'était point fait pour surveiller et surtout pour guider des opérations militaires ; mais il avait, comme Le Bas, deux qualités qui devaient le servir puissamment, dans le milieu corrompu et indiscipliné où la Convention venait de l'envoyer : il était honnête et ferme. D'ailleurs son jeune parent avait l'intelligence et la sagacité nécessaires pour lui éviter toute mesure imprudente.

Le premier acte des deux représentants fut d'adresser une proclamation, dès leur arrivée sur le théâtre de la guerre. Après en avoir ensemble discuté la substance, Le Bas et Duquesnoy en firent, chacun, une rédaction différente (1) : celle de Le Bas fut, en dernière analyse, choisie et adressée aux troupes ; comme on va le voir (par la comparaison avec les renvois), elle était plus modeste, elle écartait toute inutile rigueur et diminuait les raisons de froissement.

L'esprit de tolérance de Le Bas se manifeste ainsi partout, dans ses écrits comme dans ses actes.

Voici cette proclamation :

« J'ai souvent entendu des officiers accuser le soldat d'indiscipline, de négligence et de lâcheté. La source de ces désordres n'existe que dans la mauvaise conduite de quelques officiers (2).

---

(1) Le projet de Duquesnoy et celui de Le Bas ont été conservés par la famille Le Bas.

(2) Dans ce passage, Duquesnoy affirmait « la lâcheté de la plupart des officiers ».

« J'ai visité les camps, les cantonnements, les postes, les avant-postes ; j'ai assisté à plusieurs affaires : partout je me suis convaincu de ce que j'avance.

« Si j'ai vu des soldats mal tenus, mal instruits, des postes endormis, des armes jetées à terre sans être sous le manteau, j'ai vu aussi des officiers, les uns plongés dans l'ivresse, les autres absents du camp et abandonnant absolument leurs subordonnés à eux-mêmes. Faut-il s'étonner, d'après un pareil ordre de choses, de tant de surprises où les soldats de la République ont été forcés de prendre honteusement la fuite ? Et n'est-il pas révoltant d'entendre des officiers qui n'ont pas osé regarder l'ennemi en face, rejeter un revers sur de braves gens dont ils n'ont pas su guider le courage (1).

« Des abus aussi condamnables ne peuvent être tolérés, et un représentant du peuple doit employer tout le pouvoir dont il est revêtu pour les réprimer (2).

« Je déclare donc que je ne balancerai pas à suspendre (3) et à livrer à toute la rigueur des lois tout

----

(1) Duquesnoy terminait par ces mots : « Je ne suis pas surpris que dans une affaire le soldat dont l'officier est absent, ivre ou lâche, s'abandonne à la fuite », et il ajoutait un autre paragraphe pour dire : « Il semble que les officiers de cette armée ne soient uniquement destinés qu'à se vautrer dans la débauche... »

(2) Plus solennel, Duquesnoy avait écrit : « Je serais vraiment coupable aux yeux de la nation entière si je n'usais pas du pouvoir qu'elle m'a délégué pour punir des crimes qui nécessairement entraîneraient sa perte.

(3) Duquesnoy avait mis « Je décernerai la peine de destitution ».

chef qui ne surveillera pas la troupe qui lui est confiée, qui sera trouvé ivre hors de son service, qui s'absentera du camp ou de son poste sans une permission motivée de son supérieur, visée du général.

« Invariablement attaché aux principes de l'égalité, je ne ferai aucune distinction de grade, et le général sera soumis à la loi, aussi bien que le dernier soldat de l'armée (1). »

Cette pièce se passe de commentaires. On ne saurait pourtant se dispenser de souligner une phrase, qui se trouve dans la proclamation de Le Bas et dans la variante de Duquesnoy : les deux représentants, dosant la pénalité suivant leur tempérament, destituent ou suspendent seulement « tout chef qui sera trouvé ivre *hors de son service* » : la sévérité des représentants ne va pas jusqu'à infliger une peine au chef qui s'enivre dans son service, et qui, notoirement, donne un scandaleux exemple à ses soldats. Les officiers en étaient arrivés à un tel degré d'inconduite que cette modération s'imposait : le mal était trop grand ; il fallait doser le remède.

Les documents sont rares sur cette première mission de Le Bas aux armées.

Voici, d'abord, les deux lettres qu'il adresse à sa fiancée :

____

(1) Le projet de Duquesnoy ; toujours plus solennel, ajoutait cette péroraison : « Réfléchissez, citoyens officiers : la gloire vous attend, ou l'opprobre ».

Cambrai, 4 août (1).

Nous sommes arrivés hier ici, ma chère Élisabeth, bien fatigués. Je crois que nous n'y resterons pas longtemps, et nous nous hâterons d'aller du côté de Bergues. J'espère que mon séjour dans ce pays ne sera pas de longue durée. Tu ne dois pas douter de mon empressement à te rejoindre et à mettre le sceau à une union à laquelle j'attache le bonheur de ma vie. Surtout prends bien soin de ta santé. Mille amitiés à toute la famille; dis à Robespierre que, tout en enrageant contre lui, je suis un de ses meilleurs amis. Je t'embrasse.

Le Bas.

Cassel, 6 août (2).

Je n'ai pas eu le temps, ma chère et tendre amie, de t'écrire hier, et je n'ai aujourd'hui que très peu de loisir. Nous avons beaucoup travaillé, et il me paraît que nous aurons encore beaucoup à faire pour remplir l'objet de notre mission. J'ai néanmoins l'espoir d'être libre vers le 10 de ce mois. Oh ! qu'il sera doux pour moi le moment où je te reverrai ! Que l'absence est cruelle, quand on aime comme moi ! Mon père n'ira sûrement pas à Paris avant mon retour, et je compte l'emmener avec moi lorsque cette époque sera arrivée. Je dois aller demain à Dunkerque.

Adresse-moi tes lettres ici. Mille amitiés à ta famille que je regarde aussi comme la mienne. Je suis pour la vie ton fidèle ami.

Le Bas.

Duquesnoy te fait ses compliments.

(1) Ces lettres sont adressées « à la citoyenne Élisabeth Duplay, chez le citoyen Duplay, menuisier, n° 366, rue Saint-Honoré. » (Archiv. nat., AB xix 179; elles y ont été déposées, en 1878, par M. Léon Le Bas.)

(2) *Id.*

C'est également de Cassel, et le même jour (6 août 1793) que Carnot écrit à ses collègues de Lille, qui réclamaient sa présence, « qu'il ne pourra se rendre près d'eux, et qu'il profite, pour aller à Paris, de ce qu'il a ses deux collègues Duquesnoy et Le Bas *qui peuvent le remplacer.* » (1).

Je signale ce premier témoignage de confiance de Carnot envers les deux représentants ; cette confiance ne se démentira point au regard de Le Bas, dans ses autres missions aux armées.

Les premiers actes de répression de Le Bas et de Duquesnoy datent également du 6 août.

Nous relevons notamment ceux-ci :

Du 6 août 1793, réquisition de Le Bas et Duquesnoy au général Barthel (2), lui enjoignant d'arrêter le général O'Moran. S'ils usent de rigueur, c'est que des soupçons graves s'élèvent contre lui et que Carnot partageait ces soupçons, qu'il avait confiés aux représentants Niou et Billaud-Varennes.

Du même jour, et pour les mêmes raisons, réquisition des mêmes au général O'Meara (3), lui enjoignant d'arrêter le général Richardot.

Les représentants prennent, encore le même jour, un arrêté confiant à Jacques Fromentin, premier chef du premier bataillon de l'Orne, le commandement provisoire des cantonnements sous Bergues (4).

(1) V. Charavay : *Correspondance générale de Carnot,* II, page 447.
(2) Original autographe de Le Bas ; Arch. nat. AF ii, 233, n° 270.
(3) *Id.,* n° 166.
(4) *Id.* n° 169.

Ils rendent compte au comité de Salut public, le 11 août, des diverses mesures prises (1).

*
* *

Quatre lettres de Le Bas à Élisabeth Duplay ont encore été conservées : elle sont adressées successivement de Cassel, d'Arras et d'Hazebrouck.

Les voici :

Cassel, 9 août (2).

Voilà bientôt huit jours que je suis loin de toi, mon Élisabeth. Tu as sûrement reçu les lettres que je t'ai écrites ; et moi, m'as-tu laissé dans l'oubli ? Tous les jours, j'espère voir une lettre de toi ; tous les jours jusqu'à présent, mon attente a été trompée. N'être pas avec toi, ne pas recevoir de tes nouvelles, est une situation que je ne puis supporter. Je suis accablé d'affaires. Il fallait, j'en conviens, dans ce pays, des commissaires vrais patriotes. Nous avons fait arrêter deux généraux, Omoran et Richardot. Nous envoyons des officiers au tribunal révolutionnaire, et nous ne cessons de prendre tous les jours les mesures de prudence et de sévérité que commandent les circonstances. Mais un député, aussi ferme

(1) Voir leur lettre aux *Archives historiques du Ministère de la guerre* (armée du Nord, 11 août 1793). Elle est écrite de la main de Le Bas.

Voir également des arrêtés d'ordre individuel pris par les représentants dans la première quinzaine d'août, aux Archives nationales (AF, ii, 131, plaquette 1004), notamment celui laïcisant le personnel de l'hôpital de Bailleul, composé alors des « Religieuses Noires », et celui suspendant le général Cholain, et le remplaçant provisoirement par le général Ferrand.

(2) Arch. Nat., A. B., xix, 179 (don Le Bas).

que moi, secondé par Duquesnoy qui, pour une pareille
mission, a un talent que je ne lui connaissais pas, aurait
parfaitement rempli le but que se propose Robespierre ;
et moi, en rendant à Paris tous les services dont je suis
capable, je jouirais du bonheur d'être avec toi, ma
chère... Nous serions unis maintenant. Dis à Robespierre
que ma santé ne peut se prêter longtemps au rude métier
que je fais ici ; dis-lui que plusieurs de mes collègues
sont autant et plus en état que moi de s'acquitter des devoirs que j'y remplis.

Deux de mes frères sont arrivés aujourd'hui ; c'est une
petite consolation. Mon père doit m'écrire incessamment,
et je suis persuadé que je l'emmènerai avec moi à Paris.
Écris-moi donc, ma chère Élisabeth, tous les jours ; tu me
l'as promis. Souffrirais-tu de t'acquitter de cette promesse? Ah ! s'il était possible ! Mais, non, tu n'as pas
cessé de m'aimer, comme je n'ai pas cessé, comme je ne
cesserai jamais d'être ton tendre et fidèle ami.

Le Bas.

Mille amitiés chez toi.

Arras, 13 août 1793, an II de la République (1).

J'étais depuis huit jours à Cassel dans une mortelle inquiétude, ma chère Élisabeth. Tous les jours, j'attendais
et j'attendais vainement de tes nouvelles ; l'ennui, la tristesse me dévoraient. Des affaires imprévues, l'envie de
savoir l'état de nos armées du côté de Cambrai, m'ont
amené aujourd'hui avec Duquesnoy à Arras. On m'y a
remis deux paquets ; ils renfermaient des lettres de mon
père, une de ta sœur, ma bonne amie Victoire, et deux
lettres de mon Élisabeth. Juge de ma joie, de mon ravis-
sement ! Je les ai lues, je les ai relues, je viens de les lire

(1) Arch. Nat., A. B., xix, 179 (don Le Bas).

encore, ces deux lettres. Oh! quel bien elles ont fait à
mon pauvre cœur! Que je bénis, mon aimable amie, le
jour, l'heureux jour où j'eus la douceur d'apprendre que
ton âme si sensible, si tendre, partageait les sentiments
que tu m'avais inspirés! Pourquoi faut-il qu'à l'instant
où j'allais unir ma destinée à la tienne, nous nous soyons
vus si cruellement séparés? Il m'est impossible de me
rappeler sans douleur le moment qui recula celui que je
voyais si prochain, après lequel je soupirais. Tu te plains
du laconisme de la lettre que je t'ai écrite de Cambrai ;
à peine ai-je pu trouver un instant pour te tracer quelques lignes, et je n'aurais pas fini si j'avais entrepris de
t'exprimer tout ce que je ressentais. Tu dois avoir reçu,
depuis, deux autres lettres datées de Cassel ; je t'y enga-
geais à m'écrire dans cette ville. Je vais y retourner demain et y rester habituellement jusqu'au jour fortuné où
je retournerai près de toi. Quand viendra-t-il ce jour ?
Je sens que la présence de deux députés vraiment patriotes est nécessaire dans les lieux où je reste, mais je
suis très éloigné de penser qu'il soit difficile de donner
à Duquesnoy un collègue qui me remplace. Il suffit de
lui adjoindre un homme d'un caractère ferme, tel que
Hentz. D'ailleurs les principales mesures ont été prises
au moyen de l'arrestation d'Omoran et Richardot, de
plusieurs officiers royalistes, d'une assez grande quantité de personnes suspectes et de la tradition de deux
capitaines au tribunal révolutionnaire. Les généraux
Bartel et Ernouf n'étant plus désormais contrariés par
des généraux perfides et trouvant un appui certain dans
deux députés bien intentionnés, peuvent servir très utilement la République. Je n'aperçois donc aucun inconvénient à ce qu'on me rappelle promptement. Je ne dois
pas te cacher d'ailleurs que ma santé souffre un peu de
la vie extrêmement fatigante et agitée que je mène, et

que j'ai commencée dans ma convalescence. J'avais besoin de quelque repos, et je ne m'imagine pas qu'on puisse m'en vouloir de m'en souvenir, aujourd'hui que les motifs qui m'ont déterminé à l'oublier n'existent plus. J'ai eu la satisfaction de rencontrer ici mon père ; il a compati à mes souffrances, ce bon père. Sans te connaître, et sur mon récit, il a conçu pour toi une amitié qui ne s'affaiblira sûrement pas quand il te connaîtra. Il ne peut absolument venir à Paris, et tu as dû voir les obstacles qui s'opposent à ce que mes frères y viennent. Mais cela n'empêchera pas, ne retardera pas notre union, puisque mon père, qui ne peut en être témoin, m'invite à la conclure, et envisage comme un jour de fête celui où il pourra t'embrasser comme l'épouse de son fils.

Que de choses n'aurais-je pas à te dire, ma chère Élisabeth ! Mais je n'ai pu de toute la journée t'écrire ; et il est une heure du matin ; je suis accablé de fatigue. Victoire me pardonnera si je ne lui écris point séparément. Elle n'aime pas un ingrat ; je lui suis aussi très attaché. Quant au reste de la famille, je la regarde comme la mienne. Tes père et mère sont pour moi à jamais des objets de respect et de tendresse. Embrasse-les pour moi, chère Élisabeth, et fais en sorte que je puisse bientôt te revoir. Mon idée, dis-tu, ne te quitte pas. Eh bien ! de mon côté, il en est de même. Je ne puis cesser de m'occuper de toi.

Bonsoir, ma chère amie, je vais me coucher et songer encore à toi pendant mon sommeil.

Le Bas.

P.-S. — Ce que tu me dis de ta santé est loin de me tranquilliser. Prends le plus grand soin de cette santé qui m'est si précieuse. Je te remercie de ton attention à faire remettre les lettres à leur adresse.

11

Hazebrouck, 16 août (1).

Je profite, ma chère Élisabeth, d'un moment de loisir pour m'entretenir un peu avec toi. Je compte arriver ce soir à Cassel, et être assez heureux pour y trouver une lettre de toi. Une lettre de toi !... c'est sans doute une grande consolation, mais ce n'est pas toi ; rien ne peut te suppléer, et je sens à chaque instant que tu me manques. Tu m'as parlé du jardin ; tu m'as demandé si je m'en souvenais. Pourrais-je l'oublier, ma chère Elisabeth ? Oh ! non. Tous les lieux où j'ai pu librement causer avec toi, t'exprimer ma tendresse et m'entendre dire par toi-même que tu m'aimais, mon imagination ne cesse de les revoir, de s'y reposer. Lorsque notre voiture nous conduit, et que mon collègue, fatigué, ou cesse de parler ou s'endort, moi je songe à toi ; si je m'endors aussi, je pense encore à toi. Toute autre idée, lorsque les affaires publiques ne m'occupent plus, m'est importune. Duquesnoy m'est devenu plus cher, depuis qu'il m'a questionné sur toi et qu'il m'a fourni l'occasion de lui peindre mon amour. Ma chère Élisabeth, ô toi qu'il m'a fallu abandonner au moment où je croyais m'unir pour jamais à toi, toi qu'il m'a fallu quitter pour entreprendre un voyage pénible et triste, quand te reverrai-je ? Maintenant que ma présence n'est plus à beaucoup près aussi nécessaire, Couthon n'aura-t-il pas assez d'égards pour son jeune collègue, Robespierre ne considérera-t-il pas que j'ai assez fait, pour chercher à abréger le terme de mon sacrifice ? Certes, de tous ceux que j'ai faits à la patrie, aucun ne m'a coûté autant que celui qui me priva du bonheur d'être à toi aussitôt que je le désirais. Une chose surtout augmente mon impatience de te rejoindre.

(1) Arch. Nat., A. B., xix, 179 (don Le Bas).

Je crains que tu ne négliges trop ta santé. Ma chère Élisabeth, prends soin de ta santé, je t'en conjure ; que je
puisse bientôt t'embrasser bien portante. Si d'ici à huit
jours au plus tard je ne suis pas rappelé, il est certain
que je saurai trouver un moyen d'aller à Paris, et quand
j'y serai, il faudra bien qu'on se détermine à me remplacer. Chacun son tour. Je reverrai Ernouf aujourd'hui
à ce que j'espère. Depuis mon arrivée à Cassel, je ne l'ai
guère vu, parce qu'il a fallu qu'il accompagnât le général
Barthel à Cambrai, d'où il n'est de retour que depuis peu
de jours. Celui-là m'aurait encore parlé de toi ; il te connaît, et il sait combien un tel sujet m'est agréable.
Occupe-toi toujours, ma chère Élisabeth, de l'arrange-
ment de notre habitation. Quelle joie quand nous y serons ! J'ai écrit hier à la hâte à Robespierre. Je n'ai pu
lui dire qu'une partie de ce que je voulais qu'il sût. Le
temps m'a manqué ; c'est ce qui m'arrive souvent. Il
paraît que ma prédiction sur le Comité de Salut public
s'accomplit. J'en suis fâché, mais on aura encore longtemps raison en présumant mal du commun des hommes
en place. Je finis à regret, ma tendre amie. Embrasse
pour moi tes père et mère. Dis-leur que je les aime, que
je les aimerai toujours de même. Embrasse aussi Victoire et le reste de la famille. Ne m'oublie pas auprès de
la citoyenne Chalabre, de Calandini, de Robespierre, que
je haïrais, si je pouvais haïr un aussi bon patriote. je
t'embrasse de tout mon cœur.

Le Bas.

Cassel, 19 août (1).

Ma chère Élisabeth, j'ai reçu plusieurs lettres de toi.
Le sentiment qu'elles m'ont fait éprouver a été mêlé de

____

(1) Collection Le Bas.

douleur et de plaisir. Elles ont redoublé mon impatience
de revoler vers toi. Puisque l'on ne me rappelle pas, je
vais prendre, de concert avec Duquesnoy, un arrêté pour
me rendre à Paris où je compte arriver à la fin de la semaine. Fais tout préparer pour notre mariage. Peut-être
après un court séjour faudra-t-il que je reparte. Mais au
moins nous nous arrangerons de manière à n'être plus
éloignés l'un de l'autre. Je n'ai que le temps de t'écrire
ce peu de mots. Mille embrassades à toute ta chère famille et à nos amis communs. Tout à toi, ma chère et
tendre amie.

Le Bas.

*
* *

Le surlendemain, 21 août, la Convention « rappelait Le Bas dans son sein, et le remplaçait par
Hentz (1) ».

Quelques jours après il était de retour à Paris, et
se mariait avec Élisabeth Duplay (26 août 1793).

L'acte de mariage porte qu'il fut célébré à la
Commune « en présence de Jacques-Louis David (2),
43 ans, député, demeurant au Louvre ; Jacques-
René Hébert, substitut du procureur de la Com-
mune, rue Neuve-de-l'Égalité. Témoins des époux :
Maximilien-Isidore-Marie de Robespierre, 34 ans,
député, rue Saint-Honoré, section des Piques ;
J.-Pierre Vaugeois, 61 ans, menuisier, oncle de

____

(1) Extrait des *Procès-verbaux de la Convention*, xix, p. 136.
(2) Le célèbre peintre.

à la Citoyenne

Élizabeth Duplay / Lebas
C^ne Duplay Maurice
rue St honoré N° 866
à Paris.

Camel 19 aout
ma chère Élizabeth,
J'ai reçu plusieurs lettres ce soir, le serment que elle m'ont fait
éprouver à elle mêlé de douleur et de plaisir. elles ont
redoublé mon impatience de revoler vers toi, puisque tu
te me rappelle j'ay, je vai prendre des mesures avec
Duquesnoy un arrêté pour me rendre à Paris où je
t'espère arriver à la fin de la semaine. fais tout
préparer pour notre menage. peut être que si l'argent
se pourra, faisant t.l que je reparte mais aussitôt que
nous nous arrachions de manière à si tôt que j'aue
écloise l'un de trente jours que le remede
t'écrire chacun à nos. mille embrassades à toute
la chère famille et à nos amis, je m'ennui. c'est à
toi, ma chère et tendre amie.

L. Bas.

l'épouse ». Ce document est signé : Le Bas, Élisabeth Duplay, Hébert, David, Robespierre, Vaugeois.

*
* *

Quelques jours après cette union (14 septembre), Le Bas est nommé membre du Comité de Sûreté générale.

Ce Comité, qui avait la direction de la police et le redoutable maniement de la loi des suspects, était alors ainsi composé : Moyse Bayle, Élie Lacoste, la Vicomterie, Dubarran, Jagot, Amar, Vadier, Vouland, David, Le Bas, Louis (du Bas-Rhin).

Selon Senar, qui fut admis au Comité de Sûreté générale en qualité de secrétaire-rédacteur, ce Comité se divisait en trois partis : celui des *gens d'expédition* (Vadier, Vouland, Amar, Jagot, Louis); celui des *écouteurs* (David, Le Bas); et celui des *gens de contre-poids* (Moyse Bayle, la Vicomterie, Elie Lacoste, Dubarran).

Le premier de ces trois partis s'était voué sans réserve au génie de la Terreur; ceux qui le composaient étaient (d'après ce même Senar) brutaux, cruels, ou lâches et hypocrites; ils dominèrent le troisième parti, parti de faibles; si bien que — a dit Louis Blanc — dans ses efforts pour faire prévaloir une politique également exempte de pusillanimité et de violence, Robespierre se trouva avoir contre lui tout le Comité de Sûreté générale, à l'exception de deux membres, le peintre David et Le Bas. Encore Le Bas (1) était-il le seul qui fût pondéré ; car David, nature volcanique, se laissait volontiers emporter aux extrêmes. La guerre continua ainsi jusqu'au 9 thermidor, guerre sourde et pleine d'hypocrisie, mais d'autant plus dangereuse. Robespierre ne pouvait s'y méprendre ; il sentit que le Comité de Sûreté gégérale travaillait ardemment à le renverser, et il essaya de conjurer le péril en opposant au pouvoir de ses ennemis un « Bureau de police générale » ; mais lorsqu'il eut recours à cette mesure, il était trop tard (2).

(1) Parmi les décisions du Comité de Sûreté générale ordonnant des mesures coercitives, je n'en ai trouvé que très peu revêtues de la signature de Le Bas. (V. notamment Arch. Nat., F⁷ 4435.)
(2) Louis Blanc : *Histoire de la Révolution*, IV, page 376.

X

Le Bas et Saint-Just commissaires extraordinaires aux armées.
Leurs prédécesseurs. — Situation désespérée. — Désordre
et indiscipline. — Mesures énergiques. — Arrêtés des
deux représentants. -- Incorporation des recrues. —
L'armée nourrie, habillée, disciplinée. — Les propagandistes. — Schneider emprisonné. — Création d'écoles gratuites de langue française en Alsace.

Dans sa lettre du 19 août, Le Bas avait dit à sa
fiancée : « Peut-être après un court séjour à Paris
faudra-t-il que je reparte ». Ses prévisions se réali-
sèrent.

Le 17 octobre, à la nouvelle des revers de l'armée
du Rhin, le Comité de Salut public arrête que les citoyens Saint-Just et Le Bas « se rendront sur-le-
champ à l'armée du Rhin pour y prendre connaissance des événements qui ont eu lieu à Wissem-
b our_z, et à La uterbourg, et sont revêtus, à cet effet

de pouvoirs nécessaires pour prendre les mesures de salut public qu'ils jugeront convenables. »

Et dans une lettre adressée de Paris et datée du lendemain, 18 octobre 1793, le ministre de la guerre Bouchotte ordonne au général Pichegru de se rendre sans différer près des représentants du peuple Saint-Just et Le Bas « qui viennent de partir d'ici pour le quartier général de l'armée du Rhin (1). »

Quelques semaines plus tard (9 décembre) Saint-Just et Le Bas étaient revêtus des mêmes pouvoirs près de l'armée de la Moselle.

*
* *

Au moment où les représentants arrivèrent en Alsace, tout, de ce côté, semblait perdu.

Cinq jours auparavant (13 octobre) les lignes de Wissembourg, mal défendues par le général Carles, avaient été occupées par l'armée coalisée des Prussiens et des Autrichiens, dans les rangs de laquelle servait le corps d'émigrés français du prince de Condé. En outre, depuis avril, l'ennemi bloquait, dans Landau, une garnison française.

Découragée, manquant de chefs comme de vivres et de vêtements, l'armée française était désorganisée. Les lieux de débauche regorgeaient d'officiers ; l'indiscipline et la misère étaient au comble ; les réquisitions ne s'effectuaient plus ; les blessés mouraient

(1) *Correspondance générale de Carnot*, III, page 343.

sans secours ; les soldats désertaient et pillaient les campagnes. La contre-révolution, a dit Louis Blanc, triomphait de la dépréciation des assignats, de la détresse publique, et tenait à la gorge le pauvre affamé. On se passait de mains en mains des cocardes blanches.

Les émigrés avaient reparu ; l'esprit féodal endormi se réveillait ; les lois de la Convention restaient lettre morte dans un pays où la langue française était peu répandue. Les nobles d'Alsace, écrit Thiers (1), avaient suivi l'armée de Wurmser en foule et se répandaient jusqu'aux environs de Strasbourg. Dans cette dernière ville on avait formé le complot de livrer la place à Wurmser.

Le désordre était immense, remarque encore Louis Blanc ; il demandait, pour être réprimé, un mélange de sagesse et de vigueur auquel n'avaient pu s'élever jusqu'alors les représentants du peuple en mission, Lacoste, Baudot, Ruamps, Milhau et Soubrany.

Ces derniers eux-mêmes n'avaient point eu un devancier bien remarquable dans la personne de Hérault-Séchelle ; ses actes s'étaient bornés à une promenade sans but et sans résultat. Les auteurs de l'*Histoire Parlementaire de la Révolution Française* (2) ont donné de lui un portrait qui peut être exact puisqu'il leur a été communiqué par Monet, alors maire de Strasbourg :

(1) *Histoire de la Révolution*, V, page 238.
(2) Tome XXXI, page 27.

« Il cherchait à ne rien faire, et il ne fît rien, Hérault était un homme à belles manières et un homme
de plaisir. A Paris, il portait la perruque jacobine ;
dans les départements il se coiffait en ailes de pigeon. Il ne résidait pas dans une ville sans y commencer aussitôt des intrigues amoureuses. Celle qui
fit le plus de bruit en Alsace, parce qu'elle était scan-
daleuse, fut sa liaison avec la sœur d'un général autrichien. Les patriotes de ce pays regardaient Hérault
comme un *arlequin*. ».

L'exemple était mauvais ; mais la conduite des
représentants que Le Bas et Saint-Just rejoignirent
en Alsace était moins recommandable encore.

J'emprunte à un auteur, qui paraît fort docu-
menté, (1) les lignes suivantes :

« Jean-Baptiste Lacoste était un énergumène, un
forcené qui dégoûta par ses violences son collègue
Guyardin, « le meilleur des humains » : il proposait de
décapiter le quart des Alsaciens, de ne garder dans
les départements du Rhin que ceux qui avaient pris
une part active à la Révolution, et de chasser tous
les autres après avoir séquestré leurs biens (2).

« Baudot avait de l'esprit, des talents, de l'amabi-

(1) Arthur Chuquet : *Les guerres de la Révolution*, VIII, pages 81
et suivantes. (Cet ouvrage a obtenu les prix Gobert et grand prix
Audiffred à l'Académie française et à l'Académie des sciences morales et politiques.)
(2) Legrand a dit de Lacoste : « Aussi débauché que Saint-Just
était austère, aussi intempérant que Saint-Just était sobre, aussi
verbeux que l'autre était laconique, aussi colère que l'autre se
montrait flegmatique, sa vanité n'était que puérile, ses manières
étaient ignobles. »

lité, mais il était jeune et sans expérience ; gâté par
Lacoste, il ne parlait plus que de fusillade, de guillotine, et sans cesse il disait : Il faut fusiller... Je ferai
guillotiner.

« La probité de Ruamps et son patriotisme étaient
à toute épreuve ; on loue ses vertus publiques et
privées ; mais à l'armée du Rhin, en plusieurs circonstances, il se conduisit comme un fou. Cet homme,
qui manquait de lumières, se grisait de son autorité
souveraine.

« Les représentants envoyés en Alsace avant Saint-
Just et Le Bas croyaient se rendre populaires ; ils
affectèrent le ton soldatesque et agirent à la hus-
sarde ; ils tranchèrent lestement et de la façon la plus
irréfléchie les affaires les plus épineuses, et un témoin
véridique, un de leurs propres auxiliaires, nous assure
qu'ils avaient peu d'ordre dans les idées et peu d'ap-
titude au travail, qu'ils ne se réunissaient que pour
pérorer et qu'aucun d'eux ne savait écouter. Ils s'ima-
ginèrent qu'on vaincrait les alliés en les inondant
d'un flot d'*agricoles* ; ils suspendirent les généraux
à tort et à travers ; ils laissèrent les intrigants et
les mauvais sujets quitter leur poste et déblatérer au
club de Wissembourg contre les chefs. L'armée les
avait attendus comme des « anges libérateurs » ; elle
les maudit à leur départ ; et Ruamps fut maltraité,
non par les généraux qu'il avait vexés et tourmentés,
non par les officiers qu'il avait persécutés, mais par
les soldats qu'il avait flagornés. »

Le Bas et Saint-Just, aussitôt arrivés, prirent le titre de *commissaires extraordinaires*; la nature supérieure de leur mission, a dit Carnot, les rendait très prépondérants et leur permettait de s'isoler de tous, même de leurs collègues; ils ne rendirent pas aux autorités constituées la visite qu'ils en avaient reçue, ils évitèrent de se produire dans les lieux publics. « Leur accueil toujours grave, disent Buchez et Roux (1), leur manière d'aller droit au but sans paroles inutiles, leur sentiment de justice et la fermeté qui y répondait, en imposaient à ce point que nul n'osait les aborder sans trembler. C'est là, du moins, ce que M. Monet (maire de Strasbourg) déclare avoir vu éprouver par les autres et avoir éprouvé lui-même. »

Dès avant son départ pour l'Alsace (10 octobre), Saint-Just, dans un rapport, avait exposé les devoirs du représentant du peuple auprès des armées : Être le père et l'ami des soldats, de ces pauvres soldats qui n'avaient à leur tête que des imbéciles et des fripons; assister à leurs exercices; les entendre à tout instant du jour et de la nuit; savoir, pour ainsi dire, le nom de chacun; coucher sous la tente; vivre dans les camps, comme Annibal avant Capoue; manger seul et frugalement; ne pas se familiariser avec les généraux; punir sans pitié les abus — telle devait être, assurait Saint-Just, l'existence d'un représentant.

____

(1) *Histoire parlementaire de la Révolution*, XXXI, page 28.

Les deux commissaires lancèrent d'abord une proclamation à l'armée : « Nous arrivons et nous jurons que l'ennemi sera vaincu (1) ». Ils apportaient, disaient-ils, le glaive qui devait frapper les traîtres et ceux mêmes qui restaient indifférents à la cause du peuple ; ils venaient venger les soldats et leur donner des généraux qui les mèneraient à la victoire, chercher, récompenser, avancer le mérite, poursuivre tous les crimes, offrir des exemples de sévérité qu'on n'avait pas encore vus, et ils enjoignaient aux chefs, officiers et agents du Gouvernement de satisfaire dans trois jours aux justes plaintes de leurs subordonnés.

Ils érigèrent en commission spéciale et révolutionnaire le tribunal militaire de l'armée du Rhin.

Voici leur arrêté :

« Les représentants du peuple envoyés extraordinairément près l'armée du Rhin arrêtent ce qui suit :

1°

» Il sera établi à Saverne une commission révolutionnaire composée de cinq membres jusqu'à ce que l'ennemi soit repoussé des départements du Rhin. Cette commission pourra se transporter dans les di-

(1) Arch. Nat., A. F., ii, 249 (plaquette 2121). Une lettre du ministre de la guerre Bouchotte, du 23 octobre, leur prescrit de « rallier, réorganiser, augmenter la force de l'armée. » (Arch. hist. du ministère de la guerre : *armée du Rhin*). Une seconde lettre, du même jour, adressée par Bouchotte à Pichegru, vante le patriotisme des représentants.

vers lieux du district lorsqu'elle le jugera convenable.

2°

» Cette commission donnera des mandats d'arrêts dans toute l'étendue du district contre ceux qui seront dénoncés comme agents ou partisans de l'ennemi.

» Elle fera fusiller ceux qui seront convaincus de ces crimes, et enverra à Mirecourt en arrestation ceux qui ne seront que soupçonnés.

3°

» Elle adressera l'expédition de tous ses jugements à la Convention nationale.

4°

» La Commission révolutionnaire pourra requérir les autorités civiles et militaires qui seront tenues d'obtempérer à ses réquisitions.

5°

» Les représentants nomment pour remplir cette commission les citoyens : Elvert, maire de Saverne, Jacques Arnold, commissaire permanent du canton de Saverne, Hart, commissaire permanent du canton de Truchoir, Meltsinner, commissaire permanent du canton de Hogerfelt, Schwars, commandant de la garde nationale de Wasetor, du patriotisme et du courage desquels ils se sont assurés.

6°

» Les membres de la commission recevront trois cents livres d'indemnité par mois sur la caisse du payeur de l'armée du Rhin ; ils nommeront un greffier qui aura les mêmes appointements.

» Fait à Saverne le 2ᵉ jour du 2ᵉ mois de l'an II de la République une et indivisible.

SAINT-JUST. — LE BAS. (1)

« L'armée comprit — écrit Henri Martin (2), commentant cette proclamation et les arrêtés qui la suivirent. — Loin de s'irriter, elle accepta résolument cette discipline de fer, que Carnot soutint et introduisit partout. »

D'ailleurs, les représentants savaient réconforter les âmes :

« Soldats de l'armée du Rhin, disaient-ils le lendemain, méprisez l'ennemi que vous avez devant vous. Il ne vous a point vaincus ; il vous a trahis. De faux déserteurs vous ont tendu les bras ; vous les avez embrassés ; on n'embrasse pas les tyrans, on les tue. Soyez donc sur vos gardes. Aimez la discipline qui fait vaincre. Exercez-vous au maniement

______

(1) Arch. Nat., A. F., ɪɪ, 249 (plaquette 2121.)
(2) *Histoire de France depuis 1789*, 2ᵉ édition, II page 89.

des armes, demeurez dans vos camps et préparez-vous à vaincre à votre tour (1). »

Ce sont bien là les mêmes hommes qui vont répondre au parlementaire se présentant aux portes de Strasbourg : « La République française ne reçoit de ses ennemis et ne leur envoie que du plomb (2). »

*
* *

Ils prennent, ce même jour (3 brumaire) une mesure militaire de la plus haute importance : ils ordonnent l'incorporation des réquisitionnaires dans les anciens bataillons, au lieu de les laisser se former en bataillons où tout eût été nouveau et inexpérimenté, soldats et cadres. — Le comité de Salut public les approuva (lettre du 27 octobre) et fit, par décret de la Convention, appliquer cette mesure, dès le mois suivant, à toutes les armées (3).

Dans la même journée, les représentants prennent cet autre arrêté :

« Les représentants du peuple, députés extraordinairement à l'armée du Rhin, ordonnent aux administrateurs du Haut et Bas Rhin, du Mont Terrible,

---

(1) Proclamation du 24 octobre (Arch. hist. du Ministère de la guerre : armée du Rhin.)

(2) *Moniteur* du 5 novembre 1793.

(3) « Elle eut immédiatement des résultats admirables », dit Henri Martin. *loc. cit.* page 88. — La lettre des représentants au Comité de Salut public, qui relate cette réforme, est datée également du 3 brumaire (24 octobre 1793) ; elle a été conservée aux archives de la guerre (*section historique : armée du Rhin*) et est écrite de la main de Le Bas.

de la Meurthe, des Vosges, de la Haute-Saône, de la
Haute-Marne, et de la Côte-d'Or, de fournir dans
douze jours pour tout délai, dans les magasins militaires de Strasbourg et des autres places qui leur
ont été indiquées, les quantités de blé, seigle, orge,
avoine et foin, qui leur ont été demandées par les arrêtés des représentants du peuple en date des
17, 19 et 20 août dernier.

« Leur enjoignent d'obtempérer à la présente ordonnance, à peine d'être traduits au tribunal révolutionnaire comme coupables d'attentat contre la
Liberté et le salut de la Patrie.

« Chargent l'administration des subsistances militaires de leur rendre compte au terme prescrit de
l'exécution du présent arrêté.

« Fait à Strasbourg, le 3ᵉ jour du 2ᵉ mois de l'an II
de la République une et indivisible.

« SAINT-JUST. — LE BAS (1). »

Le 25 octobre (24 brumaire), Le Bas écrit à sa
femme (2) :

(1) Le surlendemain (5 brumaire) le Conseil général du département des Vosges ordonne l'affichage et la publication à son de
caisse du dit arrêté, et son exécution immédiate, sous peine de
dénonciation aux Représentants du Peuple ; une de ces affiches,
contenant l'état de répartition par districts et par nature de subsistances, se trouve aux archives nationales : (A F, ii, 249, pl. 2121.
Une copie de l'arrêté, écrite par Le Bas, fait partie des archives du
Ministère de la guerre (armée du Rhin) à sa date.
(2) Arch. Nat., A. B., xix, 179 (don Le Bas).

A la citoyenne Le Bas.

Strasbourg, 4ᵉ jour du 2ᵉ mois, an II de la République.

Le citoyen Jarry te remettra probablement cette lettre, ma chère Élisabeth. Nous avons reçu ici des nouvelles satisfaisantes de ce qui s'est passé à l'armée du Nord et à la Vendée. La situation des affaires n'est pas aussi belle à cette armée. Nous faisons notre possible pour qu'elle change promptement, et tu peux être assurée que ce changement sera suivi aussitôt de notre retour. Le voyage m'a un peu dérangé ; mais ce n'est rien et me voilà rétabli. Je voudrais être aussi rassuré sur ta santé ; je voudrais surtout apprendre que tu supportes raisonnablement une absence nécessaire, qu'il n'a pas dépendu de moi d'empêcher. Henriette aura sûrement fait son possible pour te la rendre moins pénible. Ce sont de nouveaux droits qu'elle s'est acquis à mon attachement. Je n'ai personne ici avec qui je puisse m'entretenir de toi ; et les distractions que les affaires occasionnent ordinairement ne sauraient m'empêcher de penser continuellement à toi. Tu dois être persuadée de toute ma tendresse. Si j'ai pu m'éloigner de toi, va, tu peux être convaincue que, de tous les sacrifices que j'ai faits à la patrie, celui-là ne m'a pas le moins coûté. Le temps me presse, il faut finir. Je t'embrasse de tout mon cœur.

LE BAS.

Pour ne pas rompre l'ordre chronologique, je donne ici la lettre (1) qu'écrit, le lendemain, le père du conventionnel à sa fille Henriette :

____

(1) Collection Le Bas.

A Frévent 5e jour du 2e mois de la République française,
vendredi 26 octobre 1793 (vieux style).

Je ne t'ai pas répondu, ma chère Henriette, parce que j'ai eu quelques travaux relativement à toutes les affaires qui se passent dans notre municipalité, qui néanmoins ne donnent aucun embarras parce que l'on y est plus tranquille, depuis surtout que le fanatisme est déjoué et que personne n'oserait se montrer contraire à la Révolution.

On est parvenu à l'établissement d'un club ; il est composé de la presque totalité de Frévent. Ce nombre est si grand qu'il a fallu transporter la séance dans la ci-devant église de Saint-Hilaire. Toutes les femmes vont aux séances ; elles emploient tout le temps des séances à faire de la charpie pour panser nos frères d'armes blessés. C'est un travail digne d'exemple et auquel tout le monde contribue à l'envi.

Désiré est toujours à Dunkerque ; il s'y porte bien et s'y conduit bien ; nous avons occasion de lui envoyer différentes petites choses dont il aura besoin pour l'hiver.

Vous êtes donc arrivée, ma chère Henriette, fort à propos pour faire compagnie à votre chère belle-sœur et la consoler de l'absence de son mari. Dites-lui que je partage avec elle ses peines ; mais que je l'invite à faire volontiers ce sacrifice, dès qu'il peut contribuer au bien de la patrie.

Je désirerais que la chère Élisabeth fut à portée de nous ; je l'engagerais à venir passer quelques mois avec nous pour se désennuyer. Dites-lui qu'elle nous donne de ses nouvelles. Vos sœurs et moi nous l'embrassons de bon cœur. Adieu, Henriette, tous vos frères et sœurs se portent bien.

Le Bas

Ce jour même, 26 octobre (5 brumaire), lettre du
conventionnel à Robespierre (1).

Au citoyen Robespierre.

Strasbourg, 5ᵉ jour du 2ᵉ mois.

Nous recevons à l'instant de Saverne une dépêche du
général Sauter. L'ennemi l'a attaqué pendant deux jours
pour s'emparer des gorges ; mais on l'a vigoureusement
reçu. Il a perdu du terrain et 500 hommes. Nous sommes
loin de perdre l'espoir et le courage, Nous attendons
Pichegru qui doit arriver aujourd'hui ou demain, c'est-à-
dire aussitôt que l'officier général qui doit le remplacer
lui-même sera arrivé ; et, si les secours que nous avons
demandés au comité et à Bouchotte nous sont envoyés,
les affaires se rétabliront ici d'une manière brillante.
Dans tous les cas, nous tâcherons de doubler nos
moyens par de bonnes dispositions. — Adieu.

LE BAS.

P.-S. Nous avions mandé que l'ennemi porterait tous
ses efforts sur Saverne pour s'emparer des gorges ; nous
avions raison. Vous sentez dès lors combien il est nécessaire que vous nous mettiez à même, par de prompts secours, de nous y maintenir.

Saint-Just n'a pas le temps de vous écrire. Il vous fait
ses compliments.

Au cours de cette journée du 5 brumaire, Saint-
Just et Le Bas rendent compte au Comité de Salut

(1) Communiquée à Buchez et Roux par le fils du Conventionnel ;
une copie se trouve dans la collection Le Bas.

Public des mouvements qu'ils font faire à l'armée pour s'opposer aux progrès des ennemis ; ils se concertent avec leurs collègues de l'armée de la Moselle pour diriger ensemble les opérations ; ils demandent les renforts qu'on leur a promis, pour défendre les gorges de Saverne. — Arrivée de Pichegru, qu'ils installent. — Ils envoient copie d'un arrêté révolutionnaire, pour la punition des malveillants et des traîtres (1).

Ce même jour, ils prennent un autre arrêté ainsi conçu :

« Les représentants du peuple envoyés extraordinairement à l'armée du Rhin, convaincus que la mauvaise administration, l'impunité des vols et les intelligences de l'ennemi avec les mauvais citoyens, ont été l'une des causes des désastres de l'armée du Rhin ; convaincus en même temps de la nécessité de punir promptement et sur les lieux, arrêtent ce qui suit :

1º

« Les agents prévaricateurs des diverses administrations de l'armée du Rhin et les agents ou partisans de l'ennemi seront fusillés en présence de l'armée.

2º

« Le tribunal militaire près l'armée du Rhin est

(1) Arch. Nat., A. F., ii. 249, pl. 2121.

érigé en commission spéciale et révolutionnaire, pour la punition de ces sortes de délits ; il ne sera, dans ce cas, astreint à aucune forme de procédure particulière.

3°

« Il pourra se faire réprésenter, sans déplacer, les registres des administrations et les autres pièces qui seront nécessaires à la connaissance du délit.

4°

« Il ordonnera la détention des prévenus qui ne seraient que suspects, et les fera conduire dans les maisons d'arrêts de Mirecourt.

5°

« Le tribunal ne sera pareillement astreint à aucune forme de procédure particulière pour l'exécution de la proclamation des représentants du peuple du troisième jour de ce mois ; mais lorsque les chefs militaires paraîtront être dans le cas de la détention prononcée par cette proclamation, il en référera aux représentants du peuple.

6°

« Le tribunal continuera d'exercer ses autres fonctions conformément aux lois existantes.

« SAINT-JUST, LE BAS (1). »

(1) Arch. hist. du minist. de la guerre : *Armée du Rhin.*

Du 7 brumaire, nouveaux arrêtés :

« Les représentants du peuple près l'armée du Rhin arrêtent ;

« Il est ordonné aux corps administratifs, municipalités et Comités de surveillance, de faire respecter la loi du *maximum*, dans les achats de bœufs, vaches et moutons, pour le compte de la République.

« Les membres des dits corps administratifs, municipalités et Comités de surveillance, sont responsables, sur leur tête, non seulement du plus léger empêchement qu'ils apporteraient aux dits achats, mais même de leur négligence à les favoriser quand ils en seront requis.

« Les agents des subsistances militaires sont autorisés à mettre les bœufs en réquisition au prix du *maximum*, ils dénonceront aux représentants du peuple les corps constitués qui auraient entravé leurs achats ; les membres desdits corps constitués seront traduits au tribunal révolutionnaire, comme coupables de haute trahison.

« A Strasbourg, le 7 du second mois, l'an II de la République une et indivisible.

« SAINT-JUST, LEBAS (1). »

« Les représentans du peuple, envoyés près l'armée du Rhin, après s'être assurés du civisme des citoyens *Prost*, procureur, syndic du dictrict d'Ha-

____

(1) Arch. hist. du minist. de la guerre.

gueneau ; *Vilvot,* capitaine surnuméraire du sixième bataillon du Bas-Rhin ; les ont adjoints aux membres composant le Comité de surveillance de Strasbourg.

« A Strasbourg, le 7 du deuxième mois de l'an II.

« Saint-Just, Le Bas (1). »

Du 7 brumaire également, lettre de Saint-Just et Le Bas à la Convention : ils réclament les secours promis ; cette lettre, écrite par Le Bas, se termine ainsi :

« Vous ne nous avez point répondu. Hâtez-vous de renforcer cette armée, et persuadez-vous qu'il faut être à Landau sous quinze jours. Renvoyez-nous notre courrier sur le champ avec votre réponse (2). »

Le 8 brumaire, ils prennent les arrêtés suivants :

« Les représentants du peuple près l'armée du Rhin, informés que le 5 du présent mois, plusieurs officiers ont été arrêtés à la Comédie, à Strasbourg, au nombre desquels était Perdieu, adjudant général.

« Considérant que l'avant-garde fut attaquée le même jour et bivouaqua la nuit suivante, pendant laquelle Perdieu était à la Comédie.

« Considérant aussi que la discipline, qui défend de sortir du camp, est égale pour les soldats et pour

(1) Arch. hist. du minist. de la guerre.
(2) Arch. Nat., A. F., ii, 249, pl. 2121.

les chefs, que ceux-ci surtout doivent aux premiers le bon exemple, et que des hommes assez lâches pour se rendre dans les théâtres quand l'armée bivouaque et quand l'ennemi est aux portes, sont indignes de commander des Français.

« Arrêtent ce qui suit :

« Perdieu est destitué du titre d'adjudant général et servira pendant 15 jours à la garde du camp, à peine d'être considéré et traité comme déserteur.

« Le présent arrêté sera imprimé et distribué à l'armée.

« A Strasbourg, le 8 du deuxième mois, l'an II de la République une et indivisible.

« SAINT-JUST, LE BAS (1). »

« Les représentants du peuple envoyés près l'armée du Rhin, après avoir entendu Jacques Mérigues, gendarme, lequel a représenté que le soin de sa fortune, qu'il évalue à 40,000 livres, l'appelait à Poitiers ; pour quoi il demandait à s'éloigner de l'armée du Rhin, pour se rendre chez lui avec étapes tant pour lui que pour son cheval.

« Considérant que Jacques Mérigues est un lâche, qui préfère son intérêt privé à l'intérêt de sa patrie en danger, arrêtent ce qui suit :

« Jacques Mérigues sera dégradé sur l'une des

(1) Arch. nat., A. F. ii, 249.

places publiques de Strasbourg, il sera envoyé en arrestation à Mirecourt jusqu'à la paix.

« Le commandant de Strasbourg est chargé de faire mettre à exécution le présent arrêté.

« A Strasbourg, le 8 du deuxième mois, l'an II de la République une et indivisible.

« SAINT-JUST, LE BAS (1). »

Le 30 octobre (9 brumaire), ordre aux généraux de manger et de coucher dans leurs tentes ; et deux arrêtés (2) :

« Les représentants, informés qu'il s'est introduit des étrangers et des personnes suspectes dans Strasbourg, arrêtent ce qui suit : Le Comité de surveillance de Strasbourg est autorisé à requérir le nombre d'hommes armés nécessaire, pour faire faire cette nuit des visites domiciliaires dans toute la ville de Strasbourg ; il se concertera avec le commandant de la place, et prendra toutes les mesures nécessaires pour arrêter les personnes suspectes, sans troubler la tranquillité publique.

« A Strasbourg, le 9 du deuxième mois de l'an II.

« SAINT-JUST, LE BAS. »

« Depuis plusieurs jours, citoyens, nous vous avons recommandé de rechercher et de faire arrêter

(1) Arch. Nat., A. F., II, 249.
(2) Arch. hist. du minist. de la guerre (*Armée du Rhin*).

les gens suspects dans le district de Strasbourg.
Nous savons que dans cette seule ville il en existe
des milliers, et cependant vous êtes encore à nous
fournir le premier nom de cette liste des ennemis de
la République. Il devient plus instant de jour en jour
de les arrêter. Hâtez-vous donc de les reconnaître.
Nous désirons savoir, dans le jour, le nom de tous
les gens suspects dans Strasbourg.

« A Strasbourg, le 9 du deuxième mois de l'an II.

« SAINT-JUST, LE BAS. »

Et du même jour, la lettre suivante de Le Bas à
sa femme (1) :

A la citoyenne Le Bas.

9e jour du 2e mois, an II.

Je ne reçois point de tes nouvelles, ma chère Élisabeth ; persuadé, comme je le suis, de ton attachement
pour moi, juge de l'inquiétude où ce silence me plonge.
Es-tu malade ? Est-ce là la cause qui me prive de tes lettres? Mais Henriette ne m'écrit pas, toute la famille se
tait ; en vérité on a bien peu pitié de moi, et cet abandon
est bien cruel. Si tu pouvais voir le fond de mon cœur,
ma chère Élisabeth, tu gémirais de ce que je souffre ; de
grâce, si ce que j'appréhende n'existe pas, apprends-le
moi bien vite et tire-moi de mon anxiété.

Nous espérons toujours voir promptement la fin de
notre mission ; mais le comité de Salut public ne paraît

(1) Archives Nat., A. B., xix, 179 (don Le Bas).

pas s'occuper de nous procurer ce qui doit nous conduire à notre but.

Envoie-moi une ou deux paires de bas de soie pour les bottes, autant de fil et quelques chemises.

Tout à toi.

Le Bas.

Le même jour encore, en réponse à différentes communications et à la lettre de Le Bas ci-dessus reproduite (26 octobre), le Comité de Salut public écrit :

« Vos dépêches, chers collègues, nous font espérer de grands succès à l'armée du Rhin. Nous sommes persuadés qu'ils sont dûs principalement à votre vigilance. On travaille à vous procurer les secours que vous sollicitez (1). »

Du 31 octobre (10 brumaire) les quatre arrêtés suivants :

« La Municipalité de Strasbourg est revêtue de tous les pouvoirs nécessaires pour requérir dans huit jours chez les citoyens de Strasbourg cinq mille paires de souliers et quinze mille chemises ;

« Les dits effets seront versés dans les magasins de l'armée ;

« La Municipalité dressera un rôle à cet effet ; tout citoyen qui refuserait son contingent serait considéré

(1) Cité par Charavay : *Correspondance générale de Carnot*, III, page 435. Cette lettre, écrite de la main de Carnot, met aussi les représentants en garde contre l'incapacité des chefs et donne des instructions techniques pour la direction des opérations. (Arch. hist. du ministère de la guerre : *Armée du Rhin*).

comme ennemi de son pays et condamné à 300 livres
d'amende ;

« **La Municipalité** évaluera les dits effets pour
être payés **aux particuliers** sur la caisse de l'armée ;

« Le commissaire **ordonnateur** vérifiera l'évalua-
tion qui sera confirmée par **les représentants du
peuple** ;

« La Municipalité de Strasbourg répond de l'exécution du présent arrêté.

« Le Bas, Saint-Just (1). »

« Tout militaire, toute personne, qui sera trouvée
s'introduisant dans la ville, dans les caissons, four-
gons, voitures, ou cachée de toute autre manière,
sera fusillée dans le jour.

« Le général mettra demain à l'ordre le présent
arrêté, qui sera imprimé et affiché.

« Fait à Strasbourg, le 10 du second mois, l'an II de la République une et indivisible.

« Le Bas, Saint-Just (2). »

« Il est ordonné aux directoires des districts du
département du Bas-Rhin, d'obtempérer, sur l'heure,
à toutes réquisitions de chevaux et de voitures qui
pourraient leur être faites par les agents de la République près l'armée du Rhin.

---

(1) Minist. de la guerre : *Section historique* (ar.née du Rhin).
(2) *Id.*

« Les administrateurs coupables de négligence seront mis en arrestation jusqu'à la paix.

« Ceux qui seront coupables de mauvaise volonté seront jugés militairement par le tribunal de l'armée comme coupables de trahison. Le présent arrêté sera imprimé.

« A Strasbourg, le 10e jour du 2e mois, an II.

« Le Bas, Saint-Just (1). »

« Les représentants, informés de la bonne volonté des citoyens du Bas-Rhin pour la patrie, convaincus par les démarches et les sollicitations faites auprès d'eux pour provoquer les moyens de repousser l'ennemi commun, que la Patrie n'a point fait d'ingrats dans ces contrées ; touchés de la sensibilité avec laquelle les citoyens fortunés de Strasbourg ont exprimé la haine des ennemis de la France et le désir de concourir à les subjuguer ; frappés des derniers malheurs de l'armée que les riches de cette ville se sont offerts de réparer, plus touchés encore de l'énergie de ces riches qui, en sollicitant un emprunt sur les personnes opulentes, ont demandé des mesures de sévérité contre ceux qui refuseraient de les imiter ;

« Voulant en même temps soulager le peuple et l'armée, arrêtent ce qui suit : Il sera levé un emprunt

____

(1) Min. de la guerre : *Section historique* (armée du Rhin).

de neuf millions sur les citoyens de Strasbourg dont la liste est ci-jointe.

« Les contributions seront fournies dans les vingt-quatre heures.

« Deux millions seront prélevés sur cette contri-bution pour être employés au besoin des patriotes indigents de Strasbourg. Un million sera employé à fortifier la place. Six millions seront versés dans la caisse de l'armée.

« Le Comité de surveillance est chargé de l'exécution du présent arrêté.

« A Strasbourg, le 10 du deuxième mois de l'an II.

« SAINT-JUST, LE BAS (1). »

Le 1ᵉʳ novembre (11 brumaire), Le Bas écrit à sa femme (2) :

Strasbourg, 11ᵉ jour du 2ᵉ mois, an II.

Jarry m'a remis ta lettre et celle d'Henriette, ma chère Élisabeth ; tu dois te figurer le plaisir qu'elles m'ont fait. J'étais dans une mortelle inquiétude. Écris-moi le plus souvent que tu pourras ; tu as plus de temps que ton pauvre Philippe qui mène ici une vie bien active. Nous nous dépêchons de finir, et tu entres pour beaucoup dans

(1) Arch. historiques du Ministère de la guerre *(loc. cit.)*. La copie de cet arrêté existe également aux Archives nationales (AF. ii, 135, plaquette 1045) : elle contient l'état nominatif des « riches contribuables de la commune de Strasbourg » avec l'indication de leur contribution à l'emprunt. Voir plus loin la réclamation de l'un d'eux.

(2) Arch Nat., A. B., xix, 179 (don Le Bas).

mon empressement. Si, comme je l'espère, nous rendons
d'importants services à la patrie dans ce pays, je retournerai à toi avec une double satisfaction, et tu m'en ai-
meras mieux. Vous faites bien de vous amuser. Je remercie Henriette des soins qu'elle prend pour te dis-
siper, et ne suis point étonné qu'elle le fasse autant par
amitié pour moi, que par l'attachement que tu as su lui
inspirer. Prends soin de ta santé, surtout ; je ne puis te
rendre le sentiment que j'éprouve en te le recommand-
dant. Tu ne me dis pas si tu es établie dans notre nouveau
logement. Je compte trouver tout cela arrangé à mon
retour. Je suis très content de Saint-Just ; il a des talents
que j'admire et d'excellentes qualités. Il te fait ses compliments. Je n'écris pas séparément à Henriette, elle lira
cette lettre. Aime-la autant qu'elle le mérite. Je t'embrasse de tout mon cœur.

LE BAS.

Mille amitiés à toute la famille ; embrasse-les tous pour
moi ; bien entendu que Robespierre est du nombre.

LE BAS.

Du 2 novembre (12 brumaire), cet arrêté :

« Les représentants arrêtent que les commissaires
des guerres se rendront sans délai à leurs divisions
respectives pour y mettre en ordre leur service (1). »

Et cet autre :

« Les représentants du peuple, envoyés extraor-

(1) Arch. Nat., A. F., ii, 249, pl. 2122. — A cette même date, les Archives historiques du Ministère de la guerre contiennent une lettre
très détaillée de Carnot donnant aux représentants des instructions
techniques.

13

dinairement près l'armée du Rhin, informés que les ennemis ont pratiqué des intelligences dans Strasbourg parmi les autorités constituées, considérant l'imminence du danger, arrêtent ce qui suit :

« Art. 1. — L'administration du département du Bas-Rhin est cassée ; les membres seront arrêtés sur-le champ, à l'exception des citoyens Neuman, Didier, Mougeat, Berger, Tebrel, et seront conduits de suite en arrestation à Metz.

« Art. 2. — Les citoyens Neuman, Mougeat et Tebrel formeront une commission provisoire pour l'expédition des affaires.

« Art. 3. — La municipalité de Strasbourg est également cassée, à l'exception du citoyen Monet, maire. La société populaire remplacera la municipalité par une commission provisoire de douze membres pris dans son sein, dont le plus âgé remplira les fonctions de procureur de la Commune. Les membres de la municipalité seront conduits en arrestation à Châlons.

« Art. 4. — L'administration du district de Strasbourg est également cassée ; cinq membres élus par le comité de surveillance de la dite ville en rempliront provisoirement les fonctions. Les membres du district de Strasbourg seront conduits en arrestation à Besançon.

« Art. 5. — Le commandant de Strasbourg et le comité de surveillance de la dite ville, sont chargés d'exécuter le présent arrêté, de manière à ce que les membres des autorités cassées soient hors de la ville demain à huit heures du matin.

« A Strasbourg, le 12 du deuxième mois de l'an II. »

« Saint-Just, Le Bas. »

Cet arrêté, très commenté, a donné lieu, de la part de Monet, maire de Strasbourg, à des explications rapportées dans l'*Histoire parlementaire de la Révolution* (1). Un point à retenir, c'est que, sur instances réitérées du maire, douze administrateurs sur quarante furent épargnés : l'arrêté fut exécuté à l'égard des autres. Étaient-ils coupables ? C'est douteux ; mais il est utile de rappeler ici que, malgré les mesures rigoureuses que les deux représentants furent obligés de prendre, la guillotine ne fonctionna pas une seule fois, tant qu'ils gouvernèrent à Strasbourg (2). En ce qui concerne les représentants emprisonnés, Le Bas et Saint-Just, d'ailleurs, prescrivirent de les « traiter avec les soins que réclame l'humanité (3). »

Du 13 brumaire, arrêté mettant en demeure les départements des Haut et Bas-Rhin, de la Meurthe, des Vosges, de la Haute-Marne, de la Haute-Saône,

---

(1) Tome XXXI, page 32.

(2) V. *Histoire parlementaire de la Révolution, loc. cit.*, page 28.

(3) Arrêté du 25 frimaire an II : « Les représentants... ordonnent au directoire du département de la Moselle séant à Metz, de prendre sur-le-champ, toutes les mesures nécessaires pour que les membres des autorités de Strasbourg, détenus à Metz, soient traités avec les soins que réclame l'humanité. — Strasbourg, le 25 frim. — Le Bas ; Saint-Just. » (Arch. nat., A. F., II, 135.)

de la Côte-d'Or, du Doubs et du Mont-Terrible,
d'obtempérer aux réquisitions de paille qui leur seront faites par les administrateurs des subsistances,
pour l'approvisionnement de l'armée et des places du
Bas-Rhin, en état de siège, sous peine d'être jugés
comme ennemis de la patrie.

Cet arrêté est, comme presque tous les autres,
d'ailleurs, écrit de la main de Le Bas et contresigné
seulement par Saint-Just. Plusieurs des extraits qui
en furent imprimés par les soins des conseils de département sont conservées aux Archives nationales
(A. F., II, 249, plaquette 2122); le nom de Le Bas y
précède celui de Saint-Just, comme dans la plupart
des proclamations imprimées de l'époque.

Le lendemain, un autre arrêté porte :

« Considérant que, sur les routes qui aboutissent
aux armées, les corps administratifs sont autorisés
par la loi du 17 du premier mois de cette année à
faire fournir par voie de réquisition les fourrages nécessaires au service de chaque relais ; informés des
difficultés que les maîtres de poste éprouvent de la
part des directoires des districts qui, sous différents
prétextes, se refusent aux demandes qui leur sont
faites, les représentants arrêtent qu'ils répondent de
l'exécution de la loi (1). »

Le 15 brumaire, Le Bas et Saint-Just arrêtent
« que le garde-magasin de Strasbourg fera passer

_____

(1) Arch. Nat., A. F., ii, 249, pl. 2122.

sur-le-champ au général en chef de l'armée, 1,000 capotes pour être distribuées aux troupes qui bivouaquent (1). »

Du 15 brumaire, également, la décision suivante (2) :

« Les représentants, etc., arrêtent que le maire de Strasbourg fera délivrer, dans le jour, cent mille livres provenant de l'emprunt sur les riches, entre les sections de la dite ville, pour être employées à soulager les patriotes indigents, les veuves et les enfants orphelins des soldats morts pour la cause de la liberté.

« A Strasbourg, le 15 du deuxième mois de l'an II.

« Saint-Just, Le Bas. »

Et, du même jour, une lettre à Robespierre (3).

Strasbourg, 15 du 2ᵉ mois de l'an II.

« Hérault vient de nous annoncer, mon cher Robespierre, qu'il était envoyé dans le département du Haut-Rhin. Il nous propose une correspondance ; notre surprise est extrême. Au reste, ce n'est pas la seule chose qui nous paraisse extraordinaire. Pourquoi ceux qui étaient ici lorsqu'on força les lignes de Weissembourg ne sont-ils pas remplacés, et pourquoi laisser ici des représentants forcés par la nature

(1) Arch. Nat., *loc. cit.*
(2) Arch. hist. du min. de la guerre.
(3) Copie dans la collection Le Bas.

de leur mission à s'isoler de leurs collègues ! Je n'ai
pas le temps de vous en dire davantage ; mais j'espère que vous voudrez bien nous écrire là-dessus vos
idées. Je vous embrasse.

« LE BAS ».

Et plus bas, de l'écriture de Saint-Just :

« La confiance n'a plus de prix, lorsqu'on la par
tage avec des hommes corrompus ; alors on fait son
devoir par le seul amour de la patrie, et ce sentiment
est plus pur. Je t'embrasse, mon ami.

« SAINT-JUST. »

Les 6 et 7 novembre (16 et 17 brumaire), les représentants prennent les arrêtés suivants :

« Les représentants arrêtent ce qui suit : La municipalité de Strasbourg fera arrêter, sous vingt-
quatre heures, tous les présidents et secrétaires des
sections lors du 31 mai, et tous ceux qui ont manifesté quelques connivences avec les fédéralistes.

« A Strasbourg, le 16 du deuxième mois de l'an II.

« SAINT-JUST, LE BAS (1). »

« L'emprunt fait par les représentants du peuple
étant destiné au soulagement des patriotes et de l'armée, ne peut être rempli par les assignats démoné-

---

(1) Copie dans la collection Le Bas.

tisés, avec lesquels on ne peut traiter dans le commerce. En conséquence, les représentants du peuple arrêtent que ceux qui ont payé en assignats démonayés, seront tenus de les reprendre, et d'acquitter, dans le jour, leur contingent en monnaie ayant cours.

« A Strasbourg, le 16 du deuxième mois de l'an II.

« SAINT-JUST, LE BAS (1). »

« La municipalité de Neubrisach ayant retenu les convois de fourrages qui sont destinés à l'approvisionnement de l'armée du Rhin sera mise en état d'arrestation sur-le-champ et transférée au Comité de Sûreté générale de la Convention, pour y rendre compte des motifs de sa conduite. Les 12,000 quintaux de foin existant à Neubrisach seront amenés de suite sur Strasbourg.

« A Strasbourg, le 16 du deuxième mois de l'an II.

« LE BAS, SAINT-JUST (2). »

« Le maire de Strasbourg excitera le zèle de tous les citoyens, pour faire fournir à l'armée des souliers, des habits et des chapeaux. Il rendra compte demain par écrit des mesures qu'il aura prises et de leurs effets.

« A Strasbourg, 17 du deuxième mois de l'an II.

« SAINT-JUST, LE BAS (3). »

(1) Copie dans la collection Le Bas.
(2) Arch. historiques du min. de la guerre (armée du Rhin).
(3) Copie dans la collection Le Bas.

« Les représentants, etc., arrêtent que les biens de ceux qui auront acheté des effets d'un soldat, seront confisqués au profit de la République.

« A Strasbourg, 17 du deuxième mois de l'an II. »

« SAINT-JUST, LE BAS (1). »

« Les représentants, etc., arrêtent que le particulier le plus riche imposé dans l'emprunt de neuf millions, qui n'a point satisfait dans les vingt-quatre heures à son imposition, sera exposé demain, 18 du deuxième mois, depuis dix heures du matin jusqu'à une heure, sur l'échafaud de la guillotine. Ceux qui n'auront point acquitté leur imposition dans le jour de demain, subiront un mois de prison pour chaque jour de délai, attendu le salut impérieux de la patrie.

« A Strasbourg, 17 du deuxième mois de l'an II.

« SAINT-JUST, LE BAS (3). »

Du 11 novembre (21 brumaire) deux arrêtés :

« Les représentants, etc., arrêtent que le citoyen chargé de recevoir le montant de l'emprunt imposé aux riches de Strasbourg tiendra registre des espèces dans lesquelles les contribuables ont fait ou feront leurs paiements.

« 21 brumaire, an II.

« SAINT-JUST, LE BAS (3). »

(1) Copie dans la collection Le Bas.
(2) *Id*.
(3) *Id*.

« Les réprésentants, etc., arrêtent que le payeur de cette armée tiendra à la disposition de la municipalité de Strasbourg, sur les fonds provenant de l'emprunt de neuf millions, la somme de cinquante mille livres pour être employée sur-le-champ au soulagement des familles indigentes de Strasbourg.

« 21 brumaire, an II.

« Saint-Just, Le Bas (1). » •

Le lendemain, Le Bas écrit à sa femme :

Strasbourg, 22 brumaire, an II.

Je profite de l'occasion de mon collègue Milhaut, qui retourne à Paris, pour t'écrire deux mots. Je compte, ma chère Élisabeth, que mon séjour ici ne sera plus long et que bientôt j'aurai le plaisir de te revoir. On te dira que nous prenons toutes les mesures nécessaires pour forcer promptement l'ennemi à quitter l'Alsace, et faire triompher la cause du patriotisme. Voilà ce qui me console d'être éloigné de toi. Prends du courage, chère amie ; embrasse ma sœur pour moi. Je vous aime toutes deux pour la vie.

Saint-Just te fait ses complimens ; il espère t'apaiser.

Le Bas (2).

Le même jour, deux arrêtés :

« Les représentants du peuple envoyés extraordi-

____

(1) *Id.*
(2) L'original de cette lettre n'existe pas dans la collection qu'a conservée la famille : il est remplacé par un feuillet portant ces mots, de l'écriture de Ph. Le Bas le fils. « Copie d'une lettre de mon père donnée par moi à mon ami Villenave. »

nairement à l'armée du Rhin arrêtent que le payeur de cette armée tiendra à la disposition de la municipalité de Strasbourg, sur les fonds provenant de l'emprunt de neuf millions, la somme de cinq cent mille livres, pour être employée sur-le-champ au soulagement des familles indigentes de Strasbourg.

« Strasbourg, le 22 brumaire, an II.

« SAINT-JUST, LE BAS (1). »

Le second arrêté casse les administrateurs du département de la Meurthe, convaincus de coalition pour affamer l'armée, en ne se prêtant pas aux réquisitions de grains et de fourrages réclamés (2).

Le surlendemain, 14 novembre (24 brumaire), Carnot, au nom du Comité de Salut public, félicite Le Bas et Saint-Just des succès obtenus et de la discipline recouvrée ; il donne, en même temps, des instructions techniques (3).

Les représentants prennent, à cette même date, les trois arrêtés qui suivent, datés de Strasbourg (4) :

(1) Arch. Nat., A. F., ii, 135, pl. 1045.
(2) Min. de la guerre : section historique (*Armée du Rhin*).
(3) Min. de la guerre (*Id.*).
(4) Tous ces arrêtés étaient consignés sur les registres des directoires des départements, qui en ordonnaient l'impression, la lecture, la publication et l'affichage, et qui en assuraient l'envoi aux directoires de districts et aux municipalités du département. Ils étaient, pour le département du Haut et du Bas-Rhin notamment, imprimés en allemand et en français. (V. spécimen aux archives nationales, A. F., ii, 249, pl. 2122).

« La quantité de sacs vides nécessaires au transport des denrées destinées pour l'armée du Rhin, sera requise par les administrateurs des subsistances militaires dans les départements qui ont des contingents en grains à fournir.

« LE BAS, SAINT-JUST. »

« Il est enjoint aux municipalités des lieux par où passeront les convois de l'armée d'employer leur autorité pour faire fournir aux charretiers et leurs chevaux, dans les auberges, les denrées qui leur seront nécessaires, et ce au prix de la taxe. — Les municipalités sont responsables de l'exécution du présent arrêté.

« LE BAS, SAINT-JUST. »

« Sur le compte ren du de la malpropreté des hôpitaux, les représentants du peuple arrêtent que la municipalité de Strasbourg tiendra deux mille lits prêts dans vingt-quatre heures chez les riches de Strasbourg, pour être délivrés aux soldats, ils y seront soignés avec le respect dû à la vertu et aux défenseurs de la liberté. Il sera fourni des chevaux aux chirurgiens pour faire leurs visites.

« 24 brumaire, an II.

« SAINT-JUST, LE BAS (1). »

(1) Arch. Nat , F ., ii, 135, pl. 1045.

Les 15, 16, 17 novembre (25, 26, 27 brumaire), trois autres arrêtés :

« Les représentants, etc., à la municipalité de Strasbourg :

« Dix mille hommes sont nu-pieds dans l'armée, il faut que vous déchaussiez tous les aristocrates de Strasbourg, et que demain, à dix heures du matin, les dix mille paires de souliers soient en marche pour le quartier-général.

« A Strasbourg, 25 brumaire, an II.

« Saint-Just, Le Bas. »

« Proclamation des représentants du peuple, etc.

« Les citoyennes de Strasbourg sont invitées de quitter les modes allemandes puisque leurs cœurs sont français.

« 26 brumaire, an II.

« Saint-Just, Le Bas (1). »

« Tous les manteaux des citoyens de la ville de Strasbourg sont en réquisition ; ils devront être rendus demain soir dans les magasins de la République. La municipalité est chargée de l'exécution du présent arrêté.

« 27 brumaire, an II.

« Saint-Just, Le Bas. »

(1) Arch. Nat., A. F., II, 135, pl. 1045.

Du 2 frimaire, arrêté autorisant la mise en réquisition de tous les chevaux et voitures pour le transport des blessés, et prononçant la peine de deux ans de fers contre les officiers qui seraient absents un jour de combat (1).

Le même jour, Le Bas écrit à sa femme (2) :

Bitche, 2 frimaire, an II.

Courage, chère amie, je touche au terme de ma mission : encore quelques jours et j'irai moi-même t'apprendre les succès de la République. Qu'il me sera doux de me réunir à toi dans des circonstances aussi favorables ! Je compte aussi que tu te consoleras de mon absence en songeant qu'elle n'a pas été inutile à la patrie. Depuis huit jours nous courons. Nous ne nous reposerons plus guère jusqu'au moment de notre départ. Nous avons vu beaucoup de fripons et de gueux, mais aussi beaucoup de braves gens. J'embrasse Henriette et toi, ma chère femme, de tout mon cœur. Mille amitiés à toute la famille.

LE BAS.

Le 24 novembre, trois nouveaux arrêtés :

« Les représentants, etc., chargent la municipalité de faire abattre, dans la huitaine, toutes les statues de pierre qui sont autour du temple de la Raison, et d'entretenir un drapeau tricolore sur la Tour du Temple.

« 4 frimaire, an II.

« SAINT-JUST, LE BAS (3). »

(1) Arch. hist. du minist. de la guerre (*Armée du Rhin*).
(2) Arch. Nat., A. B., xix, 179 : don Le Bas.
(3) Arch. Nat., A. F., ii, 135.

« Les représentants, etc., arrêtent que tous les vases des temples de Strasbourg et les dons patriotiques des citoyens seront transférés à Paris. Ils invitent la municipalité à choisir deux de ses membres pour présenter les dits vases et dons à la Convention.

« 4 frimaire, an II.

« SAINT-JUST, LE BAS (1). »

« Il est défendu à toutes personnes qui n'exercent point de fonctions militaires de se promener dans les fortifications militaires et sur les remparts de Strasbourg, à peine de trois mois de prison.

« 4 frimaire, an II.

« SAINT-JUST, LE BAS (2). »

Du surlendemain, 6 frimaire, l'arrêté suivant :

« Il est défendu au commandant de Strasbourg de laisser sortir de la ville aucune portion de la garnison de cette place, à moins que ce ne soit sur un ordre du général en chef, écrit et signé de sa main, qui répondra des motifs et des résultats de cette disposition qu'il aurait jugée nécessaire.

« A Strasbourg, le 6 frimaire, an II de la République une et indivisible.

« SAINT-JUST, LE BAS (3). »

(1) Arch. Nat., A. F., ii, 135.
(2) *Id*.
(3) Arch. Nat., A. F., ii, 249, pl. 2122.

Le même jour, lettre de Le Bas à sa femme (1).

Strasbourg, 6 frimaire.

Tranche-la-Hausse arrive à l'instant, chère Élisabeth ; il me remet une lettre de toi et de ma sœur ; j'en reçois par la poste deux semblables d'une date postérieure, et je vois avec plaisir que tu sais maintenant que j'étais loin de t'oublier, et que je partageais, comme je le partage encore, le chagrin de notre séparation. C'est pour moi un dédommagement que le bien qu'on dit de nous et la justice qu'on nous rend. Nous sommes toujours très occupés : ce qui me force à persévérer dans mes torts envers Henriette, à qui je n'écrirai que dans quelques jours, c'est-à-dire au moment de notre départ. Nous allons à Saverne, d'où nous nous porterons où notre présence sera nécessaire. Adresse-moi là tes lettres, si toutefois je te donne encore le temps d'écrire, car je n'attends que la nouvelle d'un succès décisif pour partir avec Saint-Just, qui est aussi bien impatient de revoir Paris.

Je t'embrasse de tout mon cœur, ma chère femme, embrasse bien des fois notre chère Henriette et la famille.

LE BAS.

Nouvelle lettre du même à la même le surlendemain (2) :

Saverne, 8 frimaire, an II.

Je profite, ma chère Élisabeth, d'un moment de loisir pour causer un peu avec celle qui m'est plus chère que la

(1) Arch. Nat., A. B., xix, 179 (don Le Bas.)
(2) Arch. Nat., A. B., xix, 179. La suscription de cette lettre porte, pour toute adresse : « A ma chère femme ». (Don Le Bas.)

vie. Combien de fois n'ai-je pas déjà souhaité de te revoir ! Avec quel déplaisir ne vois-je pas s'éloigner le moment de mon retour à Paris ! Le pays où je suis est superbe. Nulle part je n'ai vu la nature plus belle, plus majestueuse ; c'est un enchaînement de montagnes élevées, une variété de sites qui charme les yeux et le cœur. Nous avons été ce matin, Saint-Just et moi, visiter une des plus hautes montagnes au sommet de laquelle est un vieux fort ruiné, placé sur un rocher immense. Nous éprouvâmes tous les deux, en promenant nos regards sur tous les alentours, un sentiment délicieux. C'est le premier jour que nous avons relâche. Mais moi il me manque quelque chose : j'aurais voulu être à côté de toi, partager avec toi l'émotion que je ressentais, et tu es à plus de cent lieues de moi ! Cette idée m'a déjà bien des fois attristé jusqu'au fond de l'âme, et certes il faut tout le dévouement dont le véritable patriotisme est capable pour supporter une aussi cruelle privation que la mienne. Il n'est guère d'instants, même au milieu des occupations les plus graves, que je ne songe à toi ; mais enfin il faut se soumettre à la nécessité. Le plus fort est fait. Bientôt je serai dédommagé d'un aussi pénible sacrifice. Encore quelques jours et j'espère aller revoir pour longtemps mon Élisabeth ; j'espère augmenter le plaisir de notre réunion par la nouvelle d'un avantage décisif sur nos ennemis.

Nous ne cessons, Saint-Just et moi, de prendre les mesures nécessaires pour l'assurer de la manière la plus prompte ; nous courons toute la journée, et nous exerçons la surveillance la plus suivie. Au moment où il s'y attend le moins, tel général nous voit arriver et lui demander compte de sa conduite. Nous approchons de Landau ; bientôt sans doute il sera délivré ; voilà le terme de notre mission, tout nous invite à le hâter.

Saint-Just est presque aussi empressé que moi de revoir Paris. Je lui ai promis à dîner de ta main. Je suis charmé que tu ne lui en veuilles pas ; c'est un excellent homme ; je l'aime et je l'estime de plus en plus tous les jours. La République n'a pas de plus ardent, de plus intelligent défenseur. L'accord le plus parfait, la plus constante harmonie ont régné parmi nous. Ce qui me le rend encore plus cher, c'est qu'il me parle souvent de toi et qu'il me console autant qu'il peut. Il attache beaucoup de prix, à ce qu'il me semble, à notre amitié, et il me dit de temps en temps des choses d'un bien bon cœur.

Adieu, chère amie. Je vais écrire quelques lignes à Henriette. Je présume que vous vous aimez toujours bien. Quel trio charmant nous allons faire en attendant que la partie devienne plus nombreuse !... Pour Dieu, prends bien soin de ta santé. Adieu, ma chère femme, reçois l'assurance du tendre et invariable attachement de ton fidèle.

LE BAS.

P. S. — Notre courrier est toujours avec nous ; il me charge de te faire ses compliments. Nous l'aimons bien, c'est un brave homme. Mille embrassades à la famille et à nos amis communs.

*
* *

Peu de temps après le départ de cette lettre, Saint-Just et Le Bas reviennent à Paris et repartent presque aussitôt ; mais Le Bas, cette fois, emmène avec lui sa femme et sa sœur Henriette, qu'il laisse l'une et l'autre au quartier général, alors à Saverne.

14

Nous connaissons, par le manuscrit de madame Le Bas, les recommandations sévères qui avaient été faites aux deux femmes : à la moindre infraction, à la moindre communication avec les personnes du dehors, elles devaient reprendre le chemin de Paris.

Pourtant, une fois encore, la sévérité de Saint-Just fut atténuée par la bonté de Le Bas : un matin, madame Le Bas voit, en se réveillant, une femme en deuil agenouillée près de son lit avec trois enfants en bas âge ; elle venait demander la grâce de son mari, accusé d'un crime qui entraînait la peine de mort. La femme du conventionnel hésite un instant ; mais la compassion l'emporte sur la crainte de désobéir aux instructions reçues : Le Bas, instruit par elle, la gronde doucement, mais l'embrasse et promet de s'occuper de l'accusé et de le rendre à sa famille, s'il est innocent. — Il tint sa promesse.

De Strasbourg, Le Bas écrit à Robespierre le 14 décembre : (1)

A Robespierrre l'aîné.

Strasbourg, 24 frimaire, an II de la République française.

Nous sommes arrivés hier ici, nous avons surpris plus d'une personne. Nous y avons retrouvé du mal à réparer et nous sommes plus que jamais convaincus que l'exercice du pouvoir a besoin de beaucoup de sagesse. Quant

(1) Collection Le Bas.

à l'armée, nous avons vu Pichegru ; les affaires, sans être
fort avancées, sont en assez bon état. Landau n'est pas
rendu, comme on l'avait annoncé, et nous espérons qu'il
sera bientôt délivré. Nous avons attaqué souvent : ce
système a dérouté l'ennemi. Ce serait mal connaître le
caractère de l'armée, ce serait livrer la République que
d'adopter un système défensif. On l'a dit souvent, on ne
doit jamais l'oublier.

Nous envoyons au Comité de Salut public l'accusateur
près le tribunal révolutionnaire de Strasbourg. C'est un
ci-devant prêtre, né sujet de l'empereur. *Il sera avant son
départ exposé sur l'échafaud de la guillotine.* Cette punition, qu'il s'est attirée par sa conduite insolente, a été
aussi commandée par la nécessité de réprimer les étrangers. Ne croyons par les charlatans cosmopolites, et ne
nous fions qu'à nous-mêmes.

Je vous embrasse de tout mon cœur.

LE BAS.

Dé la main de Saint-Just :

On fait trop de lois, trop peu d'exemples : vous ne pu-
nissez que les crimes saillants, les crimes hypocrites sont
impunis. Faites punir un abus léger dans chaque partie,
c'est le moyen d'effrayer les méchants, et de leur faire
voir que le Gouvernement a l'œil à tout. A peine tourne-t-
on le dos, l'aristocratie se monte sur le ton du jour, et
fait le mal sous les couleurs de la liberté.

Engage le Comité à donner beaucoup d'éclat à la punition de toutes les fautes du Gouvernement, vous n'aurez
pas agi ainsi un mois, que vous aurez éclairé ce dédale
dans lequel la contre-révolution et la révolution marchent
pêle-mêle. Appelle, mon ami, l'attention de la société sur

des maximes fortes de bien public ; qu'elle s'occupe des grands moyens de gouverner un État libre.

Je t'invite à faire prendre des mesures pour savoir si toutes les manufactures et fabriques de France sont en activité, et à les favoriser, car nos troupes dans un an se trouveraient sans habits ; les fabricants ne sont pas patriotes, ils ne veulent point travailler (1), il les y faut contraindre, et ne laisser tomber aucun établissement utile.

Nous ferons ici de, notre mieux. Je t'embrasse toi et nos amis communs.

SAINT-JUST.

Deux jours après, 16 décembre, les représentants prennent les arrêtés suivants :

« Le Comité de surveillance de la ville de Strasbourg nommera sur l'heure un de ses membres pour remplir provisoirement les fonctions d'accusateur près le tribunal révolutionnaire. — Les représentants, etc.

« 26 frimaire, an II.

« SAINT-JUST, LE BAS (2). »

Au Comité de surveillance :

« Nous vous invitons à nous proposer sur-le-champ

---

(1) On peut citer, à cet égard, la pétition curieuse, en date du 20 frimaire, que le capitaine Guichard adresse de Strasbourg aux représentants : « N'ayant pu trouver ni souliers ni bottes à acheter en ville, je vous prie, citoyens représentants, de m'autoriser à en prendre au magasin de la République. » (Arch. Nat., A. F., ii, 249, pl. 2122.)

(2) Arch. Nat.,'A. F., ii, 135.

un citoyen propre à remplir les fonctions d'accusateur public près le tribunal révolutionnaire.

« 26 frimaire, an II.

« Saint-Just, Le Bas (1). »

« Les représentants, etc., arrêtent que le Comité de surveillance de Strasbourg présentera une liste de huit patriotes pour compléter le nombre des membres du Directoire du département du Bas-Rhin.

« 26 frimaire, an II.

« Saint-Just, Le Bas (2). »

Du 23 décembre, nouvel arrêté :

« Il est ordonné au tribunal du département du Bas-Rhin de faire raser la maison de quiconque sera convaincu d'agiotage ou d'avoir vendu à un prix au-dessus du maximum. Les représentants, etc.

« Saverne, 3 nivôse, IIe année.

« Saint-Just, Le Bas (3). »

De la même date, la lettre suivante :

Nous félicitons l'armée et toi ; courage, camarade. La fortune est pour la République. Nous écrivons à Pichegru de profiter de ce succès pour tomber sur Haguenau

(1) Copie dans la collection Le Bas.
(2) *Id.*
(3) Arch. Nat., A. F., ii, 135.

et les redoutes que l'ennemi a construites depuis la forêt jusqu'au bord du Rhin.

Niderbronn, 3 nivôse, an II.

SAINT-JUST, LE BAS (1).

Quelques jours après (28 décembre) Le Bas écrit (2), de Wissembourg, à sa femme, qui est toujours à Saverne :

8 nivôse, an II.

Nous sommes maîtres, ma chère Élisabeth, de Weissembourg et de Lauterbourg ; l'ennemi continue de se retirer. Nous espérons voir sous peu de jours Landau. Nous irons alors vous rejoindre, et disposer tout pour notre retour à Paris. Je n'ai que le temps de t'écrire ce peu de mots. Embrasse Henriette.

Saint-Just vous salue toutes deux. Tout à toi.

LE BAS.

Le lendemain, 29 décembre, les représentants prennent deux arrêtés ; le premier a, comme on va le voir, une importance capitale :

« Provisoirement et jusqu'à l'établissement de l'instruction publique, il sera formé dans chaque commune ou canton du département du Bas-Rhin une école gratuite de langue française. Le département du Bas-Rhin prendra, sur les fonds provenant de l'emprunt sur les riches, une somme de six cent

(1) Arch. du min. de la guerre.
(2) Arch. Nat., A. B., xix, 179 (don Le Bas).

mille livres pour organiser promptement cet établissement, et en rendre compte à la Convention.

« Strasbourg, 9 nivôse, II° année.

« SAINT-JUST, LE BAS (1). »

« Les représentants du peuple près les armées du Rhin et de la Moselle arrêtent :

« Tous les citoyens aisés de Strasbourg, Saverne, Haguenau, Landau, Wissembourg et des cantons du Bas-Rhin, sont invités à donner pendant l'hiver l'hospitalité à un soldat mutilé pendant la campagne pour la Patrie.

« Le département du Bas-Rhin est chargé de publier et de faire exécuter le présent arrêté, et d'en rendre compte à la Convention nationale.

« Strasbourg, 9 nivôse, an II.

« LE BAS, SAINT-JUST (2). »

*
* *

A cette époque (décembre 1793) l'Alsace était infestée par ces fameux propagandistes ou propagandaires qui étaient venus, disaient-ils, pour déraciner le fanatisme et implanter le culte de la Raison. Ils se ressemblaient tous, cheveux longs, fortes moustaches, grand manteau de couleur sombre, sabre de

(1) Arch. Nat., A. F., ii, 135.
(2) Arch. Nat., A. F., ii, 249, pl. 2123.

cavalerie traînant sur le pavé, et ils allaient, prêchant la Révolution, passant les troupes en revue, se proclamant la crème des patriotes et les sauveurs du département, d'ailleurs faisant bonne chère et mettant en réquisition les vins les plus exquis. Saint-Just et Le Bas avaient obtenu de la Convention un décret (6 décembre) qui leur ordonnait de déguerpir (1).

Les deux représentants se livrèrent, le 14 décembre (24 frimaire), à une exécution qui fit plus de bruit encore :

Leurs prédécesseurs avaient établi près de l'armée du Rhin deux tribunaux révolutionnaires ambulants. Le plus redoutable était celui qui avait pour accusateur public Euloge Schneider, prêtre allemand, autrefois professeur à l'Université de Bonn et vicaire épiscopal, aujourd'hui fonctionnaire débauché et constamment sous l'empire de l'ivresse des buveurs de bière. Accompagné d'une escorte de défroqués et d'énergumènes, il traînait sa guillotine à travers l'Alsace, qu'il épouvantait par ses exactions ; Fouquier-Tinville lui-même frémissait, a-t-on dit, en apprenant sa conduite : pourtant il n'abusait pas de la peine de mort ; il préférait requérir de fortes amendes, dont il se gardait bien d'établir un relevé.

Il s'abandonnait même, parfois, à des générosités, peu coûteuses pour lui : un jour, il entre dans un

_____

(1) Chuquet : *Les guerres de la Révolution*, IX, page 34

village avec son théâtral cortège, au moment où un prêtre constitutionnel de l'endroit se mariait ; prêtre lui-même, il veut que sa présence profite à un confrère, et, sur la menace de la guillotine qu'il a fait dresser, il ordonne aux habitants de doter les époux par une quête publique et immédiate.

Au cours de sa dernière tournée, il s'était lui-même marié : il venait d'épouser, presque de force, la jeune fille qu'il avait choisie, et rentrait à Strasbourg, dans une chaise de poste à six chevaux ; des cavaliers de Barr, l'épée au clair, lui faisaient escorte, et lorsqu'il passa, la garde de la porte battit aux champs et lui rendit les honneurs militaires.

Le Bas et Saint-Just saisissent aussitôt l'occasion de se débarrasser de ce charlatan macabre. Ce jour même, ils arrêtent que « Schneider sera exposé le lendemain, de dix heures du matin à deux heures de l'après-midi, sur l'échafaud de la guillotine, à la vue du peuple, pour expier l'insulte faite aux mœurs de la République naissante, et qu'il sera ensuite conduit de brigade en brigade au comité du salut public (1). »

Cela n'empêcha pas Bontoux, quelques années après, de fulminer, au Conseil des Cinq-Cents (2), contre « les fureurs de Saint-Just et de Le Bas après la *retraite forcée* de *l'armée autrichienne* » et d'affirmer que « *le trop fameux Schneider et le tri-*

____

(1) V. Chuquet, *loc. cit.*; J. Gros : *Le comité de Salut public,* pages 201 et suiv. ; Buchez et Roux, XXXI, pages 29 et suiv.
(2) Séance du 18 prairial an V (6 juin 1797) : *Moniteur universel.*

bunal révolutionnaire les suivaient » à travers l'Alsace ; ces stupéfiantes accusations expliquent, sans les justifier, les erreurs professées par certains historiens (1).

(1) Elles étaient partagées par les prétendues victimes de Saint-Just et de Le Bas ; voici notamment une pétition où éclatent à la fois l'erreur et l'insigne mauvaise foi :

> « *Teutrel, imprimeur à Strasbourg à la Convention Nationale.*
>
> « Le 20 thermidor an II.

« Législateurs,

«Les exemples dernièrement cités à votre auguste assemblée des injustices criantes exercées à Strasbourg par Saint-Just et Le Bas, ne sont pas encore les plus frappantes. L'emprunt de neuf millions levé dans cette commune et les incarcérations innombrables qui l'ont suivi, ont jeté une consternation morne et générale dans les âmes des habitants de Strasbourg, au moment même où ils se préparaient à faire de leur corps un boulevard à la République.

« ... Un comité de douze membres, la plupart étrangers, désignait les contribuables et appliquait la taxe : ils distribuaient les lots par 50 mille, par 100 mille, 150 à 300 mille livres sans grand discernement. Le prêtre étranger Schneider, qui jouissait alors d'un très grand pouvoir, était à leur tête et faisait tomber sa haine personnelle à bon plaisir. Six de ses collègues, qui tous ont été jugés et arrêtés avec et après lui (*l'auteur de la pétition omet soigneusement de dire que l'arrestation a été faite par Saint-Just et Le Bas*), appuyaient ses sentences ; les cinq autres faisaient la minorité, et parmi eux, deux seulement nés à Strasbourg pouvaient avoir des connaissances sur la fortune des habitants.

» ... Un négociant aristocrate et fanatique, dont la maison a été le repaire de toute la sequelle du cardinal Rohan, et dont toute la famille a fini par émigrer, a été imposé à la vingt ou trentième partie de ses facultés, tandis que son voisin patriote, gémit d'une taxe de 100 mille livres, à laquelle somme la valeur de toutes ses propriétés aura de la peine à atteindre. C'est ce patriote opprimé, le citoyen Teutrel, libraire et imprimeur à Strasbourg, qui verse aujourd'hui ses douleurs et ses chagrins déchirants au sein de la Convention. »

Malgré tout, l'auteur de la pétition explique qu'il n'a pas versé la moitié de sa contribution, et il ajoute :

« Après huit mois d'intervalle, cette taxe reparait et le citoyen Teutrel est menacé de nouvelles poursuites, s'il n'effectue dans

C'est ce même Boutoux qui, plaidant la cause des émigrés et imputant leur exil à Saint-Just et à Le Bas, ajoutait qu'ils ne pouvaient encore (à l'époque où il parlait) passer le fleuve « qu'en payant chèrement les avides nochers. » Cette phraséologie faisait quelque effet sur le Conseil des Cinq-Cents : sous ce rapport la lecture du *Moniteur* est édifiante.

*
* *

Les deux représentants revinrent à Paris vers les premiers jours de janvier 1794 ; trois semaines après, ils étaient envoyés à l'armée de Sambre-et-Meuse. Le Bas, en s'y rendant, conduisit sa femme à Frévent auprès de son père.

A peine Saint-Just et son compagnon sont-ils arrivés à leur poste que l'armée reprend l'offensive. Plusieurs affaires d'avant-postes raniment la confiance des soldats ; au combat de Granran, Le Bas et Saint-Just se produisent à l'avant-garde ; ils sont

dix jours le complément de la sienne de 100 mille livres. D'un moment à l'autre, ses propriétés peuvent être envahies et le reste de son avoir saisi ; il est instant, législateurs, d'en ordonner le sursis, et quand vous aurez pesé dans votre sagesse les devoirs de ce citoyen, béni d'un millier de frères à qui il a procuré des secours dans leur captivité autrichienne, avec ses opérations et ses sacrifices, il ose espérer en votre justice que, pour les sommes versées dans cet emprunt révolutionnaire, il sera au moins assimilé à ceux des citoyens français qui n'ont apporté au trésor public que leur superflu, et ont néanmoins obtenu l'inscription sur le grand livre à l'emprunt volontaire.

« TEUTREL. »
Arch. Nat. F⁷ 4443 n° 55.

sur le point d'être faits prisonniers à Merle-le-Château. Ceints de l'écharpe de représentants, le chapeau orné du panache tricolore, ils se jettent dans la mêlée, au milieu de la mitraille, parmi les armes blanches, avec une fougue extraordinaire ; ils ont plusieurs chevaux tués sous eux. — Tout ceci est rapporté par Baudot, qui avait quelques raisons pour ne pas exalter le courage de ses collègues.

Enfin Charleroi est pris. On a dit, à ce sujet, qu'un officier supérieur autrichien, envoyé comme parlementaire par le gouvernement de Charleroi, était venu présenter un projet de capitulation aux représentants et les pressait de signer : « J'ai laissé ma plume à Paris, aurait répondu Saint-Just, et n'ai apporté que mon épée. » A quoi l'autrichien surpris aurait répliqué : « M. de Saint-Just est un bien grand homme ! » (1)

Un autre jour, raconte M. J. Gros (2), il arriva aux représentants de recevoir des parlementaires ennemis dans la tranchée. Saint-Just apostropha ainsi l'un d'eux : « Est-ce que monsieur est chargé de traiter pour toutes les puissances de l'Europe ? Soldats, continuez le feu ! »

Le Bas et lui conservaient sous les balles leur impassibilité.

« Ce proconsul de 24 ans, dit Lamartine (3) en par-

(1) Rapporté par Buchez et Roux.
(2) *Le Comité de Salut public*, page 257
(3) *Histoire des Girondins*, VII, livre 54.

lant de Saint-Just, maître de la vie de milliers de citoyens et de la fortune de tant de familles, qui voyait
à ses pieds les femmes et les filles des détenus,
montrait l'austérité de Scipion. Il écrivait du milieu
du camp, à la sœur de Le Bas, des lettres où respirait un chaste attachement... »

Le Bas, qui ne lui cédait ni en courage, ni en désintéressement, s'était reposé, lui aussi, des fatigues
de la guerre, en écrivant assidûment à sa femme.
« La main qui tirait le sabre à la tête de nos bataillons et qui signait l'emprisonnement ou la liberté de
tant de proscrits » (1) avait tracé des pages émues,
où se devinaient la profonde affection et le vif désir
d'être réunis. Maintenant qu'il est dans la mêlée et
qu'il partage plus que jamais la vie des camps, ses
lettres sont courtes, haletantes : il est préoccupé des
choses de l'armée ; il est anxieux, aussi, parce que
sa femme est sur le point de devenir mère.

Les 30 janvier, 2 et 7 février 1794, il lui adresse
les lettres suivantes :

Lille, 10 pluviôse, an II (2).

Nous avons couché hier à la Bassée, ma chère Élisabeth,
et nous sommes arrivés aujourd'hui en bonne santé à
Lille par une neige effroyable. Nous nous portons bien.
Nous espérons toujours que notre mission ne durera pas
longtemps ; sois toujours persuadée aussi que je hâterai
le plus possible le moment de notre réunion. En atten-

(1) Lamartine, *loc. cit.*
(2) Arch. Nat., A. B., xix, 179 (don Le Bas).

dant, je t'exhorte vivement à répondre aux soins que prendront pour toi mes parents. Tu ne pourras les rendre contents qu'en cessant de t'ennuyer, ou du moins en prenant patience ; sois sûre, ma chère amie, que notre éloignement me peine ; mais il est nécessaire.

Je t'embrasse de toute mon âme. Mille choses à la famille, pour moi, Saint-Just et Villent.

Le Bas.

Avesnes, 13 pluviôse, an II (1).

Je suis parti aujourd'hui, ma chère Élisabeth, de Réunion-sur-Oise. J'irai demain à Maubeuge, d'où je retournerai à Réunion. J'y verrai François qui, lors de mon arrivée, était absent. Je n'y ai pas trouvé Perrimont, j'en ignore la cause. J'ai reçu une lettre de Catherine ; j'y ai répondu et je lui annonce que dans quinze jours nous passerons par Hesdin. J'ai vu Berceau : nous nous sommes embrassés avec bien de la joie (2). Tu te souviendras sûrement de ce brave homme dont je t'ai souvent parlé. En tout cas, mon père te mettra au courant. Saint-Just est bien portant ; quand nous avons du mal, notre bonne amitié nous le fait supporter mieux. Dis mille choses pour moi à la famille. J'ai donné de mes nouvelles à Paris.

Adieu, ma chère femme, porte-toi bien, et compte sur le tendre et inviolable attachement de ton ami.

Écris-moi à Lille.   Le Bas.

Arras, 18 pluviôse an II (3).

Me voilà chez mon cousin Deleville, ma chère amie ; nous en partons demain, et nous comptons dans cinq ou

(1) Arch. Nat., A. B., xix, 179 (don Le Bas).
(2) On se souvient du procès de Berceau et du triomphe qu'il avait valu à Le Bas. Berceau remercia son défenseur en se battant bravement.
(3) Collection Le Bas.

six jours être à Frévent. C'est plus tôt que je ne l'espé-
rais. Prépare toutes les affaires avec Henriette ; car il est
possible que nous retournions tout de suite à Paris
Saint-Just se porte bien.

LE BAS

L'avant-veille, 5 février 1794, (16 pluviôse) Le Bas
et Saint-Just avaient pris les deux arrêtés suivants :

« Les représentants du peuple à l'armée du Nord,
considérant que l'inertie des administrations des armées résulte de la négligence des fonctionnaires, du
défaut d'activité dans les rapports, arrêtent ce qui suit :

« Les commissaires-ordonnateurs, les régisseurs
des vivres, correspondront avec les administrations
de District, les commissaires des guerres, gardes-
magasins et tous préposés, par des ordres ou des demandes succinctes.

« Le délai pour y répondre sera fixé.

« Les dépêches seront remises par des ordonnances
qui attendront les réponses pendant le délai qui sera
porté sur leur ordre de route.

« Après le délai expiré, les ordonnances et leurs
chevaux seront nourris aux dépens des administrations et préposés auxquels elles auront été adressées.

« Les ordonnances ne pourront revenir sans réponse, à peine de trois mois de détention.

« A Réunion-sur-Oise, le 16 pluviose, an II.

« LE BAS, SAINT-JUST (1). »

(1) Arch. Nat., A. F., II, 143, pl. 1141.

« Tous ci-devant nobles qui se trouvent dans les départements du Pas-de-Calais, du Nord, de la Somme, de l'Aisne, seront mis en état d'arrestation dans les vingt-quatre heures de la réception du présent arrêté et demeureront au secret.

« Le présent arrêté sera publié par l'administration du district d'Arras; les Comités de surveillance des dits départements sont chargés de son exécution (1) et en rendront compte au Comité de Salut public.

« Les représentants du peuple près l'armée du Nord.

« A Arras, le 16 pluviose an II.

« SAINT-JUST, LE BAS. »

Et, le même jour, ils avaient écrit aux membres du district de Maubeuge de faire traduire devant la commission militaire le nommé Faelding, anglais, résidant à Calais, « prévenu d'être l'un des agents d'un complot dont l'objet était de livrer Maubeuge aux ennemis de la République (2). »

*
* *

Ainsi qu'il l'avait écrit le 18 pluviôse, Le Bas va à Frévent; mais il est appelé presque aussitôt à

(1) Il existe aux Archives nationales (A. F., ii, 131, pl. 1008) treize copies certifiées conformes par les différents secrétaires des Comités de surveillance.

(2) Arch. Nat., *loc. cit.*

Paris, et se met en route précipitamment avec sa femme, sans même prendre congé de son père, auquel il écrit les 13 et 16 février :

Amiens, 24 pluviôse an II (1).

Nous avons été forcés, mon cher père, de précipiter notre départ, et nous avons été privés du plaisir de vous faire nos adieux. On vous aura témoigné nos regrets ; recevez-en de nouveau l'assurance.

Élisabeth surtout n'a pu renoncer sans peine aux douceurs de votre société. Nous arriverons demain à Paris. On se porte bien ici. Nous donnerons de nos nouvelles à notre arrivée. Nous vous embrassons tendrement. Mille amitiés à la famille.

LE BAS.

Paris, le 27 pluviôse an II (2).

Nous sommes arrivés hier, mon cher père, à une heure du matin, assez bien portants. Elisabeth va maintenant beaucoup mieux. Elle a remporté le souvenir bien agréable de vos bontés et de vos caresses. C'est une source de consolations pour ce cœur sensible. Ses parents ont appris avec la plus grande joie que vous l'aimiez, et moi surtout je me trouve heureux de vous voir confirmer mon choix. Ce sera désormais avec le plus vif empressement que nous saisirons toutes les occasions de vous voir.

Je vous parlerai peu des affaires publiques. Mes absences m'ont un peu désorienté. Il faut que je me remette au courant.

J'ai parlé pour François, fils de Bernardine, mon filleul.

(1) Collection Le Bas.
(2) *Id.*

15

Elle peut, quand elle voudra, l'envoyer ici ; il y sera agréablement employé dans la manufacture d'armes.

Je vous salue, mon cher père. Élisabeth et Henriette vous présentent leurs tendres respects. Mille amitiés à la famille.

LE BAS.

Nous n'avons plus d'autres lettres jusqu'au 2 avril (12 germinal) ; à cette date le père du conventionnel lui écrit : (1)

Comment, cher ami, se porte Élisabeth ? Je n'ai pas plus de nouvelles d'elle que de toi : cependant j'en attends toujours avec beaucoup d'impatience ; fais en sorte de m'en donner aussitôt.

Tout ce que nous apprenons de Paris est satisfaisant ; nous n'avons pas de nouvelles bien fraîches de nos villes voisines ; mais rien ne nous annonce que les ennemis osent prendre l'audace de nous inquiéter.

Rien de nouveau à Dunkerque. Désiré est venu nous voir ; il est vrai républicain et content de son sort ; il se trouve bien.

François m'a écrit il y a trois jours, mais il ne m'annonce encore rien de nouveau de l'armée du Nord. Tes sœurs se portent bien. J'embrasse Élisabeth et Henriette, que je reconnais pour bonnes patriotes. Nous touchons au moment qu'il n'y en aura plus d'autres à Frévent. Salut, vive la République !

LE BAS.

(1) Cette lettre, datée de Frévent, porte la suscription : « Aux citoyens députés du département du Pas-de-Calais à la Convention Nationale, chez le citoyen Le Bas, rue Neuve-du-Luxembourg. — Paris. » La lecture en est difficile ; l'écriture est fatiguée et tremblée (collection Le Bas).

XI

Appréciations diverses sur le rôle de Le Bas et de Saint-Just
en Alsace. — La partialité des historiens. — Les représentants en communauté d'idées avec Bouchotte et Carnot. —
Difficultés avec leurs collègues Baudot et Lacoste. — Les
véritables raisons de l'inimitié de ces derniers. — Rôle con-
ciliateur de Le Bas.

Avant d'aller plus loin et de parler de la dernière
mission qu'eurent à remplir Le Bas et Saint-Just à
l'armée du Nord, en avril et mai 1794, il n'est pas
inutile d'examiner rapidement certains jugements
portés sur le rôle des deux représentants en Alsace :
c'est une étude salutaire.

Voici l'expression de la bonne foi de Taine (1) :

« Destituer, guillotiner (2), désorganiser (3), mar-

(1 *Révolution*, III, page 269.
(2) Erreur absolue, je l'ai dit ; la guillotine n'a pas fonctionné une
seule fois en Alsace pendant la mission de Le Bas et de Saint-
Just.
(3) Allégation qui n'a même pas le mérite de la vraisemblance.

cher en avant les yeux clos (1), prodiguer les vies au hasard (2), faire battre l'armée (3), parfois se faire tuer eux-mêmes, ils ne savent pas autre chose, et perdraient tout, si les effets de leur incapacité et de leur arrogance n'étaient pas atténués par le dévouement des officiers et par l'enthousiasme des soldats.

« Même spectacle à Charleroi, où, par l'absurdité de ses ordres, Saint-Just *fait de son mieux* pour compromettre l'armée (4), et part de là pour se croire un grand homme.

(Ici Taine cite de Sybel, traduction Dosquet).

« Même spectacle en Alsace, où Lacoste, Baudot, Ruamps, Soubrany, Milhaud, Saint-Just et Le Bas, par l'extravagance de leurs rigueurs, *font de leur mieux* pour dissoudre l'armée, et s'en glorifient. »

Sur ce dernier point, Taine ne cite plus ses sources, fùssent-elles même étrangères. Lui demanderait-on où il a puisé ces renseignements, qu'il serait fort embarrassé pour répondre : ce mélange incohérent de noms, où Lacoste, Baudot, Saint-Just et Le Bas se suivent sans aucune explication, montre que l'historien, mal instruit, se livre à des appréciations aveugles et passionnées, jamais vérifiées ; d'ailleurs,

---

(1) Les représentants se conformaient strictement aux ordres reçus, et suivaient les inspirations combinées du ministre de la guerre, de Carnot et de Robespierre.

(2) Ce sont eux qui évitèrent les tueries inutiles et les massacres d'ensemble, en encadrant les jeunes recrues.

(3) Cette calomnie n'est même pas formulée par les ennemis les plus farouches de Saint-Just.

(4) Même observation.

au lieu d'insister sur le rôle des conventionnels aux
armées, il préfère suivre une autre idée et il écrit
six pages de faits-divers, dont Joseph Lebon fait tous
les frais.

En ce qui concerne Le Bas, ce n'est pas la seule
erreur qu'il commette. Parlant des représentants envoyés par le Comité de Salut public en province
« pour établir, appliquer, ou aggraver le gouvernement révolutionnaire », il insinue que chacun d'eux
est surveillé de près « par un membre du Comité,
Couthon, Collot, Saint-Just, ou le proche parent d'un
membre du Comité, Le Bas, Robespierre jeune... » (1)
C'est là une affirmation inexacte : Le Bas (qui, au
surplus, n'était parent — et parent éloigné — que de
Duquesnoy) n'a jamais joué ce rôle de policier près
des représentants ; dans les missions, missions glorieuses, qu'il a eu à accomplir aux armées, il accom-
pagna Duquesnoy et Saint-Just ; leurs pouvoirs
étaient égaux et leur influence, pour différente qu'elle
fût, chez les uns et chez les autres, ne s'en faisait
pas moins sentir utilement dans l'action commune.

*
* *

Combien sont plus équitables les écrivains, même
malveillants, qui, tout en déplorant des rigueurs de-

(1) Page 255, *loc. cit.*

venues nécessaires, rendent hommage au patriotisme de Saint-Just et de Le Bas : le mouvement révolutionnaire une fois établi, a dit de Maistre (1), la France ne pouvait être sauvée que par le jacobinisme : « Nos neveux, qui s'embarrasseront très peu de nos souffrances, et qui danseront sur nos tombeaux, riront de notre ignorance actuelle : ils se consoleront aisément des excès que nous aurons vus, et qui auront conservé l'intégrité du plus beau royaume. »

N'est-ce donc rien que d'avoir déconcerté les projets criminels des royalistes, dont les espérances venaient de se ranimer grâce au succès des alliés, et qui secondaient audacieusement leurs efforts ?

N'est-ce rien que d'avoir ressuscité la discipline, puni les traîtres, habillé l'armée, réorganisé la police, les hôpitaux et le service des subsistances, nourri les pauvres, épouvanté les concussionnaires, créé des écoles gratuites de langue française ?

N'est-ce rien que d'avoir pacifié l'Alsace et préparé la délivrance en mettant — physiquement et moralement — l'armée en état de chasser l'étranger ?

N'est-ce rien, pour ces jeunes hommes, que d'avoir commandé la richesse en restant pauvres, et sans que le moindre doute se soit jamais élevé sur leur désintéressement, de l'aveu même de leurs ennemis (2),

____

(1) *Considérations sur la France.*
(2) V. *Saint-Just et la Terreur* par E. Fleury, *Saint-Just*, par E. Hamel, et le *Comité de Salut public*, par J. Gros (page 203).

alors qu'ailleurs Fouché, Carrier, Ronsin et tant
d'autres disciples d'Hébert déshonoraient, par le
faste et la débauche, le régime des dictatures lo-
cales (1)?

N'ont-ils pas eu, les premiers, l'idée heureuse d'in-
corporer les recrues dans les bataillons déjà formés,
au lieu de lancer sur l'ennemi des troupes de malheureux jeunes gens, ignorants, condamnés à une
mort certaine? N'y-a-t-il pas eu, par là, bien des vies
épargnées ?

Les mesures mêmes qui pouvaient paraître dures,
arbitraires, tyranniques, ne doivent-elles pas, comme
l'a dit Engelhardt, être regardées aujourd'hui comme
un moyen nécessaire de salut ?

Il s'agissait de vaincre : les arrêtés de Le Bas et
de Saint-Just montrent que telle a été leur constante
préoccupation. Il fallait vaincre, parce que, autrement, c'en était fait de nos armées et de l'Alsace.
Carnot, devenu le véritable ministre de la guerre,
loua leurs arrêtés « parfaitement révolutionnaires » ;
il les félicita, promit de les aider de toutes ses forces,
offrit même de se joindre à eux s'ils croyaient sa présence utile. Jamais — bien que certains historiens
aient prétendu qu'il y avait défaut d'entente entre
Carnot, Robespierre et les deux représentants — ja-

____

(1) « Leur intégrité, dit Louis Blanc, eut un tel éclat, qu'elle im-
posa respect à la calomnie, même après leur chute. Et la simplicité de leurs mœurs fut d'autant plus remarquable qu'elle con-
traste avec les habitudes de certains de leurs collègues. » (Louis
Blanc fait ici allusion à Baudot et à Lacoste.)

mais ceux-ci ne s'écartèrent des idées de Bouchotte
et de Carnot (1).

Robespierre écrivait à Saint-Just et Le Bas, le
2 novembre 1793 (15 brumaire) :

> Mon ami, je n'ai oublié un instant ni l'armée du Rhin,
> ni vos deux commissaires ; j'ai pris toutes les mesures
> nécessaires, et j'ai lieu de croire qu'aucune n'a été né-
> gligée. Le Comité a adopté un plan qui me paraît très
> bien conçu et dicté par le même esprit que celui qui a si
> bien réussi pour l'armée du Nord. Le plan est plus vaste
> et plus hardi que celui qui consiste à défendre les diffé-
> rents points du territoire avec différents corps d'armée.
> Il est aussi plus sage et atteint seul le but; Carnot, qui
> nous en a présenté l'idée, vous a déjà écrit pour le déve-
> lopper. Nous vous enverrons ce collègue dans peu de jours
> pour mieux vous expliquer nos idées si vous ne les avez
> pas entièrement saisies. Nous comptons beaucoup sur
> l'énergie que vous avez communiquée à l'armée, et sur
> l'activité que vous déployez. Pour moi, je ne doute pas
> du succès si vous l'appliquez à l'exécution de notre plan.
> Au surplus, les ordres sont donnés pour procurer à
> l'armée tous les ressorts qui sont à notre disposition.
> Adieu, je vous embrasse de tout mon cœur.
>
> ROBESPIERRE (2).

(1) Consulter Chuquet et les documents cités (IX, page 35), Bouchotte à Saint-Just et Lebas, 23 oct. ; Carnot à Saint-Just et Le Bas,
27 et 29 octobre, 2, 7, 14 novembre ; Wallon : *Les Représentants en
mission*, IV, p. 181 ; Hamel: *Histoire de Robespierre*, III, p. 174 et
suiv. : Welschinger : *Le Roman de Dumouriez*, p. 112; Thiers :
VI, p. 59 ; et les nombreux documents émanés de Carnot qui ont
été conservés aux archives historiques du ministère de la guerre.
(*Armées du Rhin et de la Moselle.*)
(2) *Pièces inédites*, t. II, p. 4.

Saint-Just et Le Bas n'eurent de véritables difficultés — non avec Carnot, mais avec leurs collègues Baudot et Lacoste — qu'à l'occasion de la désignation qu'ils avaient faite, les uns de Pichegru, les autres de Hoche, comme général en chef des armées du Rhin et de la Moselle : « Il pouvait s'élever à cette occasion, dit Henri Martin (1), un conflit d'autorité très dangereux en ce moment décisif... » L'orgueil de Saint-Just « fut profondément blessé de la décision par laquelle ses collègues annulaient la sienne. Il se contint cependant, et le devoir l'emporta sur l'orgueil. — Il faut, en cet instant, écrivit-il, ne se souvenir que de la Patrie. — Saint-Just fut grand ce jour-là. »

Henri Martin omet d'ajouter que Le Bas, par sa douceur et son calme, fut pour quelque chose dans cette victoire de Saint-Just sur lui-même.

(1) *Hist. de France depuis 1789*, 2· éd. II, p. 95. — Je viens de prononcer le nom de Hoche ; il n'est pas sans intérêt d'opposer à ceux qui se sont indignés de sa disgrâce et qui l'ont amèrement reprochée aux amis de Robespierre), l'explication très plausible donnée dans l'*Histoire parlementaire de la Révolution*, XXXI, p. 41 ; l'initiative aventureuse de Hoche devait le rendre coupable aux yeux d'hommes pour qui les questions de strict devoir et de discipline rigoureuse dominaient toutes les autres ; la victoire même (victoire atténuée par son fait, d'ailleurs), n'aurait su l'absoudre. Mais on ne peut faire cette constatation sans louer, d'autre part, l'admirable résignation de ce général qui, après avoir opéré le déblocus de Landau, la prise de Germersheim et de Spire, se voit frappé et obligé de quitter l'armée qu'il aimait tant : au lieu de récriminer, au lieu de critiquer son rappel, qui précède de si peu son arrestation, il adresse une proclamation patriotique aux troupes et y salue Jourdan, son successeur, avec lequel, dit-il, elles ne pourront « qu'anéantir les tyrans coalisés contre la sainte liberté ». (V. Chuquet : *Hoche et la lutte pour l'Alsace,* — livre IX des *Guerres de la Révolution,* — page 231.)

Au surplus, de quel côté pouvaient être les torts dans l'occurrence ? et quel était le vrai mobile de Baudot et de Lacoste en agissant comme ils le faisaient ? La question, très controversée, a été longuement et clairement traitée par M. Chuquet, dans son volume « Hoche et la lutte pour l'Alsace (1) ; » la conclusion de cet auteur est que la nomination de Hoche a été déterminée par la haine — faite de jalousie exaspérée — que nourrissaient Lacoste et Baudot contre Saint-Just et Le Bas.

Ils ne pouvaient oublier que ces derniers, venus en Alsace avec la qualité de commissaires *extraordinaires*, les avaient aussitôt éclipsés ; jamais ils ne leur avaient demandé conseil ; ils ne s'étaient même point donné la peine d'aller leur rendre visite, à leur arrivée ; ils avaient agi en maîtres et les généraux ne s'adressaient plus qu'à eux : « Voilà, écrivaient Lacoste et Baudot, l'effet de la différence des pouvoirs. Notre mission paraît être en sous-ordre. On sait que Saint-Just et Le Bas ne communiquent point avec nous... » Et, rageusement, ils ajoutaient : « Nous répondrons à toutes les petites intrigues en partageant le pain et la paille du soldat, en forçant les généraux à faire leur devoir et nos collègues à marcher d'égal à égal. »

Lacoste et Baudot se trompaient lorsqu'ils parlaient d'intrigues ; Saint-Just et Le Bas agissaient

____

(1) *Loc. cil.*, pages 165 et suiv.

au grand jour : persuadés qu'il y avait des réformes indispensables à opérer, armés des pouvoirs nécessaires pour y procéder, ils s'inquiétaient bien peu de leurs collègues, auxquels, très officiellement, ils ne reconnaissaient qu'une autorité de second ordre, bonne, tout au plus, pour assurer l'exécution de leurs propres arrêtés.

C'est en vain que les représentants simplement « ordinaires » s'efforçaient d'imiter leurs puissants collègues ; ils n'arrivaient qu'à se rendre ridicules ou odieux.

Baudot réquisitionnait le vin des riches et les batteries de cuisine ; il déclarait, par arrêté, que quiconque écrirait une pétition de plus de dix lignes serait soupçonné de « mettre des longueurs à la Révolution. » Lacoste, dans les moments où il n'était point ivre, singeait le compagnon de Le Bas et renchérissait sur sa sévérité, en mâchonnant constamment le mot de « discipline », qui servait d'excuse à toutes ses cruautés.

La comparaison entre les commissaires ordinaires et les commissaires extraordinaires n'était pas flatteuse pour les premiers : Lacoste et Baudot, commis-voyageurs de la Révolution, remplissaient les clubs de leurs vaines déclamations, et parcouraient, avec fracas, villes et bourgades. Baudot, d'après son collègue Lemane, traînait à sa suite « cinq hussards, quinze chevaux, sa femme et tout l'attirail de frairie. » Quand Lacoste s'attardait sur la route, c'était pour

boire ou pour se livrer à des débauches gratuites.
Baudot ne parlait que de fusiller et de guillotiner
une partie des Alsaciens et d'expulser le reste, Lacoste faisait ripaille avec les propagandistes, sans
oser toutefois désapprouver les mesures de rigueur
que venaient de prendre contre eux Le Bas et Saint-
Just. — Ces derniers, au contraire, jouissaient du
prestige et du crédit qui manquaient à leurs collègues.
On les craignait, sans doute, mais on les respectait,
car on connaissait leurs vertus. L'officier d'artillerie
Boulart avoue qu'il tremblait à l'aspect de Le Bas.
Lavalette, alors adjoint à l'état-major de l'armée du
Rhin, tenait la Convention pour une assemblée tur-
bulente et sans vues ; Saint-Just et Le Bas lui révé-
lèrent, écrit-il, l'existence d'un gouvernement terrible
par son énergie. Un agent chargé de renseigner Bouchotte, Renkin, s'excusait de ne pas marquer au ministère tout le bien que Saint-Just et Le Bas avaient
fait dans les départements du Rhin : « Je me bor-
nerai à te dire que ça n'allait pas, et qu'à présent
ça va. »

« Ça allait » : telle était la véritable raison de la
haine des représentants ordinaires, réduits à l'im-
puissance, contre les représentants extraordinaires.

Cette haine n'était pourtant pas assez forte pour
enlever à Baudot tout esprit de justice : les passages
de ses Mémoires que nous avons reproduits ça et là
en sont une preuve ; Baudot, plus d'une fois, s'est
incliné devant la supériorité de ses collègues. Même

lorsqu'il lui est arrivé de médire de Saint-Just, il a toujours écarté Le Bas de ses critiques : « Le Bas était assez doux naturellement, écrit-il (1), mais il avait pour collègue dans ses missions Saint-Just, le plus terrible des hommes. Son collègue Saint-Just avait un caractère tout opposé, et s'il y a eu des actes de férocité dans leur communauté, c'est à Saint-Just qu'il faut les attribuer. *Suum cuique.* »

Louis Blanc, parlant de l'effet terrifiant que produisait parfois Saint-Just, ajoute aussi : « Une seule chose rassurait : c'était d'apercevoir à côté de Saint-Just la douce et sympathique figure de Le Bas. » Et l'historien, indiquant que ce dernier « secondait Saint-Just en le modérant » résume un incident que nous a rapporté Philippe Le Bas le fils :

Deschamps, soldat au 7e régiment de cavalerie, avait perdu son cheval dans un engagement où il avait sauvé la vie au général Meyer. Suivant l'usage, il devait être renvoyé au dépôt pour y être remonté ; mais le brave cavalier, qui voulait ne pas rester un seul jour sans combattre pour la patrie, refusa formellement de quitter son corps, et réclama auprès des représentants du peuple. Saint-Just, qui sentait le besoin de maintenir la discipline, trop souvent compromise, approuva la mesure prise par le colonel, et remit à Deschamps un ordre écrit de sa main qui lui enjoignait de se désister de ses préten-

(1) Baudot, page 243.

tions et de se rendre au dépôt. Alors le jeune soldat, oubliant le respect qu'il devait au représentant, s'emporta en invectives, et déchira l'ordre qu'il venait de recevoir. Saint-Just, irrité à bon droit, voulait qu'il fût sur le champ fusillé ; mais Le Bas qui se trouvait là, calma son irritation en lui faisant remarquer que la faute de Deschamps venait d'un excès de zèle et de patriotisme, et qu'un pareil dévouement méritait une récompense plutôt qu'une punition.

Saint-Just céda. Deschamps resta à son corps, et Le Bas, en lui frappant sur l'épaule, lui dit : « Va, mon brave, puisse la République compter beaucoup de soldats tels que toi. »

XII

Le club des Jacobins. — Présidence de Le Bas.
Son attitude. — Séances de la Société.

C'était à la séance du 18 septembre 1792, pré-
sidée par Petion, que Le Bas s'était fait recevoir
membre de la Société des Jacobins. Soumis au
scrutin épuratoire à son retour des armées, il fut
admis, sans observations, le 6 ventôse, an II (24 février 1794) et présida successivement neuf séances,
en floréal (1).

Sans doute l'éloquence qui se manifestait là était
un peu fumeuse ; on y parlait trop abstraitement de
sentiments généreux ; les rivalités, les jalousies s'y
donnaient librement carrière ; mais qui pourrait nier
que beaucoup y venaient prendre des leçons de civisme et d'honneur ?

(1) V. Aulard : *La Société des Jacobins*, IV, p. 337, V, p. 662, et VI.

Quel frisson devait parcourir l'assistance, quand le *lecteur* recevait des mains du président la lettre annonçant une victoire de -nos armées, et quel religieux silence s'étendait tout à coup, sur cette assemblée, avide d'entendre lire et commenter les brèves épîtres des généraux ou des représentants aux armées !

Le nom de Le Bas et celui de Saint-Just furent souvent prononcés aux Jacobins, et leur énergie fut souvent donnée en exemple.

Quelques jours avant le scrutin épuratoire du 6 ventôse, ils sont encore à l'ordre du jour : au cours de la séance du 28 pluviôse, Collot d'Herbois, à propos des troubles et des querelles de Lille, assure que le Comité de Salut public, à l'aide de ses représentants en mission, va mettre fin aux querelles intestines dans les départements : « A Lille, comme partout ailleurs, dit-il, on a vu les passions particulières se choquer ; tout a été mis en œuvre pour diviser les patriotes et ressusciter l'aristocratie ; mais à Lille l'aristocratie ne sera pas plus épargnée qu'ailleurs ; le parti que nous avons à prendre est de la tuer pour jamais. Quand les faits seront éclaircis, il ne faudra pas de grands efforts. — Saint-Just et Le Bas ont déjà prononcé que les maisons de ceux qui n'exécuteraient pas les lois seraient rasées. Voilà une loi qu'il faut mettre en usage partout. Les représentants du peuple doivent faire un commentaire sur ce texte salutaire. Voilà quelle est la force du gou-

vernement révolutionnaire, que les ennemis de la
République appellent tyrannique, mais que la raison
justifie parce que, si ceux qui éprouvent la rigueur
des châtiments révolutionnaires avaient voulu se
soumettre aux lois, ils n'éprouveraient pas ces châtiments (1). »

Le Bas, lorsqu'il assistait aux séances des Jacobins, suivait la ligne de conduite qu'il avait adoptée
à la Convention ; il évitait de parler sans nécessité.
On se rappelle la lettre qu'il écrivait à son père :
« L'essentiel est de bien écouter pour bien opiner, et
ne parler que quand on a à dire une vérité qui, sans
vous, échapperait aux autres. »

Les procès-verbaux des séances ne mentionnent
pas souvent son nom parmi les orateurs, mais ses
interventions se manifestent toujours dans un but
élevé.

C'est ainsi que, sur une proposition de Dubois-
Crancé, tendant à limiter d'une façon arbitraire l'admission dans la Société des Jacobins (exclusion des
membres des autres sociétés, suppression du droit
de délibérer pour certains citoyens, etc.), Le Bas,
le premier, demande la parole pour repousser l'arrêté proposé, qui désunirait les patriotes (2). Ennemi des coteries, il rêvait l'union de tous les
citoyens.

(1) Aulard, V, p. 655.
(2) *Id.*, VI, p. 39.

*   *
*

Il est curieux de feuilleter les procès-verbaux des séances présidées par Le Bas en floréal, an II : les communications et les actes qu'ils enregistrent sont quelquefois naïfs ; ils sont, dans leur ensemble, empreints du plus pur patriotisme.

En voici quelques extraits :

Le sans-culotte Carrier, de la commune de Puymirol (Lot-et-Garonne), écrit que sa femme vient d'accoucher de trois jumeaux mâles ; il demande que la Société les prenne sous sa protection, attendu qu'il est pauvre et qu'il a déjà quatre autres enfants. — Et, immédiatement après, communication d'ordre tout différent : la Société de Cherbourg annonce que la frégate la *Carmagnole*, échouée sur la côte, vient d'être remise à flot, sur quoi un membre, aux applaudissements de l'assemblée, annonce qu'une société de Nantes, croyant la *Carmagnole* perdue, a fait déjà commencer la construction d'une autre frégate pour la remplacer (1).

Bouret, représentant du peuple dans le département de la Manche, écrit de Cherbourg, le 29 germinal, que, le 28 au soir, on a signalé sept vaisseaux anglais, qui sont venus, à la portée et demie de canon,

(1) *Id.*, p. 90.

se rendre certains que nous avions remis la frégate la *Carmagnole* à flot (1).

Projet d'employer des Invalides jeunes en leur donnant des places d'expéditionnaires dans les administrations. Application d'un décret de la Convention, resté inexécuté, consistant à diviser entre chacun des Invalides les jardins attenant à la maison (2).

Nouvelles de nos ports : navire anglais brûlé, un autre coulé à fond, un troisième pris par les Français, le camp de Famars pris. « Toutes ces nouvelles, dit le procès-verbal, excitent l'enthousiasme patriotique. » (Collot-d'Herbois en profite pour faire un long discours.) (3)

La section du Contrat social présente six cavaliers qu'elle a équipés à ses frais. Le Bas, qui préside, donne l'accolade aux six cavaliers et leur adresse une allocution : « Allez combattre la tyrannie ; quand vous reviendrez, nous vous embrasserons, et nous dirons : Ils ont fait leur devoir. Et vous, citoyens généreux qui venez de nous présenter ces défenseurs, vous avez des devoirs à remplir pendant que vos frères verseront leur sang. Les ennemis de la liberté ne sont pas tous au-delà des Alpes et du Rhin... » — Et après avoir mis les auditeurs en garde contre les traîtres et les artisans de divisions,

(1) *Id.*, p. 92.
(2) *Id.*, p. 100.
(3) *Id.*, p. 101.

il s'écrie : « Nous ne sommes tous qu'un peuple d'amis qui n'avons qu'un même intérêt et un même sentiment. Il n'y a, en France, qu'une seule armée : ce sont vingt-cinq millions d'hommes qui combattent pour la République et pour la liberté (1). »

Robespierre donne lecture du rapport qu'il vient de faire à la Convention sur le culte de l'Être suprême, l'immortalité de l'âme, le maintien de la liberté des cultes et la fête du 20 prairial, en l'honneur de l'Être suprême. — Rapport très applaudi : la Société en arrête l'impression et la distribution (2).

La Société de Nantes écrit qu'elle offre encore quatorze cavaliers équipés ; une députation de la section de Brutus en présente deux offerts par la section ; Le Bas leur donne l'accolade, de même qu'à cinq défenseurs de la République, présentés par Collot d'Herbois, et qui ont pris cinq drapeaux aux troupes hanovriennes, dans un combat près de Courtrai (3).

(1) *Id*., p. 108.
(2) *Id* , p. 114.
(3) *Id*., pp. 115 et 116.

XIII

Dernière mission de Le Bas et de Saint-Just aux armées. —
Légères mésintelligences. — Opérations militaires. — Rapports à la Convention. — L'École de Mars. — Naissance du
fils de Le Bas.

C'est au mois de mai 1794 que Le Bas et Saint-
Just furent, de nouveau, chargés d'une mission aux
armées ; ils allèrent à l'armée du Nord et préparèrent
efficacement le succès de la bataille de Fleurus.

A cette époque, une légère mésintelligence troubla
l'intimité des deux amis. Saint-Just, nous l'avons
dit, recherchait la main d'Henriette Le Bas et toute
la famille désirait cette union ; mais, pour le motif le
plus futile, la brouille se mit entre les deux fiancés,
et Saint-Just, qui prit la chose au sérieux comme
pouvait le faire un amoureux de vingt-quatre ans, fit
retomber sur son collègue le mécontentement qu'il
en éprouva.

Le Bas souffrit beaucoup de ce refroidissement, et

la peine qu'il en ressentit se manifeste dans quelques-
unes des lettres suivantes, adressées à sa femme :

Noyon, 13 floréal an II.

Nous sommes arrivés hier ici. Saint-Just et Thuilliers
nous ont quittés, l'un pour aller voir sa mère, l'autre
pour aller voir sa femme, qui demeurent peu loin de
Noyon. Ils reviennent ce matin, et nous comptons tous
aller aujourd'hui à Réunion-sur-Oise. Nous avons rencontré en chemin une personne qui se rendait à l'armée
de Paris pour y porter de bonnes nouvelles, que sûrement
tu connais déjà. J'espère, ma chère Élisabeth, n'avoir
que des choses agréables à t'annoncer : nous supporte-
rons bien mieux l'un et l'autre notre séparation en voyant
la République prospérer. Nous sommes actuellement très
bons amis, Saint-Just et moi ; il n'a été question de rien.
Nous avons sur-le-champ agi ensemble à l'ordinaire.
Gateau et Thuilliers ont paru très contents de cette bonne
harmonie ; ils en augurent bien et nous aussi. Peut-être
ma bonne amie, te reverrai-je avant tes couches. Tout me
dit que nous serons heureux et qu'un joli enfant te dé-
dommagera de tes souffrances. Prends surtout soin de
ta santé ; la mienne est maintenant rétablie, j'espère,
pour longtemps. J'écris deux mots par ce courrier à ma
sœur Florence pour qu'elle aille te voir promptement. Recommande à Henriette de ne plus être si triste ; mais il
est possible qu'une voix plus puissante que la mienne ait
parlé. Tant mieux ! Mille amitiés à toute la famille, et à
notre bon frère Robespierre.

Je t'embrasse de tout mon cœur.

LE BAS.

(1) 3 mai 1794. (Arch. Nat., A.B., xix, 179) ; la suscription de cette
lettre et des suivantes porte : « A la citoyenne Élisabeth Le Bas,
rue Neuve-du-Luxembourg, n° 148. » (Don Le Bas).

Réunion-sur-Oise, 14 floréal, an II (1).

Nous avons trouvé, ma chère Élisabeth, à notre arrivée ici, ton frère et ton compagnon de voyage, bien portants, ainsi que nous. J'ai lu ta lettre, et je n'ai pas besoin de te dire avec combien de plaisir. Tu sais peut-être la prise de Landrecies. Les affaires ne sont pas brillantes dans cette partie de l'armée : nous aurons à travailler ; mais n'importe, nous espérons réussir. Je n'ai que le temps de t'assurer de mon sincère attachement ; le courrier attend, il faut finir. Je t'embrasse.

Le Bas.

Un arrêté de Saint-Just et de Le Bas, en date du même jour, réprime l'infraction à la loi sur la réquisition des jeunes Français de 18 à 25 ans (2).

Le lendemain, les représentants prennent le nouvel arrêté suivant (3) :

« Les représentants du peuple près l'armée du Nord arrêtent ce qui suit :

« Art. 1er.

« Les agents ou partisans de l'ennemi qui peuvent se trouver soit dans l'armée du Nord, soit dans les environs de cette armée.

« Les agents prévaricateurs des diverses administrations de la même armée, seront fusillés en présence de l'armée.

(1) 4 mai. (Arch. Nat., *loc. cit.*; don Le Bas).
(2) Arch. Nat., A. F., ii, 85, p. 625.
(3) *Id.*

« Art. 2.

« Le tribunal militaire séant à Réunion-sur-Oise est érigé à cet effet en Commission spéciale et révolutionnaire et ne sera, pour les cas ci-dessus mentionnés, astreint à aucune forme de procédure particulière.

« Art. 3.

« Le tribunal prononcera de la même manière sur ceux des détenus à Réunion-sur-Oise qu'il aura reconnus agents ou partisans de l'ennemi.

« A Réunion-sur-Oise, le 15 floréal, an II.

« LE BAS, SAINT-JUST. »

Quelques jours après, Le Bas écrit à sa femme :

Réunion-sur-Oise, 19 floréal, an II (1).

Nous sommes arrivés ici aujourd'hui, ma chère Élisabeth, à huit heures du matin, assez bien portants, mais fatigués. Duplay est encore à Maubeuge avec nos amis. Nous les verrons demain. Nous avons trouvé Villers bien content. Il m'a remis ta lettre et celle d'Henriette. Tu sais, ma bonne amie, ce que tu m'as promis : prends sur toi d'être un peu plus raisonnable, puisque enfin notre absence est un mal nécessaire. Sois bien assurée que de mon côté je te tiendrai parole ; qu'à la première occasion j'irai te voir. Pourrais-je ne pas la saisir, cette occasion,

(1) 9 mai (Arch. Nat., *loc. cit.;* don Le Bas).

avec le plus vif empressement ? Pourrais-tu douter de la sincérité de mon attachement, toi qui par ta position si touchante redoubles encore le tendre intérêt que tu m'inspiras à la première vue ? Que je hais les ennemis de notre liberté ! Nous nous occupons sans relâche à prendre les moyens de les exterminer. Plaise à Dieu que l'armée du Nord soit bientôt aussi avancée que les autres armées !

Adieu, chère amie, je t'embrasse de toute mon âme. Mille compliments à toute la famille. Dis au cher papa que nous sommes contents de son fils.

Le Bas.

Le Bas écrit encore le lendemain :

Réunion, 20 floréal, an II (1),
9 heures du soir.

Le courrier va partir, ma chère amie, mais je ne veux pas le laisser aller sans t'écrire deux mots. Duplay et mes amis sont de retour auprès de nous. Nous nous portons assez bien. Je ne cesserai de te recommander de prendre soin de ta santé. Je t'embrasse ainsi qu'Henriette.

Le Bas.

Puis, quelques jours après :

25 floréal (2).

Nous sommes tous à quelques lieues de Maubeuge, ma chère Élisabeth ; nous suivons l'armée qui agit de ce côté. Nous avons beaucoup de mal et menons une vie

_____

(1) 10 mai (Collection Le Bas .

(2) 15 mai (Arch. nat., A. B., xix, 179 : don Le Bas).

très dure. Ma position n'est pas agréable ; les chagrins domestiques viennent se mêler aux peines inséparables de ma mission. Cela mine mon existence. Encore si j'étais rassuré sur toi ! Allons, allons, je n'ai jamais eu besoin de plus de courage. Que je sois le plus malheureux des hommes, pourvu que la République triomphe!... Nos affaires de ce côté vont assez bien. Mille amitiés à Henriette. Je n'ose parler d'elle à Saint-Just. C'est un homme si singulier !... Adieu, ma chère Élisabeth ; espérons un temps meilleur pour nous. Je t'embrasse.

Le Bas.

Le 21 floréal, Saint-Just et Le Bas prennent un arrêté fixant les appointements des membres du tribunal militaire, conformément à la loi du 3 pluviôse précédent (1).

Et le 27 floréal, ils adressent à l'armée du Nord la proclamation suivante (2) :

« Soldats,

« Nous vous rappelons à la discipline rigoureuse, qui seule peut vous faire vaincre, et qui épargne

----

(1) Arch. Nat., A. F., ii, 85.

(2) Cette proclamation, dont la collection Le Bas contient une copie, a été reproduite, dans les *Archives historiques et littéraires du nord de la France et du midi de la Belgique* (1re série : Hommes et choses, page 554) avec des commentaires dont j'extrais ce qui suit :

« La proclamation ci-contre fut envoyée par une ordonnance à M. Levecque, imprimeur à Maubeuge, avec une lettre de Saint-Just, qui lui enjoignait d'en imprimer 25.000 exemplaires dans les 24 heures. Il voulait, disait-il, que chaque soldat en eût un exemplaire. — L'ordonnance avait l'ordre d'attendre pour en rapporter quelques milliers, ce qu'il fit vers le soir. Il en fut tiré en plusieurs jours environ 15.000 : Saint-Just n'en exigea pas davantage. »

votre sang ; il s'est glissé des abus parmi vous ; nous avons résolu de les réprimer. Ceux qui provoqueront l'infanterie à se débander devant la cavalerie ennemie, ceux qui sortiront de la ligne avant le combat ou pendant la retraite, seront arrêtés sur l'heure et punis de mort.

« Tous les cantonnements feront des patrouilles ; elles reconnaîtront les militaires errants et les arrêteront ; s'ils fuient, elles feront feu.

« Soldats, nous vous rendrons justice ; nous punirons ceux qui vous l'auront refusée ; nous partagerons vos travaux ; mais quiconque s'écartera de son devoir sera frappé d'une mort prompte.

« Méprisez l'ennemi qui est devant vous ; un tyran imbécile les soudoie : il n'a qu'un trône, jouet de la victoire, et la victoire nous conduit.

« SAINT-JUST, LE BAS. »

Le même jour, Le Bas écrivait à sa femme :

27 floréal, an II (1).

Je suis toujours, ma chère Élisabeth, dans les environs de Maubeuge, dans un village à trois lieues de cette ville ; il s'appelle Colsore. C'est là qu'est maintenant le quartier général d'un rassemblement de troupes commandées par le général Desjardins. Gateau et Duplay sont partis hier pour Réunion, où nous avions laissé une grande partie de nos effets. Adresse-moi-là tes lettres jusqu'à ce que je t'aie indiqué une nouvelle adresse. Tu

____

(1) 17 mai. (Arch. Nat., A. B., xix, 179 : don Le Bas.)

pourras cependant ajouter, après ces mots : *à Réunion*, ceux-ci : *ou partout où il sera*. Duplay est fatigué. La vie que nous menons ici diffère un peu de la vie douce qu'il mène à Paris. Pour moi, je m'y ferais assez si l'esprit et le cœur allaient bien. J'ai recommandé à Duplay s'il se sentait malade de retourner à Paris, au lieu de revenir nous trouver ; je crois néanmoins qu'il s'accoutumera. Nous ne recevons les papiers que rarement. J'aimerais toutefois être au courant de ce qui se passe à Paris. Comment va ta santé pauvre Élisabeth ! qu'il m'en coûte d'être loin de toi, dans la position où tu te trouves ; mais enfin je n'ai pu faire autrement. Souviens-toi, ma chère amie, de ce dont nous sommes convenus en dernier lieu pour notre enfant ; je tiens absolument à mon idée, tu peux le dire. Annonce à Lanne (1) mon intention, et

(1) Lanne, que nous allons voir figurer dans l'acte de naissance du fils de Le Bas, mourut victime de la réaction thermidorienne, le 17 floréal an III. Ma famille a conservé trois documents qui le concernent.

Le premier est une lettre à Le Bas, en date du 24 prairial, par laquelle il accepte d'être témoin pour l'acte de naissance de son fils.

Le second est une lettre à lui adressée, quelques jours avant sa mort : « Cher frère, y est-il dit, s'il nous était permis de te voir encore, nous nous sentons assez de courage pour aller t'embrasser ; hier au soir on nous a dit qu'il y avait un sursis au jugement : dis, si cela t'est possible, quel en est le but ? — Tout ce qui nous console, c'est que tu meurs vertueux. Je t'embrasse mille fois, mes enfants aussi ; sois sûr que je ne t'oublierai jamais, que tu seras toujours dans mon cœur. — S'il fallait donner ma vie pour toi, sois sûr, cher frère, que ce serait une jouissance pour moi de te la donner, pour te prouver combien je t'aime. — Si tu as des choses à nous dire, fais-nous-les dire aussitôt. — Je t'embrasse mille fois ainsi que tous tes enfants. »

La troisième pièce est une lettre adressée par Lanne à sa femme, la veille même de sa mort (16 floréal) à minuit : « Ma Flavie, je vais à la mort, mais non pas à l'ignominie : car il n'y en a que pour les ennemis du peuple. Mes juges m'ont condamné. Pourquoi ? parce qu'ils sont plus égarés que coupables ; parce que ce qui était vertu il y a un an, est un crime aujourd'hui. — Aimer le peuple il y a un an, poursuivre ses ennemis, poursuivre les en-

assure-le que je suis toujours son bon ami. Je n'ai, avec Saint-Just aucune conversation qui ait pour objet mes affections domestiques ou les siennes. Je suis seul avec mon cœur. Embrasse Henriette pour moi. Schillichem me caresse beaucoup et je le lui rends bien. Adieu, ma chère femme, ton ami pour la vie t'embrasse.

LE BAS.

Le lendemain nouvelle lettre :

Quartier général, 28 floréal an II (1).

J'ai reçu aujourd'hui, ma chère amie, une lettre d'Hen-

nemis de l'égalité, était une vertu. Aujourd'hui, insulter un peuple, insulter à sa misère, est une vertu. Ne perds pas de vue ces vérités. Jamais tu ne cesseras de conserver l'estime et l'attachement que ton époux mérite. — Ne pleure pas sur ma mort. Va, elle est digne d'envie. Un jour viendra, si notre pays n'est pas gouverné par un roi, où la mémoire de ton mari sera vengée. — Elève toujours tes enfants dans les sentiments de la liberté. Dis-leur qu'après toi ce sont eux que j'aime le plus. Dis à mon fils, quand il sera capable de servir la patrie, que son père est mort pour la cause de la liberté. Dis-lui qu'il suive mon exemple, dût-il mourir aussi pour la cause du peuple. — Dis à mes sœurs, dis à leurs maris, que ma mort seule est le terme de mon attachement pour eux. Dis à mes amis la même chose. Et pour toi, tu sais combien je t'aime ; et si je regrette la vie, c'est pour toi, mes enfants, et mes sœurs, mais plus encore pour ma patrie. — Adieu mon amie, je ne serai plus à l'instant où tu liras ma lettre. Je serai enseveli dans le sommeil de la paix. Adieu, aime toujours mes enfants, et conserve-toi pour eux.

» Chère Rose, ton frère va à la mort et mérite toujours ton estime et ton attachement. Je recommande à ton amitié ma femme et mes enfants. Console-les, ou plutôt consolez-vous ensemble. Conservez-vous l'une pour l'autre, pour mes enfants que je vous recommande. Elevez-les dans le sentier de l'honneur et de la liberté. — Dis à (*ici un espace en blanc*), dis à Henriette, dis à leurs maris que je les ai aimés jusqu'à la mort. Dis-leur que je meurs pour la liberté. — Adieu, chère sœur, console-toi. Va, la mort est le commencement de l'immortalité.

« LANNE. »

(1) 18 mai. (Arch. Nat., A. B., XIX, 179 : don Le Bas.)

riette adressé à Saint-Just et à moi. Saint-Just l'avait ou-
verte et lue : il me l'a rendue, sans me dire autre chose,
si ce n'est qu'elle était pour moi seul. Il y était question
de Désiré, dont je lui ai dit deux mots une autre fois,
qu'il a paru entendre avec beaucoup d'indifférence. J'ai
écrit à Darthé de prendre là-dessus des renseignements
et de me les communiquer. Tu peux dire la même chose
à Forestier. J'espère que cela ne sera rien. Henriette me
dit que tu te plains de mon silence. Apparemment tu n'as
pas reçu toutes mes lettres, car je t'ai écrit presque tous
les deux jours. C'est mon seul plaisir. Ce n'est guère
qu'avec toi que je puis m'expliquer ; il est si peu d'amis !
Tous les jours tu m'es plus chère, s'il est possible.

Nos affaires continuent à prendre une assez bonne
tournure. J'espère un peu sortir de ma tristesse en t'annonçant de bonnes nouvelles. Adieu, chère et tendre
amie. Ton ami pour la vie t'embrasse.

LE BAS.

Le Bas écrit encore le 3 prairial (1) :

Les affaires commencent à bien aller ici, ma chère
amie. Je suis bien inquiet de ne pas recevoir de tes nouvelles. Pourquoi donc ce silence ? Que de sujets de chagrins ! Écris-moi dorénavant sous le couvert du général
Favereau, commandant à Maubeuge. J'attends ici ton
frère et Gateau qui doivent venir de Réunion. J'espère
avoir bientôt l'occasion d'aller te voir. Mes compliments
à la famille, à Henriette. La personne que tu sais est
toujours de même. Je t'embrasse.

LE BAS.

A la séance du 5 prairial (24 mai 1794), on lit à la

(1) 22 mai. (Arch. Nat., *loc. cit.* ; don Le Bas.)

Convention le rapport de Le Bas et Saint-Just sur les opérations de l'armée du Nord ; ce rapport bref, concis, technique, est écrit de la main de Le Bas ; il ne contient pas une phrase vide, inutile. Annonçant le passage de la Sambre par l'armée, il se termine par ces mots :

« Notre perte se monte à 300 hommes, tant tués que blessés ; celle de l'ennemi peut s'évaluer à 12,000 ou 15,000 hommes au moins ; l'artillerie légère a fait un prodigieux effet sur l'ennemi (1). »

A la séance du 11 prairial, on lit la nouvelle lettre suivante :

« Le 5, avant le jour, les avant-postes ont été attaqués au-dessus de Merbes ; ils ont été surpris. La gauche a lâché le pied et s'est repliée précipitamment sur la Sambre et l'a repassée. Au même instant l'ennemi parut sur la hauteur ; il descendit même une pièce de sept au bord de la Sambre, sur le pont de Sobre, vraisemblablement pour nous empêcher de le détruire et pour tenter le passage ; la pièce de sept fut démontée, et ceux qui la conduisaient mis en fuite, et le pont a été défait.

« Le général Kléber, en ce moment, conduisait 15,000 hommes au-delà de Loppe, pour faire une pointe au-dessus de Mons, et faciliter les mouvements de la gauche sur le camp de Grivelle ; il n'était encore que cinq heures du matin, et nos divi-

(1) *Moniteur*, 1794, n° 246, page 1002.

sions de droite couraient risque d'être coupées.
Duhem commandait à Loppe, Mayer à Binch : ils
opérèrent heureusement leur jonction. Je leur donne
de justes éloges ; ils ont soutenu toute la journée le
feu à mitraille de 8 ou 10 pièces de gros calibre.
Trois heures d'un feu roulant de mousqueterie et de
bonnes manœuvres ont tellement couvert leurs
troupes, que, quoique plus faibles, ils ont perdu peu
de monde, se sont emparés, au pas de charge, de
quelques positions de l'ennemi, lui ont tué ou blessé
plus de 1,200 hommes, encloué une pièce de canon,
et fait 200 prisonniers, en sorte que nous avons conservé le cours de la Sambre, et que la journée a fini
par être funeste à l'ennemi.

« Le 6, l'ennemi a tenté le passage de la Sambre
sur plusieurs points ; il a partout été repoussé avec
perte ; le soir, il est descendu des hauteurs de la
Tombe, sous Charleroi, et a fait une attaque assez
vive sur Montigny ; il a perdu du monde, mais pris
le village.

« Le 7, tout s'est mis en mouvement pour attaquer
Montigny et le camp redoutable de la Tombe ; la
journée s'est passée en une canonnade assez vive et
en marches. L'ennemi a cependant tellement souffert
qu'aujourd'hui, 8, il a abandonné son camp ; on le
poursuit.

« SAINT-JUST. — LE BAS. (1) »

(1) *Moniteur universel*, 1794, n° 253, page 1031.

*
* *

Au retour de cette expédition, Le Bas fut l'un des représentants chargés de la surveillance de l'école militaire dite « École de Mars ». Son influence y devint rapidement très grande : on la lui reprocha d'ailleurs au 9 thermidor, bien que son seul désir eût été, toujours, de s'assurer que les jeunes gens de l'École eûssent des sentiments de courage et de vertu (1).

*
* *

Quelques jours après son arrivée à Paris, le 19 juin 1794, il annonçait à son vieux père la nouvelle de la naissance de son fils :

Paris, 30 prairial an II.

Élisabeth, mon cher père, m'a donné, hier à deux heures du matin, un fils qui se porte bien (2). Elle a

(1) V. compte-rendu de la séance des Jacobins du 6 thermidor, où Le Bas rend compte à la Société de sa surveillance sur l'École, (Aulard : La *Société des Jacobins* VI, page 239). — L'École de Mars, créée par la Révolution et établie dans le camp des Sablons, le long du bois de Boulogne, comportait un nombre considérable d'élèves, qui y étaient astreints à une discipline sévère et qui campaient sous la tente.

(2) Extrait du registre des actes de naissance de la municipalité de Paris pour l'an II : « Du premier messidor an II, acte de naissance de Philippe, né le 29 du mois dernier, deux heures du matin, rue de Luxembourg, section des Piques, fils de Philippe-François-Joseph Le Bas, et de Élisabeth-Éléonore Duplay, même demeure. mariés en août à la Commune de Paris. — Témoins Emmanuel Lanne, âgé de 30 ans, domicilié à Paris, place et section des Piques,

longtemps et beaucoup souffert; mais sa couche a été
heureuse. J'ai bien regretté que vous ne fùssiez pas avec
nous; vous eussiez sûrement partagé notre joie. Henriette et Désiré sont en bonne santé. Nous vous embrassons tous tendrement. Mille choses à toute la famille.

Le Bas.

Ce bonheur ne devait pas être de longue durée.

et Maurice Duplay, aïeul de l'enfant, domicilié à Paris, rue Honoré,
même section. — Sur la déclaration faite à la maison commune
par ledit Le Bas, père de l'enfant. — Vu le certificat de Marotte,
commissaire de police de la section des Piques, qui en a constaté
la naissance le 29 du mois dernier. — Signé Le Bas, Lanne, adj.,
Duplay, et Coru. »

XIV

Puissance de Robespierre. — Son incorruptibilité. — Unanimité des témoignages. — Le culte de l'Être suprême opposé au culte de la Raison. — Vertu et tolérance de Le Bas.

Nous voici à la veille du 9 thermidor.

Pour mesurer la chute, il faut dire à quelle prodigieuse hauteur s'étaient élevés Robespierre et ses disciples. Il faut voir l'apothéose avant d'assister à l'effondrement.

Il faut dire aussi, pour expliquer la haine que déchaînèrent soudain ces hommes, comment la méfiance de la vertu et la peur de l'incorruptibilité se dissimulèrent, chez leurs ennemis, sous une prétendue crainte de dictature.

Je ne fais point ici de panégyrique. Moins encore ai-je l'idée d'exalter les doctrines de Robespierre : j'essaie de raconter, simplement, quelle place il avait acquise dans l'âme populaire.

Dès l'année 1791 le nom de Robespierre était devenu, par toute la France, symbole de liberté et de justice. Les sociétés populaires et les journaux chantaient ses louanges, les théâtres mêmes le mettaient en scène et livraient sa personne aux applaudissements frénétiques des citoyens ; « c'était l'apôtre, le Messie », dit Hamel (1) avec son enthousiasme intransigeant. Et ses moyens de séduire le peuple n'avaient rien de ceux d'un dictateur : il s'imposait par sa seule incorruptibilité.

J'ai reproduit, plus haut, sa curieuse lettre à Duplay, relatant son voyage triomphal en province. Le soir même de son retour à Paris, le 28 novembre, il se rend aux Jacobins : sa présence y excite un enthousiasme extraordinaire ; Collot d'Herbois, qui occupe le fauteuil de la présidence, se lève et demande « que ce membre de l'Assemblée constituante, justement surnommé l'*incorruptible* », préside par extraordinaire la séance. Cette proposition, mise aux voix, est adoptée à l'unanimité (2).

Depuis, ses succès se renouvellent, ses triomphes

(1) *Histoire de Robespierre*, I, p. 561. — On jouait notamment, en septembre 1791, au théâtre Molière, une pièce où Rohan et Condé se trouvaient aux prises avec Robespierre, qui les foudroyait par sa logique et sa vertu (*Révolutions de Paris* n° 113, p. 450).

(2) *Journal des débats de la Société des amis de la Constitution*, n° 102.

ne se comptent plus ; le nombre de ses admirateurs s'accroît avec celui de ses ennemis ; sa puissance devient considérable ; à un certain moment, il est à la fois président de la Convention et président des Jacobins.

« Une popularité énorme, dit Billaud-Varennes (manuscrit cité par Taine), une popularité qui, fondée sous la Constituante, ne fit que s'accroître pendant la Législative, et plus tard encore davantage, tellement que, dans la Convention nationale, il se trouva bientôt le seul qui fixât sur sa personne tous les regards... Avec cet ascendant sur l'opinion publique... avec cette prépondérance irrésistible, lorsqu'il est arrivé au Comité de Salut public, il était déjà l'être le plus important de la France (1) ».

Lorsque, le 18 floréal (7 mai 1794), il descend de la tribune de la Convention après son discours sur les rapports des idées religieuses et morales avec les principes républicains, l'Assemblée, d'enthousiasme, ordonne l'impression aux frais de la République et l'envoi à tous les départements, aux armées et aux sociétés populaires ; Couthon fait décréter que ce discours serait traduit dans toutes les langues et affiché en placards sur tous les murs (2). Le *Moniteur* et les journaux du lendemain le reproduisent.

---

(1) J'ai puisé volontairement cette citation dans Taine (*Révolution*, III, p. 201), en respectant même les points de suspension — perfides chausse-trapes par lesquelles s'échappent les opinions qui déplaisent.

(2) *Journal des débats et des décrets de la Convention*, n° 595.

Par arrêté du Comité de Salut public en date du surlendemain, il est tiré à 200,000 exemplaires. On le
vend en brochures avec portrait ; plus tard on en
publiera de nouvelles éditions, comportant les deux
discours prononcés par Robespierre à la fête de
l'Être Suprême. Un arrêté du Comité de Salut public
enjoint aux agents nationaux de toutes les communes
de France de le faire lire publiquement pendant un
mois, chaque décade, dans les édifices publics, avec
le décret de la Convention qui l'a consacré. Un concert de louanges s'élève de tous les points de la
France ; on salue Robespierre comme le plus grand
défenseur de la liberté et de l'égalité ; des lettres innombrables lui sont écrites, et toutes sont un hommage à son incorruptibilité.

Au moment de la fête de l'Être Suprême, sa puissance est au comble. Un des écrivains qui furent le
plus sévères et souvent le plus injustes pour lui (1),
a écrit : « Robespierre disposait d'une force prodigieuse ; le bas peuple, qui voyait la révolution dans
sa personne, le soutenait comme le représentant de
ses doctrines et de ses intérêts ; la force armée de
Paris, commandée par Henriot, était à ses ordres. Il
régnait aux Jacobins, qu'il composait et qu'il épurait
à son gré ; toutes les places étaient occupées par ses
créatures ; il avait formé lui-même le tribunal révolutionnaire et la nouvelle Commune en remplaçant le

____

(1) Mignet : *Histoire de la Révolution française*, ii, p. 69.

procureur général Chaumette par l'agent national Payan, le maire Pache par le maire Fleuriot. »

Après cette appréciation où éclate le manque d'indulgence, Mignet ajoute : « Mais quel était son but en accordant les fonctions qui donnaient le plus d'influence à des hommes nouveaux et en se séparant des comités ? Aspirait-il à la dictature ? *Voulait-il seulement parvenir à sa démocratie de vertu par la ruine de ce qui restait de Montagnards immoraux et de factieux du Comité ?* »

Recherche de la vertu, ruine de l'immoralité, les plus malveillants critiques sont obligés de noter cette conclusion.

« Pourquoi lui fut-il donné, se demande Thiers, de survivre à tous ces révolutionnaires fameux ?... Robespierre était intègre, et il faut une bonne réputation pour captiver les masses ».

Nodier convient qu'il avait acquis la popularité par deux grandes qualités d'homme d'État : « L'austérité des mœurs » et « le désintéressement le plus éprouvé ».

Taine lui-même — cela est caractéristique — est obligé de faire le même aveu, mais ce n'est pas sans recourir à d'interminables circonlocutions :

« Si l'on veut le comprendre, dit-il (1), il faut le regarder en place et parmi ses alentours. Au dernier stade d'une végétation intellectuelle qui finit, sur le

(1) *La Révolution*, III, p. 190 et suiv.

rameau terminal du dix-huitième siècle, il est le suprême avorton et le fruit sec de l'esprit classique. De la philosophie épuisée, il n'a gardé que le résidu mort... » — Et, dix lignes plus loin, Taine, ayant insuffisamment médité l'apologue de la paille et de la poutre, ajoute que Robespierre « simule la pensée absente par un jargon d'emprunt ».

Disons, en passant, que si Robespierre n'avait eu que des idées creuses, des formules apprises, des phrases boursouflées sans signification, il faudrait admettre que la mentalité des Saint-Just et des Le Bas, qui étaient dociles à ses inspirations, eût été singulièrement inférieure et dévoyée : or personne ne s'est avisé de nier l'intelligence profonde de Saint-Just, la pondération et la clairvoyance de Le Bas.

Pourquoi Taine vient-il ajouter qu' « à ses côtés les autres Jacobins parlent aussi ce jargon d'école ? » Pourquoi englobe-t-il, dans sa calomnieuse réprobation, tous ceux qu'il accuse d'être les séides de Robespierre ? De qui veut-il parler, d'abord ? Est-ce de Couthon ? Est-ce de Saint-Just ? Serait-ce de Le Bas, dont le silence volontaire n'a jamais inspiré aucune critique ? Et puis, pourquoi cette épithète de « cuistre » appliquée à Robespierre ? Taine est-il bien qualifié pour la lui décerner, lui qui, pour apprécier un des rapports du célèbre conventionnel, s'amuse à « compter les prosopopées » et à remarquer qu'elles s'adressent non pas seulement à des morts et à des vivants, mais « à un *substantif abstrait* », comme la Liberté ou l'Amitié ».

Si Taine avait aimé la Liberté, s'il avait compris l'Amitié, il y aurait vu autre chose que des substantifs abstraits, et il aurait saisi, en même temps, la grandeur de ces jeunes hommes qui, comme Le Bas, voulurent vivre et mourir pour elles.

Et pourtant l'écrivain a prononcé le mot « d'irréprochable », et la hantise de ce terme le poursuivant, il continue :

« Irréprochable, voilà le mot que, depuis sa première jeunesse, une voix intérieure lui répète tout bas pour le consoler de son obscurité et de son attente ; il l'a été, il l'est, et il le sera ; il se le dit, il le dit aux autres, et tout d'une pièce, sur ce fondement, son caractère se construit. Ce n'est pas lui qu'on séduira, comme Desmoulins par des dîmes, comme Barnave par des caresses, comme Mirabeau et Danton par de l'argent, comme les Girondins par l'attrait insinuant de la politesse ancienne et de la société choisie, comme les dantonistes par l'appât de la vie large et de la licence complète : il est l'incorruptible. Ce n'est pas lui qu'on arrêtera ou qu'on détournera comme les Feuillants, les Girondins, les Dantonistes, les hommes d'État, les hommes spéciaux, par des considérations d'ordre secondaire, ménagement des intérêts, respect des situations acquises, danger de trop entreprendre à la fois, nécessité de ne pas désorganiser les services et de laisser du jeu aux passions humaines, motifs d'utilité et d'opportunité : il est le champion intransigeant du droit. »

L'un des historiens dont je citais, plus haut, l'opinion peu suspecte, écrivait encore : « Les décemvirs, après la chute des Hébertistes, avaient fait mettre à l'ordre du jour la justice et la probité, parce que ceux-ci étaient des factieux impurs ; après la chute des Dantonistes, ils y firent mettre la terreur et toutes les vertus, parce qu'ils les appelaient le parti des indulgents et des immoraux (1). »

S'il est impossible, en effet, d'oublier que Robespierre avait banni l'indulgence de ses principes, parce qu'il la croyait, à tort, mauvaise et destructrice de l'idée salutaire de sanction, on ne peut faire litière des autres principes dont s'inspiraient Robespierre et ses amis, de l'aveu même de leurs plus sévères contempteurs : c'était la justice, la probité, la recherche des vertus, et par conséquent la haine de l'hypocrisie, de l'injustice, et de la corruption si fréquente alors.

Au surplus, cet aveu des écrivains ne fut-il pas, aussi, l'aveu des pires ennemis de Robespierre ?

Le licencieux Louvet, le prenant à parti lors d'une séance de la Convention, s'écrie : « Robespierre, je t'accuse d'avoir calomnié sans relâche les plus purs patriotes ! Je t'accuse... (et c'est là sa péroraison) de

____

(1) Mignet, *loc. cit.*, chap viii, *in fine.*

t'être constamment produit toi-même comme un objet d'idolâtrie, d'avoir souffert que, devant toi, on te désignât comme le seul homme vertueux en France qui pût sauver le peuple... » Il ne vient pas un instant à Louvet l'idée de méconnaître l'exactitude de cette allégation.

Le conventionnel Baudot (1), parlant de la prétendue conspiration de Robespierre et de ses amis au 9 thermidor, écrit : « Il n'y a pas ombre de vérité dans cette accusation. Robespierre parlait ouvertement à la Convention nationale, aux Jacobins ; il ne prit aucune précaution pour venir à l'Assemblée le 9 thermidor. ... Se voyant accablé, il en appela à la vertu : un conspirateur en appelle aux armes. Il était bien assez souvent environné de satellites, mais ces satellites qui marchaient avec audace, présentaient le front et jamais la ruse et les ténèbres... Le matin du 9 thermidor, Duplay le père, qui avait entendu gronder l'orage, qui en avait reçu des avis, dit à Robespierre de prendre des précautions dans le discours qu'il devait prononcer à la Convention nationale : « Non, non, dit Robespierre, il y a encore assez de vertu à la Convention pour me soutenir... »

Seul, un être vertueux peut se faire de telles illusions sur la vertu de ses ennemis ; et quand celle d'un homme public rencontre semblable unanimité d'opinions, on ne peut plus douter, surtout si cette

(1) *Loc. cit.*, p. 152 et 242.

unanimité se retrouve au sein de la famille et parmi les amis (il arrive que la vertu affichée au dehors cache hypocritement les vices domestiques) : or nous avons vu quelle était l'affectueuse admiration de la famille Duplay pour lui ; nous savons par Lamartine (très bien renseigné à cet égard), que Le Bas « croyait à sa vertu comme à son infaillibilité » ; d'autre part Baudot disait de Robespierre jeune « qu'il regardait son frère comme le plus vertueux des hommes » ; et si l'implacable Charles Nodier (1) qualifie Saint-Just de « séide fidèle et sincère de Robespierre, dont l'intègre et incorruptible austérité l'avait soumis », il faut bien croire que Gateau, qui fut secrétaire de Saint-Just, n'exagère pas en disant que ce dernier portait une espèce de culte à son ami (2).

Ses ennemis, comme ses amis, étaient donc sûrs de sa vertu.

On trouva le moyen de lui en faire un grief, en lui reprochant d'y croire lui-même ; je signalais plus haut l'interpellation de Louvet à la Convention ; bien d'autres ont formulé semblable accusation ; Lamartine l'a synthétisée ainsi : « Son malheur et bientôt après son crime fut de se regarder comme seul pur... (3) »

Son malheur et son crime furent aussi d'avoir trop

(1) *Souvenirs*, I, p. 1.
(2) *Préface des Institutions républicaines de Saint-Just*, p. 154.
(3) *Histoire des Girondins*, IV, livre 30, § 9.

bonne réputation. Je ne crois pas qu'on ait jamais exhumé ces commentaires, pourtant significatifs, du 9 thermidor, publiés dans le *Moniteur Universel* du surlendemain : « En vain les calomniateurs éternels du Peuple voudraient-ils profiter de ces événements pour l'accuser de versalité. Le Peuple est toujours juste dans ses jugements. Il veut la liberté et n'aime que ceux qui la défendent. Moins il sera idolâtre pour les individus, plus il sera constant dans l'amour de la patrie. *Plus les réputations individuelles seront précaires*, plus la liberté publique sera affermie. Quiconque s'est rendu assez puissant pour tenter de s'élever au-dessus de la loi, doit trouver dans ses concitoyens autant de Brutus. L'influence excessive d'un seul homme est le fléau le plus dangereux d'une République ».

Ceci est une défense et un aveu; par cette note, les ennemis de Robespierre marquent bien une conscience troublée ; ils cherchent des arguties, mais n'en disent pas moins clairement quel fut, pour eux, le principal crime de cet homme public : il n'eut pas « une réputation individuelle assez précaire » à leur gré ; ils voulurent l'en punir et — monstrueuse iniquité — ils consentirent à étendre la répression sur l'honnête et doux Le Bas, coupable d'amitié envers celui qu'ils nomment « le dictateur ».

Autre grief : on a accusé Robespierre de vouloir se faire le grand prêtre d'une religion nouvelle.

C'est (je le crois, du moins) une erreur absolue. Il avait déjà combattu l'intolérance des prêtres ; en opposant le culte de l'Être suprême au culte de la Raison, dont les manifestations tournaient en scandaleuses orgies, il voulait combattre l'intolérance des athées. Il se fit, ainsi, une nouvelle et nombreuse classe d'ennemis, en ne cherchant, pourtant, qu'à acclimater la tolérance.

Il serait injuste de discuter sa sincérité : nous avons vu quels conseils il donnait aux enfants de ses hôtes — le manuscrit de Mme Le Bas nous en a laissé la preuve irréfutable. — Robespierre croyait à une divinité supérieure, et sa religion était plus éloignée encore des palinodies des Clootz et des Chaumette, que des cérémonies mystiques du culte catholique : il fut écœuré devant les turpitudes et le mascarades dont Paris et la province furent le théâtre (1).

Comment se manifeste, en effet, ce culte de la Raison ?

Fouché, dans la Nièvre (la province, cette fois, de-

---

(1) Si j'insiste aussi longuement sur ce point, c'est que Le Bas a toujours été représenté comme partageant les sentiments de Robespierre sur la religion.

vançant Paris) fait placer une statue du Sommeil à l'entrée de chaque cimetière — ce qui semble assez contradictoire avec l'athéisme, puisque le sommeil suppose un réveil. — De la Rochelle, les représentants écrivent à la Convention que la ville n'aurait plus désormais qu'un seul temple, celui de la Vérité. Gobel, évêque de Paris, et neuf de ses vicaires (sur seize) renoncent publiquement à exercer les fonctions du culte catholique ; beaucoup d'évêques les imitent. Des sections de Paris déclarent ce culte aboli et décrètent la fermeture des églises (1).

Le 20 brumaire (10 novembre 1793), au milieu de l'église Notre-Dame, sur la cime d'une montagne figurée, on élève un temple dont la façade porte ces mots : « A la philosophie ». La Liberté, sous les traits d'une jeune et jolie femme, est assise sur un siège de verdure, ayant autour d'elle deux rangées de jeunes filles vêtues de blanc, « toutes les jolies damnées de l'Opéra », comme disait Hébert. Aux attributs du catholicisme, on substitue les emblèmes et la statue de la Raison. Quand la cérémonie est achevée, les assistants se mettent en marche pour la Convention, et, sur une estrade portée par quatre citoyens, la Maillard, une des plus célèbres actrices du temps, représente la déesse Raison, que le procureur de la Commune présente à la Convention, et qui va s'asseoir au bureau, non sans avoir reçu du

____

(1) Dareste : *Histoire de France*, VII, p. 540 et suiv. (2ᵉ éd.).

président et des secrétaires le baiser fraternel; après
quoi, sur la demande de Chabot, la Convention dé-
cide que Notre-Dame de Paris sera désormais con-
sacrée à la nouvelle divinité (1).

Presque chaque église désormais aura une déesse
Raison, petite ou grande, grasse ou maigre; « le
mouvement dégénéra en orgie, écrit Louis Blanc
(qui ne fait que résumer tout ce qui nous a été rapporté de ces saturnales). La Raison, représentée
d'abord par une artiste aimée du public, chercha
bientôt sa personnification dans d'impures courti-
sanes. Elle trôna sur les tabernacles, entourée de
canonniers qui, la pipe à la bouche, lui servaient de
grands prêtres. Elle eut des cortèges de bacchantes
qui suivaient d'un pas aviné, à travers les rues, son
char, rempli de musiciens aveugles, et, roulant à
côté, un autre char où figurait, au sommet d'un rocher tremblant, un Hercule d'opéra armé d'une
massue de carton ». Des représentants du peuple
dansent, dans les carrefours, avec des filles revêtues
d'habits sacerdotaux; on brûle les reliques de Sainte-
Geneviève parce qu'elles ont contribué à « faire
bouillir la marmite des rois fainéants » et Fayau fait
envoyer au pape un procès-verbal de cette cérémonie. On ordonne la démolition des sculptures de
Notre-Dame : Mercier assure que le tableau de la
Cène forma longtemps l'auvent de la boutique d'un

(1) Hamel : *Histoire de Robespierre*, III, p. 219. — V. *Moniteur* du
25 brumaire (15 novembre 1793).

savetier. Hébert propose à la Commune de renverser les clochers, qui étaient, disait-il, une insulte à l'Égalité. Les sectateurs du nouveau culte enfourchent des mulets chargés de croix, de bénitiers et d'encensoirs ; ils font boire des ânes en chasubles dans les vases sacrés et organisent des marchés au poisson dans les sanctuaires. Au milieu des églises, on fait l'amour, on danse au son de la trompette et de l'orgue ; Saint-Eustache est transformée en cabaret géant. Et des prêtres, nouveaux convertis, prennent part à ces orgies.

N'était-ce point là des manifestations d'intolérance, — humiliantes pour Paris et pour la France entière ?

Robespierre, à lui seul, arrêta cette folie.

Le 20 novembre 1793, il fait entendre aux Jacobins de violentes protestations, qu'il renouvelle à la Convention le 5 décembre suivant (15 frimaire an II). Il parle en maître : « Nous ne souffrirons pas, dit-il, qu'on lève l'étendard de la persécution contre aucun culte, que l'on cherche à substituer des guerres religieuses à la grande cause que nous défendons... » « La République n'est pas athée, dit-il aussi ; c'est sous les auspices de l'Être suprême qu'elle a proclamé les principes immuables des sociétés humaines, les lois de la Justice éternelle. » Et ailleurs : « On a dénoncé des prêtres pour avoir dit la messe ; ils la diront plus longtemps, si on les empêche de la dire. Celui qui veut empêcher de dire la messe est plus fa-

natique que celui qui la dit... L'idée d'un grand Être
qui veille sur l'innocence opprimée et punit le crime
triomphant est toute populaire... Ce sentiment est
celui de l'Europe et de l'Univers, c'est celui du
peuple français. Le peuple français n'est attaché ni
aux prêtres, ni à la superstition, ni aux cérémonies
religieuses ; mais il l'est à l'idée d'une puissance in-.
compréhensible, effroi du crime et soutien de la
vertu. » Et il rappelle cette séance des *Jacobins* du
26 mars 1792, où Guadet lui faisait un crime d'avoir
prononcé le mot de *Providence* (1) et dans laquelle,
déjà, il exposait ses idées de tolérance.

Ce discours précéda de quelques mois le célèbre
rapport du 18 floréal et la fête de l'Être Suprême
(20 prairial, an II : 8 juin 1794).

*
* *

J'ai signalé qu'à cette date, la popularité et la puissance de Robespierre étaient à leur comble ; j'ai dit
quelle était sa réputation de vertu et quelles étaient
ses idées de tolérance.

Est-il utile de noter que cette puissance formidable

---

(1) Voir, sur les opinions religieuses de Robespierre, le livre du
D' Robinet : *Le mouvement religieux à Paris pendant la Révolution*, t. II, qui rapporte, notamment, d'après le *Journal des
Débats de la Société des Amis de la Constitution séante aux Jacobins*, et avec des commentaires manquant d'indulgence pour Robespierre et pour ses principes, cette fameuse séance du 26 mars.

n'a jamais servi ses intérêts particuliers ni ceux de
ses amis?

N'est-il pas suffisamment avéré que cette vertu, si
éclatante chez Robespierre, était commune à la plupart de ses fidèles, et surtout à Le Bas?

Tous ces hommes moururent pauvres, et leurs
familles, qui ne furent jamais à l'honneur, furent
à la peine : voilà des preuves convaincantes, si je ne
me trompe?

Faut-il, enfin, donner des exemples de la tolérance
dont firent preuve ces mêmes amis — et Le Bas, en
particulier?

Nous avons vu la conduite de Le Bas aux armées :
sa modération, sa bonté, corrigèrent bien souvent la
sévérité de Saint-Just. Mais, dès avant cette époque,
il avait donné des preuves non équivoques de généreuse tolérance : c'est ainsi qu'en quittant le poste
d'administrateur auquel il avait été appelé par le directoire du Pas-de-Calais, en décembre 1791, Le
Bas détacha du registre des dénonciations de la commune d'Arras plusieurs feuillets concernant des
malheureux, accusés de protéger des prêtres inser-
mentés ou d'assister à leurs offices : ces feuillets
ont été conservés ; ils concernent une quinzaine de
personnes des districts de Calais et de Montreuil qui
durent la vie à leur administrateur (1).

(1) Je donne ici les noms des dénoncés ; on ne peut être trop
précis en cette matière : Guillaume-François Payelville, greffier du
juge de paix de Mannequeber ; Joseph Ducrocq, administrateur du
district de Calais ; Pierre-Antoine Milloir, maire de Sainte-Marie-

Ils ne furent pas les seuls, d'ailleurs. Lorsqu'en 1806, le fils de Le Bas fut placé par sa mère au collège de Juilly, il fut présenté à M. Balland, Père de l'Oratoire, alors grand préfet des études de cet établissement, et qui fut plus tard inspecteur général de l'Université ; au nom de Le Bas, le vieil oratorien s'écria : « Madame, cet enfant serait-il le fils du député du Pas-de-Calais à la Convention nationale ? » Sur la réponse affirmative qui lui fut faite, le prêtre prit l'enfant dans ses bras, et le pressa contre sa poitrine, en disant : « Ah ! madame, je ne saurais prendre trop de soin de votre fils ; son père m'a sauvé la vie (1). »

Querque, et Pierre Aniérée, notable de cette municipalité ; Duclay, juge de paix de Capelle ; le curé de Huby-Saint-Leu et le procureur-syndic du canton de Montreuil (non dénommés) ; Norbert-Carpentier, maire de Saint-Rémi ; David, Riquier, Cossarts et Warnin, administrateurs du district de Montreuil, et Leblond, procureur-syndic de ce district ; Hesdin, maire d'Enquinicourt, et la demoiselle Solvic.

(1) Propos rapporté par le fils de Le Bas.

XV

Le 9 thermidor. — Ce qu'on reproche à Robespierre. — La
séance de la Convention. — Le sacrifice de Le Bas. — État
d'esprit des Thermidoriens — Arrestation de Robespierre
et de ses amis. — Ils sont délivrés et se rendent à la Commune. — Les hésitations de Robespierre. — Son assassinat. — Le suicide de Le Bas. — Ses parents et ses amis
emprisonnés.

Louis Blanc s'est demandé ce qu'on reprochait à
Robespierre le 9 thermidor : « Lui reproche-t on
d'avoir personnifié un régime de sang, poussé aux
excès révolutionnaires, rempli les prisons, vanté le
règne de la guillotine ? Non : ce qu'on lui impute,
au contraire, c'est d'avoir protégé d'anciens nobles,
fait destituer le plus fougueux des comités révolutionnaires de Paris, défendu Camille Desmoulins, et
essayé de sauver Danton. » — Ici Louis Blanc indique les paroles de Billaud-Varennes reproduites
au *Moniteur :* « La première fois que je dénoncai

Danton au Comité, Robespierre se leva comme un furieux, disant qu'il voyait mes intentions, que je voulais perdre les meilleurs patriotes. Cela me fit voir l'abîme creusé sous nos pas. » — Et l'historien ajoute : « Ce fut Louchet, on l'a vu, qui proposa le décret d'arrestation, et, trois semaines après, ce même Louchet demandait, comme unique moyen de salut public, la mise à l'ordre du jour de la Terreur (1). »

Ces constatations déconcertent et donnent un regain de cruauté au drame qui s'est passé à la Convention.

Essayons d'en reconstituer la partie qui intéresse Le Bas :

Robespierre, attaqué par Billaud-Varennes, Barrère, Vadier, Tallien, essaye de parler ; sa voix est couverte par les cris de ses collègues et par la sonnette que le président Thuriot agite sans interruption.

Le Bas réclame, lui aussi, la parole ; il s'agite et fait du bruit pour l'obtenir.

Il est rappelé à l'ordre.

Il insiste.

— A l'Abbaye le séditieux ! font plusieurs voix de la Montagne.

— Pour la dernière fois, crie Robespierre, me donneras-tu la parole, président d'assassins ?

Thuriot continue à agiter sa sonnette et Robes-

(1) *Histoire de la Révolution*, livre 12, ch. 7.

pierre retourne à sa place, épuisé de fatigue et de colère.

On demande son arrestation. Elle est appuyée de toutes parts.

— Je suis aussi coupable que mon frère, dit Robespierre jeune; je partage ses vertus; je veux partager son sort!

(J'emprunte ce résumé à Mignet et à Thiers; leur antipathie pour Robespierre me préservera de l'accusation de parti-pris. Je cite maintenant le *Moniteur* (1), organe plus partial encore, si c'est possible).

« PLUSIEURS VOIX. — Aux voix l'arrestation!

« Elle est décrétée à l'unanimité (2).

« Tous les membres se lèvent et font retentir la salle des cris de : *Vive la Liberté! Vive la République!*

« LOUCHET. — Nous avons entendu voter pour l'arrestation des deux Robespierre, de Saint-Just et de Couthon.

« LE BAS. — Je ne veux pas partager l'opprobre de ce décret ; je demande aussi l'arrestation..... »

Ce cri du cœur, ce mouvement d'admirable abnégation laisse la plupart des historiens absolument froids ; Thiers ne le relate même pas; il se contente

____

(1) *Moniteur Universel,* 1794, n° 311, page 1274.
(2) C'est évidemment par erreur que le *Moniteur* porte « unanimité ».

de noter : « Le Bas demande à y être adjoint (au décret d'arrestation); *on lui accorde sa demande,* ainsi qu'à Robespierre jeune..... » Pas un cri de pitié ! Pas un mot d'émotion, en relatant le dévouement de ces deux hommes et la veulerie de l'Assemblée, qui les ajoute au décret sans protestation !

Le conventionnel Baudot, l'ennemi des Robespierre pourtant, a montré plus de cœur en écrivant :

« La Convention fit mourir Robespierre le jeune sans autre motif que son dévouement fraternel, que sa piété de famille. En effet, personne ne songeait à mettre le jeune Robespierre en cause, mais il voulut absolument partager le sort de son frère. C'était un désespoir louable, légitime, ce n'était pas une raison pour le comprendre dans une loi de mort. C'est un acte barbare de faire périr un homme innocent parce qu'il aime son frère, ce frère fût-il coupable. Il ne se trouva pourtant personne pour s'opposer à cet attentat. Toutes les voix qui ont gardé le silence sont coupables ; qu'il se montre celui qui prit la parole ! Du reste, dans la même séance, Le Bas fut livré à la mort à cause de son attachement pour Saint-Just... (1) Croirait-on que la mise en accusation de Robespierre jeune et de Le Bas excita une joie féroce dans le Marais et même dans l'Assemblée (2) ? »

(1) Il faut lire « pour Robespierre et pour ses propres convictions. »

(2) *Notes historiques sur la Convention nationale,* p. 81.

Hamel, parlant de Le Bas dit, de son côté (1) :
« ..... Mais voici que tout à coup se lève, à son tour,
un des plus jeunes membres de l'assemblée, Philippe
Le Bas, le doux et héroïque compagnon de Saint-Just.
En vain quelques-uns de ses collègues le retiennent
par les pans de son habit et veulent le contraindre à
se rasseoir, il résiste à tous leurs efforts, et, d'une
voix retentissante : « Je ne veux pas partager l'opprobre de ce décret ; je demande aussi l'arrestation ! »
Tout ce que le monde contient de séductions et de
bonheurs réels attachait ce jeune homme à l'existence. Une femme adorée, un fils de quelques semaines à peine, quoi de plus propre à glisser dans le
cœur de l'homme le désir immodéré de vivre ? S'immoler, n'est-ce pas en même temps immoler pour ainsi
dire le cher petit être dont on est appelé à devenir le
guide et l'appui ? Le Bas n'hésita pas un instant à
sacrifier toutes ses affections à ce que sa conscience
lui montra comme le devoir et l'honneur même. Il n'y
a point en faveur de Robespierre de plaidoirie plus
saisissante que ce sacrifice sublime. »

Reprenons le récit du *Moniteur* :

« Élie Lacoste. — Je demande l'arrestation de
Robespierre jeune, etc...

« L'arrestation de Robespierre jeune est décrétée.

« *Vifs applaudissements.*

(1, *Histoire de Robespierre*, III, p. 760.

« Fréron. — Citoyens collègues, la Patrie, en ce jour, et la liberté vont sortir de leurs ruines.

« Robespierre. — Oui, car les brigands triomphent.

« Fréron. — On voulait former un triumvirat qui rappelait les proscriptions sanglantes de Sylla ; on voulait s'élever sur les ruines de la République, et les hommes qui le tentaient sont Robespierre, Couthon et Saint-Just.

« Plusieurs voix (1). — Et Le Bas.

« Fréron. — Couthon est un tigre altéré du sang de la représentation nationale. Il a osé, pour passe-temps royal, parler dans la société des Jacobins de cinq ou six têtes de la Convention. (*Oui, oui*, s'écrie-t-on de toutes parts). Ce n'était là que le commencement, et il voulait se faire de nos cadavres autant de degrés pour monter au trône.

« Couthon. — Je voulais monter au trône ; oui (2).

« Fréron. — Je demande aussi le décret d'arrestation contre Saint-Just, Le Bas et Couthon.

« Élie Lacoste. — J'appuie cette proposition. C'est moi qui ai dit le premier au Comité de Salut public que Couthon, Saint-Just et Robespierre formaient un triumvirat... »

Et après avoir ajouté quelques mots sur Saint-Just,

(1) Il est malheureux que le *Moniteur* n'ait pas conservé le nom de ces vaillants.

(2) Le *Moniteur* n'enregistre pas la mélancolique ironie de ce « oui », prononcé par un podagre.

il termine par cette conclusion au moins étrange, à l'égard de Le Bas, dont il n'a pas encore parlé : « Je demande le décret d'arrestation contre Couthon, Saint-Just et Le Bas. »

« Cette proposition, dit le *Moniteur*, est décrétée au milieu des plus vifs applaudissements (1). »

(1) Pour se faire une idée de la mentalité des rédacteurs du *Moniteur*, pendant la période qui suivit le 9 thermidor, il faut lire et méditer la pièce suivante, parue quelques jours après (18 thermidor).

LITTÉRATURE — POÉSIE

A la Convention nationale, la Patrie reconnaissante.

(Ode sur la révolution du 9 thermidor, offerte à la Convention par C.-J. Trouvé, l'un des rédacteurs du MONITEUR*).*

> O des vertus et du courage
> Asile saint, Temple éternel,
> Qui retentiras d'âge en âge
> De leur souvenir solennel ;
> Toi, qui de nos braves cohortes
> Aux siècles transmets les exploits,
> O Panthéon ! ouvre tes portes,
> Que ta voûte réponde aux accents de ma voix !
>
> Entends la voix de la Patrie ;
> Oui, c'est moi qui viens en ce jour,
> A la plus sublime énergie
> Payer le plus juste retour ;
> C'est moi ; c'est ma reconnaissance
> Qui vient honorer nos enfants :
> O jour de bonheur pour la France !
> Jour d'immortalité pour ses représentants !
>
> Sur la colonne de la gloire
> Je graverais leurs noms chéris ;
> L'ennemi lisant leur victoire
> Reconnaîtra mes vrais amis ;
> Et de leur accord unanime,
> Admirant l'auguste fierté,
> Il verra l'audace du crime
> Pâlir d'un souffle seul devant la Liberté. (*Sic*).
>
> Réponds, dictateur parricide
> Quels sont tes sincères projets !
> Tu disais, dans ton cœur avide : (*Sic*.)
> Bientôt ils seront mes sujets.

Un certain nombre d'acharnés, pressés d'en finir,
s'écrient : « A la barre ! A la barre ! » ; parmi eux

> La terreur fera ma couronne,
> Mon sceptre, la faulx de la mort,
> Des cadavres feront mon trône,
> Et le sang, dans mon âme (*sic*), éteindra le remords . .
>
> Mais le volcan de la Montagne
> Bouillonne et gronde sous tes pas :
> Sa menace en vain t'accompagne,
> Elle est l'arrêt de ton trépas.
> Va, traître, avec tes vils complices
> Va expier tous tes forfaits.
> Est-il d'assez cruels supplices
> Pour venger tous les maux que les monstres m'ont faits ?
>
> Ils se flattaient, les misérables,
> Que le masque de la vertu
> Couvrirait leurs traits effroyables ;
> Leurs traits et leurs cœurs sont à nu :
> Qu'ils sont hideux ! Quel assemblage
> De bassesse et d'atrocité !
> La vertu seule a du courage ;
> Mais le crime, pour sœur, n'a que la lâcheté.
>
> C'est trop longtemps peindre le crime,
> Prenons de plus douces couleurs, etc.

Suivent trois couplets d'ordre sentimental où les représentants reçoivent de salutaires conseils, que beaucoup auraient pu méditer utilement :

> Et vous représentants fidèles,
> O vous, mes chers libérateurs,
> Soyez toujours les vrais modèles
> Du patriotisme et des mœurs.

J'ai cru devoir reproduire ces strophes ; elles intéressent Le Bas qui fait partie des « vils complices », « monstres », misérables, » « hideux », etc. Et puis, pour lamentable que soit ce chant de triomphe, pour piteux et méprisable que soit le barde officiel à qui on l'a payé, il m'était agréable de montrer jusqu'à quelle hauteur pouvait s'élever le souffle thermidorien ; ce n'est pas dans les savantes compositions des historiens, pas plus que dans les hymnes chantés plus tard par des poètes plus expérimentés qu'il faut chercher la *note juste* du 9 thermidor ; c'est dans les écrits contemporains commandés sur mesure, et celui-là est au premier rang.

J'y joins un autre document, tout à fait officiel celui-là, et qui me parait un chef-d'œuvre d'inconsciente niaiserie :

se distingue Clauzel, député de l'Ariège, qui accueillit plus tard avec transport le coup d'État de brumaire, et qui, devenu membre du corps législatif

« COMMUNE DE PARIS. — DÉPARTEMENT DE POLICE

« Le 13 thermidor.

« L'an II de la République française une et indivisible :

« *Rapport général de la Surveillance de la Police.*

« Les groupes étaient très bons, même avant-hier au soir. On
n'y traitait que de la grande crise et du salut de la République qui
en est la suite.

« On blâmait l'idolâtrie du parisien, en citant Robespierre, que
l'on ne connaissait pas assez.

« Il semble que les événements du 9 au 10 ont donné un nouveau
degré d'énergie à tous les vrais républicains, qui se rapprochent
pour se réunir à la cause de la Patrie. La joie pour la punition des
scélérats est à son comble, et toutes les dispositions des citoyens
sont rassurantes.

« Un chanteur, sur la place Egalité, avait des couplets contre le
tyran Robespierre ; il fut apostrophé par trois particuliers qui dirent : A bas le chanteur. Ces trois particuliers furent arrêtés par le
public, et conduits chez le commissaire.

« Un inspecteur de police, de garde à la Convention, a saisi au
corps de garde un ancien jeu de cartes, et en a suppléé un républicain. On remarque qu'il existe beaucoup de ces anciens jeux qui
rappellent la tyrannie.

« Le club électoral a fermé hier au soir ses séances.

« Il y a eu quelques disputes, hier, pour le pas entre les sections,
lors des députations à l'Assemblée nationale ; elles n'ont point eu
de suites.

(Suit l'énumération de plusieurs suicides).

« Rue Benoit, section de l'Unité, l'égoût était ouvert, un cheval
de timon s'est abattu près de cet égoût, qui n'était fermé que par
de faibles planches, et le train de derrière du cheval a passé dans
l'égoût ; tels efforts qu'on ait pu faire, le train de derrière a en-
trainé le corps, et le cheval, tombé dans l'égoût, y est mort, et a
été retiré en morceaux.

« A la lecture du journal, hier, sur les quatre à cinq heures de
relevée, on y voyait que tous les membres de la Commune étaient
hors la loi, le citoyen Michel, l'un des administrateurs de police, a
manifesté des symptômes de folie, et la faiblesse a succédé ; revenu
à lui, la fureur lui a fait porter la main sur lui-même ; il s'est percé

consulaire, ne cessa de donner au pouvoir nouveau des gages de dévouement et de zèle (1).

Les huissiers hésitent ; ils n'osent exécuter les ordres du président.

Robespierre et ses amis ont pitié de leur trouble ; ils se rendent d'eux-mêmes à la barre et sont livrés à la gendarmerie.

Le Bas est dirigé sur la Conciergerie tandis que ses amis sont transférés au Luxembourg, à Saint-Lazare ou ailleurs.

Mais, avant de l'emprisonner, on désire s'assurer de ses papiers. Le Comité de Sûreté générale le fait reconduire à son domicile, où le procès-verbal suivant est dressé :

Ce jourd'hui, 9 thermidor IIe année républicaine une et indivisible.

Nous Michel Crespin et Simon Langlois, membres du comité révolutionnaire de la section des Piques, sur la réquisition du citoyen Demonceaux, secrétaire-agent du comité de Sûreté générale, porteur d'un ordre du dit comité en ces termes :

« Convention nationale ; Comité de Sûreté générale et

de quatre coups de couteau ; on l'a saisi, et on l'a conduit à la maison de secours de la Patrie.

« On dit qu'ils ne sont pas dangereux.

« Il a été délivré beaucoup de lard dans les sections. L'ordre a régné.

« Pour rapport :
« Les administrateurs au département de police.
« THIBOUST. »

(Arch. nat., F⁷, 4432).

(1) Biographie universelle.

de surveillance de la Convention nationale. — Du 9 thermidor an II de la République française. — Le Comité de Sûreté générale arrête que *Le Bas*, député à la Convention, sera mis en état d'arrestation et traduit dans la maison de la Force, où il sera mis au secret, et les scellés apposés sur ses papiers, le tout en vertu du décret de ce jour. — Charge de l'exécution le porteur du présent et l'autorise à requérir les autorités civiles et militaires. — Les représentants du peuple : Bayle, Élie Lacoste, Louis du Bas-Rhin et Dubarran. »

Sommes transportés avec ledit citoyen Demonceaux rue Neuve-du-Luxembourg n° 148, au domicile dudit citoyen Le Bas, où étant au troisième donnant sur la cour, où nous avons trouvé ledit Le Bas, qui avait été acconduit du Comité de Sûreté générale de la Convention, et après l'ordre à lui communiqué par ledit requérant qu'il nous a dit avoir parfaitement connaissance, il nous a fait ouverture de tous les meubles renfermant des papiers que nous avons extraits et remis dans un petit cabinet au troisième, même étage que ci-dessus, ayant vue sur une petite cour par une seule fenêtre à deux carreaux, et sur laquelle, ainsi que sur la porte fermée à la clef, restée en mains du citoyen Demonceaux, il a été apposé deux scellés sur bandes de papier blanc, aux deux extrémités desquelles est l'empreinte en cire molle rouge du timbre du Comité révolutionnaire de la section des Piques, les cachets étant occupés ailleurs, lesquels avons laissés à la charge et garde du citoyen Rousseau, demeurant rue des Capucines, qui les a reconnus sains et entiers et s'est chargé de les rendre en même état sous les peines portées par la loi et à qui de droit.

Et après perquisition faite dans ledit appartement, il s'est trouvé en évidence une espingole, une carabine et un sabre, qui ont été emportés par ledit citoyen Demonceaux, pour être déposés au Comité de Sûreté générale.

Le tout fait en présence de toutes les personnes susnommées et qui ont signé le présent procès-verbal.

Et avons laissé ledit citoyen Le Bas ès-mains dudit citoyen Demonceaux, pour l'exécution entière dudit ordre, ainsi qu'il le reconnaît.

Signé : Le Bas, Crespin, Demonceaux, Rousseau et Langlois (1).

(Arch. Nat. F⁷ 4770.)

Cependant, au coup d'Etat de la Convention, les

(1) Il faut, pour éclairer ce document, le rapprocher de cet autre :
« Ce jourd'hui, 2 fructidor, l'an II de la République française une et indivisible.

» Nous, Nicolas Lhuillier et Laurent Garnier, commissaires du Comité de surveillance et révolutionnaire de la section des Piques, sur la réquisition des citoyens représentants du peuple soussignés, chargés par la Convention de l'examen des papiers des députés condamnés, sommes transportés au domicile de Le Bas, mort par la loi, où étant et en la présence des citoyens représentants, avons brisé nos scellés, après les avoir reconnus sains et entiers, ainsi que ceux apposés par le département, d'après l'autorisation des représentants du peuple, lesquels étant entrés dans la chambre dudit Le Bas renfermant des papiers, ont fait extraction de ceux qu'ils ont trouvé nécessaires et utiles à leurs opérations, après quoi ayant reçu la déclaration du citoyen Jean Louis Rousseau, qui dit que les scellés ont été apposés chez ledit Le Bas vers les cinq heures du soir, le 9 thermidor dernier, en la présence de Le Bas, accompagné d'un gendarme et d'un agent du Comité de sûreté générale, et attendu qu'il n'y avait aucuns effets dans la chambre renfermant lesdits papiers, avons, de l'avis des citoyens représentants, laissé en liberté ladite pièce et déchargé seulement le gardien des scellés, le laissant toujours surveillant des effets restés en évidence.

» De tout ce que dessus, avons fait et dressé le présent procès-verbal que nous avons signé avec les citoyens représentants. »

Il est à noter ici que, des neuf signatures qui suivent, celle de Guffroy est la première ; ce personnage, on s'en souvient, avait joué un assez vilain rôle quelque temps avant le mariage de Le Bas. (Voir, plus haut, le manuscrit de la veuve du conventionnel.)

(Arch. Nation. F⁷ 4770.)

91 membres de la Commune présents opposent d'é-
nergiques décisions (l'agent national avait reçu à
cinq heures, par l'entremise du commissaire des administrations civiles, police et tribunaux, notifica-
tion du décret d'arrestation, et son substitut avait
assisté à la séance de l'Assemblée.) Les administrateurs de police sont aussitôt chargés de prescrire aux
concierges des différentes maisons d'arrêt de ne recevoir aucun détenu ; des commissaires pris dans le
sein de la Commune sont désignés pour aller, accompagnés de la force armée, délivrer Robespierre et les
autres prisonniers ; et l'adresse suivante est adressée aux 48 sections :

« Citoyens, la patrie est plus que jamais en danger. Des scélérats dictent des lois à la Convention,
qu'ils oppriment. On proscrit Robespierre, qui fit
déclarer le principe consolant de l'Être suprême et
de l'immortalité de l'âme ; Saint-Just, cet apôtre de
la vérité, qui fit cesser les trahisons du Rhin et du
Nord, qui, ainsi que Le Bas, fit triompher les armes
de la République ; Couthon, ce citoyen vertueux qui
n'a que le cœur et la tête de vivants, mais qui les a
brûlants de l'ardeur du patriotisme ; Robespierre le
jeune qui présida aux victoires de l'armée d'Italie.

« Quels sont leurs ennemis ? Un Amar, noble de
30,000 livres de rentes, Dubarrau, vicomte, et des
monstres de cette espèce, Collot d'Herbois, ce par-
tisan de l'infâme Danton, comédien qui, dans l'ancien régime, avait volé la caisse de sa troupe ; ce

Bourdon de l'Oise qui calomnia sans cesse la Commune de Paris ; ce Barrère, qui appartint à toutes les factions tour à tour, et qui a fait fixer le prix des journées des ouvriers pour les faire périr de faim. Voilà les scélérats que le Conseil te dénonce. Peuple, lève-toi ! Ne perdons pas le fruit du 10 août et du 31 mai, et précipitons au tombeau tous ces traîtres.

> » LESCOT-FLEURIOT, *maire.*
> » BLIN, *secrétaire-greffier-adjoint* (1). »

Tandis que les comités de Salut public et de Sûreté générale contrecarrent les arrêtés pris par la Commune, la Société des Jacobins, au contraire, correspond avec elle, se déclare en permanence, et, à deux heures et demie du matin, délègue dix de ses membres — parmi lesquels Duplay — pour s'unir à la Commune et « veiller avec elle au salut de la chose publique. »

Cependant Robespierre et ses amis avaient été arrachés aux prisons où les avait fait transférer le comité de Sûreté générale.

Au moment où Le Bas sortait de la Conciergerie, un fiacre s'arrêtait au guichet de la prison, et deux jeunes femmes en descendaient tout éplorées. L'une était Élisabeth Duplay, l'épouse du proscrit volontaire, qui, souffrante encore, venait apporter à son mari divers effets, un matelas, une couverture ;

____

(1) Arch. Nat. F⁷ 4433, (liasse des documents offerts par M. Barbier.)

l'autre, Henriette Le Bas, celle qui avait dû épouser Saint-Just. En voyant son mari libre et comme emméné en triomphe par une foule ardente, Mme Le Bas éprouva tout d'abord un inexprimable sentiment de joie, courut à lui, se jeta dans ses bras, et se dirigea avec lui du côté de l'Hôtel-de-Ville. Mais de sombres pressentiments torturaient l'âme de Philippe : sa femme nourrissait ; il voulut lui épargner de trop fortes émotions, et l'engagea vivement à retourner chez elle, en lui adressant mille recommandations au sujet de leur fils.

Le Bas retrouva, à l'Hôtel-de-Ville, Saint-Just et Robespierre : ce dernier avait cédé aux instances de ses amis, après avoir refusé de se rendre à la Commune.

On sait le reste : Maximilien refusant de sanctionner de sa signature l'appel à l'insurrection contre la Convention ; Couthon, tardivement arrivé, le suppliant d'adresser une proclamation aux armées, et Robespierre hésitant, temporisant ; les émissaires de la Convention proclamant, à la lueur des torches, le décret de mise hors la loi et ameutant le peuple contre la Commune...

Le Bas, pendant ce temps, rédigeait une lettre à Labretèche, commandant du Camp des Sablons. Nous savons que le jeune conventionnel exerçait sur ce qu'on appelait « l'École de Mars » une influence considérable ; il eût pu faire un appel direct à son intervention ; il s'en abstint.

Voici sa lettre :

Un complot affreux vient d'éclater. Je suis au nombre des représentants fidèles que les conspirateurs ont fait arrêter. Mes soupçons sur la destination du camp sont réalisés : c'est à toi de t'opposer à ce que l'on ne l'abuse pas au point de s'égorger lui-même en marchant sous les étendards des traîtres. Le peuple l'observe ; il est déterminé à se sauver : songe à lui être fidèle.

C'est là le dernier écrit de Le Bas ; quelques instants après, le gendarme Merda (1) s'approchait traîtreusement de Robespierre et lui fracassait la mâchoire d'un coup de feu ; Le Bas, croyant blessé à mort celui qui personnifiait, pour lui, la liberté et la République, s'empara d'un pistolet et se fit sauter la cervelle : il échappait ainsi aux insultes des « aboyeurs de guillotine ».

Son corps fut levé à sept heures du matin et porté immédiatement au cimetière de Saint-Paul, section de l'Arsenal (2).

(1) Merda changea plus tard son nom en celui de Méda, qu'adoptent, d'instinct ou par euphémisme, presque tous les historiens. Hamel a rétabli son véritable nom au moyen de documents authentiques (*Histoire de Robespierre*, III, p. 791) ; il a pu suivre aussi la destinée de ce personnage, qui ne cessa de battre monnaie avec le meurtre de Robespierre : il fut nommé sous-lieutenant au 5ᵉ régiment de chasseurs, dès le 25 thermidor, *pour avoir fait feu sur les traîtres Couthon et Robespierre* (*Moniteur* du 28 thermidor : 15 août 1794). Fatigués de ses obsessions, Collot d'Herbois et Barère lui déclarèrent, plus tard, qu'on ne devait rien à un assassin (Lettre de Merda au Directoire, en date du 20 germinal an IV : collection de Girardot.) Il finit par avoir de l'avancement, car il mourut colonel et baron de l'Empire.

(2) Rapport de Raymond, fonctionnaire public, et de Colmet, commissaire de police de la section des Lombards, assistés du citoyen Rousselle, membre du Comité révolutionnaire de la section

Moins heureux que lui, ses amis subirent les pires outrages et les pires souffrances — physiques et morales — avant de tomber sous le couteau de la guillotine.

Je ne retracerai point la tragédie qui se joua sur la place de la Révolution ; elle est trop connue. Qu'il me suffise d'évoquer le souvenir de ces femmes, luxueusement parées et la gorge nue, qui garnissaient les fenêtres sur tout le parcours des charrettes, rue Saint-Denis, rue de la Ferronnerie et rue Saint-Honoré, en hurlant : « A la guillotine ! » C'est le signe précurseur du règne joyeux des filles : Barras et Thérézia Cabarrus, femme Tallien, régleront la danse.

*
* *

Avec Robespierre, avec Saint-Just, avec Le Bas, finit la grande mais terrible période de la Révolution ; la seconde commence, faite de bassesses et d'intrigues, de cupidité et d'hypocrisie.

Dans aucune de leurs fictions, les poètes et les historiens imaginatifs n'ont décrit époque — à la fois

de la Cité, en l'absence du citoyen juge de paix (Pièce de la collection Beuchot). — Les *Procès verbaux des séances de la Convention* (tome 42, page 216) contiennent, en outre, la mention suivante : « Le juge de paix de la section de Gravilliers apporte à la Convention nationale... les effets trouvés sur le cadavre de Le Bas (à la Commune) ; ils sont renvoyés à l'instant aux Comités de Salut public et de Sûreté générale. (Séance du 9 thermidor) ». V. l'extrait de l'acte de décès reproduit plus loin.

sublime et sanglante — plus formidable que les cinq
années qui viennent de s'écouler : « Ni le siècle de
César et d'Octave à Rome, a dit Lamartine (1), ni le
siècle de Charlemagne dans les Gaules et dans la
Germanie. Ni le siècle de Périclès à Athènes. Ni le
siècle de Léon X en Italie. Ni le siècle de Louis XIV
en France, ni le siècle de Cromwell en Angleterre. »

Et dans un élan superbe de lyrisme, Lamartine
ajoute : « ...La lumière brille à tous les points de
l'horizon à la fois. Les ténèbres se replient. Les préjugés reculent. Les consciences s'affranchissent. Les
tyrannies tremblent. Les peuples se lèvent. Les
trônes croulent. L'Europe intimidée essaie de frapper,
et, frappée elle-même, recule pour regarder de loin
ce grand spectacle. Ce combat à mort pour la cause
de la raison humaine est mille fois plus glorieux que
les victoires des armées qui lui succèdent. Il con-
quiert au monde d'inaliénables vérités au lieu de con-
quérir à une nation de précaires accroissements de
provinces. Il élargit le domaine de l'homme au lieu
d'élargir les limites d'un peuple. Il a le martyre pour
gloire et la vertu pour ambition. On est fier d'être
d'une race d'hommes à qui la Providence a permis
de concevoir de telles pensées, et d'être enfant d'un
siècle qui a imprimé l'impulsion à de tels mouvements
de l'esprit humain. On glorifie la France dans son
intelligence, dans son rôle, dans son âme, dans son

(1) *Histoire des Girondins*, VIII, livre 61.

sang ! Les têtes de ces hommes tombent une à une ;
les unes justement, les autres injustement ; mais elles
tombent toutes à l'œuvre. On accuse ou l'on absout.
On pleure ou on maudit. Les individus sont innocents
ou coupables, touchants ou odieux, victimes ou bourreaux. L'action est grande et plane au-dessus de ses
instruments comme la cause toujours pure sur les
horreurs du champ de bataille. Après cinq ans, la
Révolution n'est plus qu'un vaste cimetière. Sur la
tombe de chacune de ses victimes, il est écrit un mot
qui la caractérise. Sur l'une, philosophie. Sur l'autre,
éloquence. Sur celle-ci, génie. Sur celle-là, courage.
Ici, crime. Là, vertu. *Mais sur toutes il est écrit :
Mort pour l'avenir et Ouvrier de l'humanité.* »

*
* *

Le soir du 9 thermidor, Duplay, sa femme, et son
jeune fils, sont incarcérés à Sainte-Pélagie, où
Mme Duplay, renfermée avec des femmes de mauvaise vie, meurt, le surlendemain, d'une mort dont la
cause restera sans doute à jamais un mystère, mais
qui n'en a pas moins toutes les apparences d'un
assassinat (1). Quelques jours après, la veuve de Le

(1) Voici le texte du procès-verbal que je trouve dans la collection Le Bas (voir également l'annotation au bas de la page 331) :
              « *Section des sans-culottes.*
  « Du 11 thermidor an II de la République :
  « Nous, commissaire de police de la dite section, avons été requis
de nous transporter sur les sept heures du matin en la maison
d'arrêt de Pélagie, à l'effet de constater et dresser procès-verbal

Bas, son fils, âgé de six semaines, et sa sœur aînée,
sont arrêtés à leur tour et traînés de prison en pri-

forcé d'une citoyenne détenue en ladite maison, et réquisitoire nous
a été fait par le citoyen Dauphinot, concierge de la dite maison,
qui a signé son réquisitoire.

« Sur quoi nous, commissaire de police, accompagné du secrétaire greffier, nous nous sommes transporté en ladite maison et
en présence du citoyen Ballay, administrateur de police, du citoyen
Dufrène, inspecteur de police, et du citoyen Dauphinot, nous avons
entré dans une chambre au deuxième n° 1, où nous avons trouvé
un cadavre du sexe féminin, en chemise, un mouchoir rouge autour de la tête, le bras gauche appuyé sur la fenêtre, le corps per-
pendiculaire, les deux pieds tournés en dehors, attaché à un ruban
noir, et ledit ruban attaché à un barreau de la fenêtre, et ledit cadavre pendu après. De suite avons fait perquisition dans la chambre
qu'habitait ledit cadavre, que le citoyen Dauphinot nous a dit être
celui de Françoise-Éléonore Veaugeois f° Duplay, âgée de cinquante-
neuf ans, entrée d'hier dans ladite maison par ordre du Comité de
Sûreté générale ; avons trouvé dans une de ses poches un portefeuille
rouge, dans lequel il y avait en assignats la somme de 28 livres
10 sols, trois livres neuf sols en pièces d'argent, une pièce de six
liards, et une pièce de deux sols en cuivre, un jeton d'argent,
douze papiers de différentes espèces, comme lettres, mémoires de
dépense, et sa prestation de serment, qui ont été cotés et paraphés
par le citoyen Ballay. Puis nous avons fait retirer du doigt une
bague montée en or, ayant pour pierre une herborise (*sic*) entourée de
petits rubis, un anneau d'or, deux paires de lunettes, un déshabillé
d'indienne, un jupon de taffetas rayé bleu, un jupon blanc, un cor-
set idem, une pelisse noire, une chemise, une paire de poches, trois
mouchoirs de toile, un de mousseline, une paire de bas de coton,
un bonnet garni de dentelles marqué M. D. et le mouchoir qu'elle
avait sur sa tête, une paire de boucles d'oreilles d'or; les assignats
et les bijoux ont été renfermés dans le portefeuille.

« Nous avons requis le citoyen Barrias, chirurgien-major de la
section des Sans-culottes, à l'effet d'examiner ledit cadavre et de
nous en faire son rapport. Sur quoi, ledit citoyen Barrias a déclaré
avoir reconnu qu'ayant trouvé un cadavre attaché à un barreau de
la fenêtre, qui comprimait la trachée artère et les deux jugulaires,
et ayant examiné la surface du corps, ni coups, ni écorchures, ni
piqûres contondantes, il a trouvé les cuisses et les jambes verge-
tées de sang répandu dans les tissus cellulaires et corps graisseux,
estimé que la cause de la mort a été déterminée par la compression
susdite, que le cadavre pouvait être là depuis environ minuit ou
une heure, et a signé.

« Et tous les effets ci-dessus les avons laissés à la garde du ci-

son jusqu'au 18 frimaire an III (1). On n'épargne
pas ses deux autres sœurs, qui se trouvaient alors

toyen Dauphinot, à la charge par lui de les représenter toutes fois
qu'il en sera requis, et les douze papiers mentionnés au présent, le
citoyen Ballay s'en est chargé pour les remettre au Comité de Sûreté générale, et avons clos et signé le présent.

> « BALLAY, DUFRESNE, DAUPHINOT, HENRIOT, *secrétaire-greffier*,
> BLONDÉ, *commissaire de police.* »

Nous avons vu, plus haut, que Duplay, toujours sous les ver-
rous, fut inquiété lors du procès Fouquier-Tinville, et ne fut relâché, après acquittement, que le 25 floréal an III.

Quant à son fils, on le maintint en prison jusqu'au 9 thermidor
an III, un an, jour pour jour, après son incarcération. Je prie le
lecteur de méditer sur la pièce suivante, et je rappelle que le jeune
Duplay fut incarcéré à l'âge de seize ans.

> « *Maison d'arrêt et de justice du Plessis,*
> *dite Egalité.*

« Extrait de liberté, délivré au citoyen Maurice Duplay, du
8 thermidor, l'an III de la République française une et indivisible.

« Le Comité de Sûreté générale arrête que le citoyen Maurice
Duplay, *détenu depuis un an sans motifs autres que ceux de sûreté
générale,* âgé de dix-sept ans, sera mis en liberté et que les scellés
apposés sur ses papiers seront levés.

« L'administration de police est chargée de l'exécution du présent
arrêté.

« Les membres du Comité de Sûreté générale :

> « *Signé :* SEVESTRE, PIERRET, BAILLY, BAILLEUL, KERVELEGAN,
> DELAUNAY, COURTOIS, BOUDIN.

« Certifié conforme à l'original déposé en ladite maison.

> « Paris, ce 9 thermidor an III.

> > « Le greffier-concierge (*Signature*).
> > (Pièce de la collection Le Bas.) »

Rappelons, pour mémoire, que le père et le fils étaient arrêtés de
nouveau, le 27 floréal an IV, pour n'être mis en liberté que le
7 prairial an V, après acquittement dans le procès Babeuf.

(1) Voici les actes constatant l'arrestation et la mise en liberté de
Mme Le Bas.

> *Première pièce.*

« Ce jourd'hui, 13 thermidor, 2ᵉ année républicaine une et indivisible.

« Nous, Nicolas Lhullier et Michel Crespin, membres du Comité

en Belgique. Des parents plus éloignés, qui n'avaient
jamais vu Robespierre, sont enveloppés dans la pros-
cription. Simon, le neveu de Duplay, est également
jeté en prison. « Il y a cela de remarquable dans

de surveillance et révolutionnaire de la section des Piques, sur la
réquisition à nous faite par les citoyens Patté et Sigogne, secrétaire
agent du Comité de Sûreté générale de la Convention, et porteur
d'un ordre dudit Comité, en date de ce jour et dont extrait ce qui
suit : « Le Comité arrête que la citoyenne veuve Le Bas sera mise
» sur-le-champ en arrestation, dans la maison dite de la Petite
» Force ; la perquisition la plus exacte sera faite de ses papiers et
» ceux qui seront trouvés suspects seront apportés au Comité. —
» Les représentants du peuple, membres du Comité de Sûreté gé-
» nérale de la Convention : VOULLAND, LOUIS (du Bas-Rhin). »

« En conséquence de l'arrêté du Comité de Sûreté générale, nous,
commissaires susdits, sommes transportés rue Neuve-du-Luxembourg, n° 148, au domicile de la nommée veuve Le Bas, où étant,
sommes montés au troisième où nous avons trouvé ladite veuve
Le Bas, à qui il a été donné connaissance de l'ordre du Comité de
Sûreté, à quoi elle a obtempéré, et sommes de suite occupés à la
perquisition la plus exacte et examen des papiers de la dite veuve
Le Bas, dans lesquels il ne s'y est rien trouvé qui mérite description et qui puisse être porté au Comité de Sûreté générale. Ce fait,
et attendu que l'ordre ne porte point apposition de scellés, nous
sommes retirés, laissant tous les effets sous la garde des citoyennes Le Bas et Duplay, sœur et belle-sœur, et du citoyen
Rousseau, gardien précédemment établi pour les scellés apposés
sur les papiers de Le Bas, et dont il demeure garant.

« De tout ce que dessus avons fait et dressé le présent procès-
verbal, que nous avons signé avec les dénommés ci-dessus. Obser-
vons avoir extrait du secrétaire le cachet dudit Le Bas, portant
l'empreinte de la statue de la Liberté et les mots : « Représentants
« du peuple français », que nous avons remis aux citoyens Sigogne
et Patté, pour être par eux déposé au Comité de Sûreté, ainsi
qu'ils le reconnaissent, et sur l'interrogatoire fait à ladite veuve Le
Bas de nous déclarer où demeure le secrétaire de Robespierre l'aîné,
elle a répondu qu'il était son cousin, et qu'il restait dans la maison
de son père, rue Saint-Honoré, avec deux gardiens, ce qu'elle a
affirmé véritable et a signé.

« (Suivent les signatures : ÉLISABETH DUPLAY, veuve Le Bas, SI-
GOGNE, PASTÉ, ROUSSEAU, CRESPIN et LHULLIER.) »

(Arch. nat., F⁷, 4770).

l'emprisonnement de cette famille, a dit Baudot (1),
qu'une des demoiselles Duplay, mariée hors de la
maison paternelle à un mari fort opposé à la Révolution, fut trouvée après beaucoup de recherches et
emprisonnée pour avoir porté le nom de Duplay. »

Quant au vieux père de Le Bas, ces événements
avaient frappé sa raison ; on ne l'en enferma pas
moins pendant trois mois dans la citadelle de Doullens ; l'arrêté qui ordonne cette mesure (2), plus
idiote encore qu'injuste, est signé :

Seconde pièce.

« Liberté. — Égalité.

« CONVENTION NATIONALE

« *Comité de Sûreté générale et de surveillance de la Convention
nationale.*

« Le 18 frimaire, l'an troisième de la République française une et
indivisible.

« Le Comité arrête que la veuve Le Bas, détenue comme suspecte, sera mise en liberté et les scellés levés.

« Les membres du Comité de Sûreté générale :

« *Signé :* BOURDON, de l'Oise, REVERCHON, LOMONT, MATHIEU, LE-
GENDRE, p. BARRAS, MOMNAYON, MEAULTE et BOUDIN.

« Pour copie conforme à l'ordre déposé au greffe de la maison
d'arrêt du Luxembourg, le 18 frimaire, l'an III de la République
française, une et indivisible.

« BOSQUIER, secrét. greffier. »

« La Commission des administrations civiles, police et tribunaux,
certifie que la signature du citoyen Bosquier est celle du greffier
du Luxembourg.

« Fait à Paris, le 24 frimaire, 3ᵉ année.

« Le chargé provisoire,

« AUMON. »

(Pièce de la collection Le Bas).

(1) *Loc. cit.*, page 40.
(2) La pièce dont il s'agit a été conservée dans les archives de la

« A. Dumont, Louis (du Bas-Rhin), Goupilleau (de Fontenai), Amar, Legendre, Barbeau-Dubarran, Voulland et Vadier. » Par excès de zèle, Dumont, qui

famille Le Bas. Elle est ainsi conçue :

> « *Comité de Sûreté générale et de surveillance de la Convention nationale.*

« Le 6 fructidor, l'an second de la République française, une et indivisible.

« Le Comité de Sûreté générale arrête que le nommé Le Bas, notaire à Frévent, district de Saint-Pol, agent de l'émigré, ci-devant prince de Bergues, et père du conspirateur Le Bas sera, sur-le-champ, arrêté et les scellés apposés sur ses papiers et effets.

« Le Comité charge l'agent national du district de Doullens d'exécuter le présent arrêté et d'en rendre compte. »

Dans le même dossier, je trouve l'ordre de mise en liberté. Le voici :

> « *Comité de Sûreté générale et de surveillance de la Convention nationale.*

« Du troisième jour des sans-culottides, l'an deuxième de la République française une et indivisible.

« Le Comité de Sûreté générale arrête que Le Bas père, de Frévent, détenu à la citadelle de Doullens, sera mis en liberté et les scellés levés ; charge l'agent national du district de l'exécution du présent arrêté.

« (Suivent les signatures de CLAUZEL, AMAR, LESAGE, MÉAULLE, MONMAYON, BOURDON, de l'Oise, LOUIS, du Bas-Rhin, COLLOMBEL.) »

Pour compléter ces deux documents, il serait utile de reproduire les procès-verbaux d'apposition et de levée des scellés, qui font également partie de la collection Le Bas ; mais ces pièces sont d'une telle étendue que je me contente de donner un extrait de la première :

« Le 9 fructidor, l'an IIe de la République, Nous Charles-Louis-Gabriel Le Correur, agent national près le district de Doullens, en exécution de l'arrêté du Comité de Sûreté générale, etc...

« Nous sommes transportés avec le citoyen Louis-Joseph-Roch Bernard, chef de bureau au district de Doullens, que nous avons pris pour secrétaire-commis, accompagnés de la force armée, audit Frévent, où étant arrivés sur les neuf heures du soir, nous nous sommes aussitôt rendus en la maison dudit Le Bas, à qui nous avons notifié l'arrêté du Comité de Sûreté générale, lui déclarant que nous

avait écrit cette pièce de sa main, l'adressa à l'agent
national du district de Doullens avec cette note :

le mettions en état d'arrestation, et que nous allions sur-le-champ
et en sa présence apposer les scellés sur ses papiers et effets. »

*Après un inventaire des plus minutieux, l'auteur du procès-verbal
ajoute :*

« Des chambres et armoires sur lesquelles les scellés ci-dessus
ont été apposés, il en a été préalablement extrait les effets qui
suivent, savoir :

« Pour ledit Le Bas :

« Deux cendriers, douze chemises, douze cols, douze mouchoirs
de poche, six paires de bas de fil, trois paires de bas de laine, une
veste blanche piquée, quatre caleçons, six serre-fronts, six bonnets
de coton, une culotte de drap noir, une capote de drap, une veste
molleton, quatre paires de draps, deux paillasses, trois matelas, un
lit de plume, deux traversins, deux oreillers, quatre taies d'oreiller, deux couvertures de laine, une courte-pointe d'indienne, une
de toile blanche, un lit de camp, deux paires de souliers, une paire
de pantoufles, un gilet de laine, un fauteuil et une chaise de
paille, deux cuillers d'étain et deux fourchettes de fer, un pot de
chambre, un pot de faïence avec sa cuvette, deux salières, deux
verres, deux cafetières et une tasse.

« Les dits effets ont été réclamés par ledit Le Bas pour son usage
pendant sa détention

« Pour Marie-Philippe-Armande, Isabelle-Josèphe, et Elmire-
Josèphe Le Bas, ses filles, demeurant avec lui :

« Quarante-trois chemises, cent onze mouchoirs, vingt paires de
bas, vingt paires de chaussons, dix paires de poches, un mouchoir
de soie, neuf corsets, sept serre-front, trente-quatre bonnets ronds,
onze paires de manchettes, deux bonnets piqués, deux tabliers,
vingt-six jupons, quatorze casaquins, quatre douzaines de ser-
viettes, six nappes, sept torchons de toile grise, un tablier de toile
grise, neuf torchons et un tablier de toile blanche, huit paires de
draps, sept taies d'oreiller, un matelas, un lit de plume, deux cour-
tepointes, et quatre paires de souliers.

« Lesquels effets, les dites Le Bas ont réclamés, pour leur usage
pendant la durée des scellés, comme faisant partie de ceux à elles
appartenant.

« Nous avons laisssé audit Le Bas, père, et à ses trois filles, les
effets ci-dessus désignés, sous inventaire à l'égard de ces dernières,
et cela à charge par elles de les représenter à toutes réquisitions,
aux peines de la loi.

« L'usage des autres meubles et effets décrits au présent procès-
verbal et non compris sous les scellés en a également été laissé

« Tu trouveras, ci-joint, un arrêté dont l'exécution ne peut souffrir aucun retard, c'est te dire qu'aussitôt reçu, aussitôt il doit être exécuté, et que le résultat doit en parvenir sans perte de temps. Je compte sur ton zèle. — Salut et fraternité (1). »

Tous les papiers appartenant à Le Bas et aux Duplay furent confisqués ; beaucoup étaient importants ; presque tous ont été retenus par Courtois ou anéantis par lui ; ceux que j'ai reproduits sont les seuls qui aient été restitués à la famille du conventionnel (2).

aux dites Le Bas, sous ledit inventaire, aux charges et peines que dessus.

«... Le tout fait et rédigé en présence du citoyen Delattre, juge de paix, et des citoyens Citarne, officier municipal, Rolet, notable, Furne et Hunocq, membres du Comité de surveillance de la commune de Frévent, qui ont signé avec nous, lesdits Le Bas, Charles Godefroy (*cordonnier à Frévent, institué gardien des scellés*) et le secrétaire-commis, après lecture. »

Le procès-verbal de la levée des scellés (opérée en vertu de l'arrêté ci-dessus du troisième jour des sans-culottides) a été dressé le 2 vendémiaire, an III, par ce même Le Correur et mentionne la mise en liberté de Le Bas à la réception de l'arrêté du Comité de Sûreté générale, c'est-à-dire le 5e jour des sans-culottides. Par lettre du 8 vendémiaire, an III, l'agent national de Doullens avise le Comité Sûreté générale de la mise en liberté de Le Bas et de la levée des scellés opérée par lui.

(Collection Le Bas.)

(1) Pièce de la collection Le Bas.
(2) Voici le certificat constatant la remise partielle des objets saisis chez Le Bas :

« Liberté, Égalité.

« BUREAU DU DOMAINE NATIONAL DU DÉPARTEMENT DE PARIS.

« Convention nationale. — Comité de Sûreté générale

« Du 25 pluviôse, l'an III de la République française, une et indivisible :

« Vu la réclamation de la citoyenne veuve Le Bas, demeurant à

Paris, rue Neuve-du-Luxembourg, n° 148, section des Piques, et sa mise en liberté en date du 18 frimaire dernier,

« Le Comité de Sûreté générale arrête que tous les effets, hardes, linges, livres, et porte-manteau en cuir jaune à elle appartenant lui seront remis et restitués par les dépositaires d'iceux et dans tels dépôts qu'ils soient, le tout sous récépissé.

« Les Représentants du Peuple, membres du Comité de Sûreté générale.

« *Signé :* BOURDON, de l'Oise, ANGUIS, J.-F. ROVERE, GARNIER, de l'Aube, BOUDIN.

« Pour copie conforme, les membres composant le Comité du Domaine national du Département de Paris. »

(Suivent deux signatures : celle de Guillotin et une autre illisible.)

(Pièce de la collection Le Bas.)

XVI

CHANT FUNÈBRE

Pour l'anniversaire des martyrs du 9 thermidor,
avec un acrostiche sur Le Bas (1).

Le temps, sur ses ailes rapides,
A ramené ce jour de deuil
Où du sang plébéien mille traîtres avides
Des défenseurs du peuple ont creusé le cercueil.
Jour fatal, où la mort barbare,
Souriant à tant de forfaits,
Épouvanta par ses affreux succès
Le sombre empire du Ténare.
O vous, que le fer des tyrans

(1. Cette pièce de vers, qui fait partie de la collection Le Bas, n'a pas une plus grande valeur littéraire que celle insérée dans le *Moniteur* du 18 thermidor, mais elle a le mérite de la sincérité. Et puis, il peut être louable de chanter des victimes; il est toujours odieux de les insulter, comme le fit, grossièrement, l'auteur de la première poésie.

N'enleva point à la patrie,
Vous qui, dans ce vaste incendie,
De nos dieux mutilés par une horde impie
Sauvâtes les débris fumants,
A mes tristes accents, joignez vos voix plaintives,
Mêlons sur ces tombeaux nos regrets et nos pleurs ;
Que le concert de vos douleurs
Fixe les ombres fugitives
De nos plus zélés défenseurs.
Et vous, respectables familles,
Que le chagrin rassemble autour de ces cyprès,
Épouses, mères, fils et filles,
A nos soupirs unissez vos regrets.
Dieux ! quelle foule inconsolable
Et de veuves et d'orphelins
Qui vers le ciel, hélas ! toujours inexorable
Lèvent leurs innocentes mains !
Ici, cette mère éplorée
Dont l'âge et la douleur ont blanchi les cheveux,
Sur son sein palpitant presse l'urne sacrée
Qui contient de son fils les restes précieux.
Qu'ai-je besoin, dit-elle de la vie ?
En toi seul, ô mon fils, je trouvais mon soutien.
Ah ! le fer de la tyrannie
A percé ton cœur et le mien !
Tes mains devaient fermer ma débile paupière,
Tu portais avec moi le poids de mes vieux ans,
Je voyais sans horreur la fin de ma carrière ;
Mais les méchants t'ont ravi la lumière !
Je n'ai plus qu'à pleurer sur tes mânes sanglants.
O mort ! la moitié de ta proie
T'échappa dans ce jour de deuil ;
Il n'est plus pour mon cœur de plaisir ni de joie ;
Viens de mon fils, sur moi, refermer le cercueil.

Là, d'une épouse désolée,
J'entends les accents douloureux.
A peine un doux lien a couronné ses vœux
Que la cruelle destinée
Du plus heureux hymen vient éteindre les feux.
Que fais-je à présent sur la terre ?
J'ai perdu mon bien le plus doux.
Chagrin cuisant, douleur amère,
Le crime a frappé mon époux.
Toi pour qui seul j'aimais la vie,
Toi dont le souvenir vient déchirer mon cœur,
O mon époux, ombre chérie,
Loin de toi ta sensible amie
Ne vit plus que pour le malheur.
De ma félicité si promptement passée
L'image, à chaque instant assiégeant ma pensée,
Vient porter dans mon âme un supplice nouveau.
Pourquoi fallut-il te survivre ?
Il m'eût été si doux, cher époux, de te suivre
Et d'entrer avec toi dans la nuit des tombeaux !
Ainsi l'on voit périr le lierre fragile
Dont le chêne robuste était l'heureux appui,
Le chêne tombe et la tige débile
De l'arbrisseau tombe et meurt avec lui.

Plus loin, l'amour en deuil, dans un morne silence,
Sur ce tombeau vient répandre des pleurs.
Quelle lugubre contenance !
Amante malheureuse, ah ! c'est toi qui t'avance
Le cœur en proie aux plus vives douleurs.
Longtemps son regard immobile
Vers la terre toujours fixé,
Semble vouloir percer ce redoutable asile
Où tout son bonheur est passé,

Bientôt la douleur comprimée
S'exhale à travers les sanglots,
Et cette amante infortunée
En les pleurant semble adoucir ses maux :
Des tyrans victime innocente,
O le plus chéri des amants,
Sur ta tombe vois ton amante
Livrée au vautour des tourments.
Ah ! depuis l'instant déplorable
Où de nos oppresseurs la rage impitoyable
A tranché le fil de tes jours,
Cette image horrible et sanglante
A mon âme toujours présente
De ma triste existence empoisonne le cours.
O souvenir qui me désole !
Est-ce donc exister que de vivre sans toi ?
Pour les mortels heureux le temps fuit et s'envole,
Il se traîne à pas lents pour moi.
En vain l'astre qui nous éclaire
Sur mon front obscurci fait jaillir la lumière.
Il ne peut pénétrer de sa vive chaleur
L'ombre que sur mes yeux a jeté la douleur.
O nature, témoin de mon cruel supplice,
Qui vis de mon amant le corps ensanglanté,
Par les mains de l'iniquité
A la rage des rois offert en sacrifice,
Quand le juste est proscrit, quand le crime assassin
Exerce impunément sa barbare influence,
O nature, il n'est plus pour la faible innocence
D'autre asile que dans ton sein.
Hélas ! tu le disais, victime auguste et chère,
Et ton cœur d'amertume en était pénétré :
Le seul tourment du juste à son heure dernière
Et le seul dont alors je serais déchiré

C'est de voir, en mourant, la sombre et pâle envie
Distiller sur mon nom l'opprobre et l'infamie
De mourir pour le peuple et d'en être abhorré (1).
Affreux pressentiment, source de mes alarmes !
Combien il m'a coûté de surprises et de larmes !
Pour prix de tes vertus, amant infortuné,
C'était donc là le sort qui t'était destiné ?
Méchants, vous triomphez ! hideuse calomnie,
Tes poisons de son sein ont arraché la vie !
Ah ! je devais mourir, quand le crime a vaincu,
Et c'est mourir cent fois que d'avoir survécu.

Mais... quel triste spectacle à mes yeux se présente :
Une femme, un enfant, créature innocente,
Près de ce monument, de cyprès entouré,
Pleurent un tendre père, un époux adoré.
Pour les cœurs malheureux que vous avez de charmes,
Coulez sur mon époux, coulez encor mes larmes !
Ah ! quand on a perdu son unique plaisir
Pleurer est un bienfait quand on ne peut mourir.
        O mon époux, sur ta froide poussière
        Je viens traîner le poids de mes chagrins ;
Près de moi vois ton fils que les cruels destins
        A son aurore ont privé de son père.
Vois comme vers le ciel il tend ses petits bras,
Cher et malheureux fruit de l'hymen le plus tendre,
Avec moi, de ses pleurs, il arrose ta cendre.
Il voudrait, par ses cris, t'arracher au trépas.
        Toi qui, de la simple nature
        Suivis toujours les doux penchants,
        Quelle criminelle imposture

(1) Paroles de Robespierre à ses amis quelque temps avant sa
mort. (Note de l'auteur de la poésie.)

T'a fait tomber sous les coups des méchants.
Peuple qu'il chérissait, trop ingrate patrie,
C'est en te défendant qu'il a perdu la vie.
C'est pour tes droits sacrés qu'au milieu des combats,
Guidant tes bataillons, il brava le trépas.
Ah ! que n'expira-t-il aux champs de la victoire !
Sa mort, utile au peuple, en assurant sa gloire,
Eût de la perfidie émoussé tous les traits,
Sénat ! il n'eut point vu tes horribles forfaits.
Mais le sort, cher époux, à ton âme sensible
Réservait dès longtemps un combat plus terrible.
Tu devais expirer en voyant le Sénat
Commettre sur le peuple un lâche assassinat,
Immoler la vertu, l'amitié, la patrie,
Et du sang le plus pur assouvir sa furie.
Mais pourquoi rappeler ces instants douloureux ?
Ta cendre frémirait de ce récit affreux.
Tu mourus vertueux, âme innocente et pure,
Tu n'as point du remords entendu le murmure ;
Ennemi des tyrans jusqu'au dernier soupir,
Tu sus, comme Brutus, les braver... et mourir.
O généreux ami, ton dévouement sublime
Aux assassins offrit encore une victime.
Je t'entends t'écrier : *Je ne crains pas la mort,*
Ami de la vertu, j'en subirai le sort.
On ne me verra point, couvert d'ignominie,
D'un inique décret partager l'infamie (1).

Femme, me disais-tu, dans ce fatal instant
Où la mort agitant son glaive étincelant
Allait bientôt, de deuil, couvrir toute la France,
Du cœur de notre fils écarte la vengeance ;

(1) Dernières paroles de Le Bas à la Convention. (Note de l'auteur
de la poésie.)

La vengeance, toujours, fait naître le remords ;
Ce n'est qu'en pardonnant qu'il doit venger ma mort.
La haine flétrirait tous les jours de sa vie.
Qu'il suce avec ton lait l'amour de la patrie.
Fais germer les vertus dans ce cœur innocent.
Qu'il soit bon, généreux, humain, compatissant ;
Bientôt, je le vois bien, il n'aura plus de père.
Vis pour le rendre heureux, conserve-lui sa mère (1).
Cher époux, le devoir, l'amour m'en fait la loi,
Je vis encore, ton fils sera digne de toi.

     Dormez en paix, mânes augustes
     Des martyrs de l'Égalité.
     Quand on meurt pour la Liberté
     On revit dans le cœur des justes.
De la postérité les fastes immortels
A nos derniers neveux rediront notre gloire.
Le crime, en vain, voudrait flétrir votre mémoire ;
Le crime passera ; vous aurez des autels.
   Repose en paix, républicain austère,
     Vertueux Maximilien,
     Jeune et courageux Robespierre ;
     Les larmes des hommes de bien
Souvent arroseront votre urne cinéraire.
Vous vivez dans nos cœurs, Le Bas, Saint-Just, Couthon,
Émules des Brutus, des Sydney, des Caton !
Comme eux vous recevrez nos éternels hommages.
Vos vertus s'élevant sur l'océan des âges
     Diront, un jour, à l'univers :
Peuples, pleurez sur eux, ils ont brisé vos fers ;
Et vous, de la Commune innombrables victimes,

(1) Dernières paroles de Le Bas à sa femme. (Note de l'auteur de la poésie.)

D'une ingrate cité généreux magistrats,
    Consolez-vous, le temps vengeur des crimes
Fera vivre vos noms au delà du trépas.
        Déjà la justice s'avance ;
Le remords déchirant tourmente vos bourreaux,
Tandis que les regrets et la reconnaissance
        Se reposent sur vos tombeaux.

ACROSTICHE

La mort est pour le juste une palme immortelle ;
En mourant il vécut pour la postérité,
Bon citoyen, bon père, époux, ami fidèle,
Apôtre de nos droits et de la liberté,
Son triomphe est complet, il s'immola pour elle.

GABRIEL.

16 messidor, an V.

La foule changeante et l'Histoire variable. — Erreurs et contradictions. — Rectifications de faits inexacts par la femme et le fils du conventionnel Le Bas. — Fragilité des opinions individuelles. — Lamartine. — Michelet.

L'être humain, pris isolément, est beau ou laid, intelligent ou stupide, bon ou mauvais ; ses qualités lui font un ornement durable ; ses défauts l'étreignent comme un lierre tenace.

— C'est un pantin dont on peut découvrir les ficelles.

La foule, au contraire, est variable comme les éléments hétérogènes qui la composent : son flot ondoie au gré des événements ; les passions se jouent au milieu d'elle ; tour à tour gaie, triste, généreuse, cruelle, livrée aux enthousiasmes stériles comme aux vains désespoirs, elle s'enflamme pour un mot vide de sens, elle est muette devant une idée. Elle se crée des idoles qu'elle ne tarde pas à détruire : elle les piétine plus durement quand elle les a plus fort adulés. Et ces cerveaux d'hommes sérieux et légers, grands ou mesquins, superbes ou méprisables, dont la fugitive union forme l'âme bigarrée de la foule, subissent la contagion du nombre et méconnaissent le libre-arbitre de chacun, pour obéir à l'instinct brutal de tous.

Ou bien, moins fréquemment, hélas ! l'égoïsme individuel disparaît sous le souffle des grandes, des généreuses passions, et la foule devient moralisatrice de l'individu ; elle crée les dévouements, transforme les consciences, enflamme les courages, stigmatise les bassesses, procède aux saintes révolutions.

Pour comprendre ses destinées, pour expliquer ses contradictions, point de critérium possible : les actes individuels peuvent s'analyser ; les actes collectifs ont souvent des causes improvisées qui déroutent la sagacité et l'expérience des philosophes : même prémédités, ils subissent des déviations, et participent toujours de l'imprévu ; les circonstances restent maîtresses.

— Les pantins sont si nombreux, si variés, que les fils s'entrecroisent, s'enchevêtrent comme sous une griffe de jeune chat.

*
* *

Pourquoi Saint-Just, pourquoi Robespierre, et des hommes purs comme Le Bas ont-ils été honnis après

avoir été adulés ; et pourquoi, en cette journée si-
nistre du 9 thermidor, les vainqueurs furent-ils ceux-
là mêmes qui avaient commis les atrocités de Lyon,
de Marseille, de Toulon, de Bordeaux, et organisé
les noyades de Nantes ?

C'est que, peut-être, Le Bas et ses amis avaient
plus de valeur et plus de vertus, et par conséquent
plus d'ennemis — des ennemis à l'allure équivoque
qui criaient « Vive ! » en face, et qui, derrière, préparaient traîtreusement la chute.

C'est aussi, sans doute, parce qu'ils sont morts à
faux, si j'ose ainsi dire : supposez Robespierre assassiné par un citoyen exalté au moment de la fête
de l'Être suprême ou à l'un des jours de ses triomphes oratoires aux Jacobins ; son assassin eût été
lynché par la foule, tandis qu'il aurait été lui-même
déifié, et que sa mémoire se serait affranchie des
souillures qui la maculent.

Supposez même qu'au 9 thermidor Tallien, subite-
ment guéri d'une crise de fanfaronnade, eût mis à
exécution son prétendu projet de tuer Robespierre
dans la salle même des séances ? La réprobation de
l'Assemblée aurait, en une seconde, modifié le cours
des idées, dissipé le besoin de vengeance : la haine
ou la crainte qu'inspirait « le tyran » se serait, au
sein de la Convention, changée en pitié pour la victime, en horreur pour l'assassin, et le meurtre aurait
été, dans Paris, l'occasion d'un soulèvement formidable ; le nom de Robespierre s'en fût grandi ; il

aurait été inscrit parmi les martyrs de la Liberté.

Mais il a fallu qu'il vécût jusqu'au lendemain et qu'il fût demeuré inaccessible à l'idée de comploter contre la Convention. Et la foule, docile aux incitations des adversaires de cet homme, fit, de son favori d'hier, le plus noir des misérables : c'est sous ce dernier aspect seulement que l'Histoire officielle nous montra Robespierre, et c'est dans cette Histoire que, pendant le cours d'un siècle, les enfants de France ont appris à connaître la Révolution.

L'Histoire officielle, qui fut dure à Robespierre et à Saint-Just, feignit d'oublier Le Bas : on le cite pour mémoire, avouant parfois que son rôle a été salutaire, condescendant plus rarement à trouver en lui un modèle de patriotisme et de dévouement, car il a été l'ami du « tyran » et son beau-père abrita le monstre sous son toit.

Les auteurs d'histoires développées ont été quelquefois plus équitables; ils se sont donné la peine de rechercher quel avait été ce représentant du peuple dont la mort tragique les intriguait, et, l'ayant appris, ils ont dû rendre hommage à ses vertus.

.˙.

Mais, comme la Foule, l'Histoire est variable et inconstante : il est remarquable qu'elle soit unanime sur la réputation d'un homme, alors qu'elle est si changeante dans la narration des simples faits.

Comment voudrait-on qu'elle ne le fût pas, devant les témoignages contradictoires des contemporains eux-mêmes !

Prenons des exemples ; ils s'ajouteront à ceux que nous avons déjà signalés :

Le procès-verbal de la séance extraordinaire tenue par les Jacobins le 9 thermidor, se fait l'écho du bruit fantaisiste que « Le Bas a été frappé *dans le sein même de la Convention*, lorsqu'il essayait de se défendre (1). »

Baudot affirme de même, nous l'avons vu, que Le Bas, au cours de la séance de la Convention, demanda l'accusation *pour ne pas survivre à Saint-Just.* Par contre, il rectifie les erreurs des autres chroniqueurs : en reproduisant la description de la fête de l'Être suprême par Charles Nodier (2), il coupe le texte de ce dernier de renvois où on lit : « Erreur », « Mensonge », « Faux », « Pas un mot de vrai », « Tout cela est dans la cervelle de Charles Nodier », « Toute cette description est romantique et même romanesque. On pourrait d'autant plus être induit en erreur que l'auteur dit avoir vu (3). »

Baudot est très dur pour les historiens de la Révolution « qui ont pris part au despotisme, à la réaction, au Directoire, à l'Empire. » Il leur manque, dit-il, un sentiment libre, une âme fière et indépen-

<hr>

(1) V. Aulard : *Société des Jacobins*, VI, p. 292.
(2) *Souvenirs*, I, p. 171 et suiv.
(3) Baudot : *loc. cit.*, pp. 172 et 173.

dante ; « ils ont été soumis à toutes les passions du temps... Ce sont des aliénés furieux qui n'ont su que frapper (1). »

De l'*Histoire de la Révolution* de Thiers, il dit que c'est une composition sans couleur « faite pour être vendue à toutes les âmes faibles ». Il la déclare inexacte souvent, et, de fait, nous y trouvons beaucoup d'erreurs matérielles : c'est ainsi que, comme Michelet d'ailleurs, Thiers laisse entendre que Le Bas a été guillotiné. — Ces écrivains ont négligé de se reporter tant aux actes de l'état-civil qu'aux déclarations du *Moniteur* (11 thermidor).

Le registre des actes de décès de la Municipalité de Paris, pour l'an II, porte :

« Du dix-neuf thermidor an II. Acte de décès de Philippe-François-Joseph Le Bas, du 10 de ce mois, âgé d'environ trente-trois ans, natif du district de Saint-Pol, et décédé à Paris, à la maison commune. Sur la déclaration faite à la maison commune par Jean-Baptiste Quatremain, âgé de 52 ans, fossoyeur, domicilié à Paris, rue Paul, n° 9, le déclarant a dit avoir inhumé le défunt ; et par Clément-Henry Quatremain, âgé de 28 ans, fossoyeur, domicilié à Paris, cour Pierre, le déclarant a dit aussi avoir inhumé le défunt. — Vu le certificat de Callouet, commissaire de police de la section de l'Arsenal, en date du dix de ce mois, qui relate le procès-verbal dressé par le

(1) Badot, p. 10.

commissaire de police de la section des Lombards, qui a été requis à cet effet. — *Signé :* QUATREMAIN fils, QUATREMAIN et TRIAL père. »

D'autre part, le *Moniteur* spécifie :

« Le Bas s'est tué ; les deux Robespierre et Couthon avaient tenté de se soustraire par le même moyen à la vengeance du Peuple (1); mais ils n'ont été que blessés, et n'ont pu échapper au supplice plus terrible et plus infamant réservé aux traîtres. Le 10 au soir, leurs têtes ont tombé sur l'échafaud, au milieu des acclamations d'un peuple immense et des cris mille fois répétés de « *Vive la République! Vive la Convention !* »

Et le *Moniteur* du 6 fructidor (23 août 1794) contient l'insertion suivante :

« TRIBUNAL CRIMINEL RÉVOLUTIONNAIRE.
DU 10 THERMIDOR.

« *Maximilien Robespierre*, âgé de 35 ans, né à Arras, ex-député à la Convention nationale.

« *G. Couthon*, âgé de 38 ans, né à Orfay, ex-député à la Convention.

« Lavalette, âgé de 40 ans, etc.

« Hanriot, âgé de 33 ans, né à Nanterre, ex-com-

____

(1) Nous avons vu que cette indication était inexacte en ce qui concerne Robespierre ; mais il s'agissait là d'un fait susceptible d'interprétations diverses — et l'interprétation du *Moniteur* devait être défavorable — tandis que le fait matériel de la mort immédiate de Le Bas ne pouvait alors être la cause d'aucune discussion.

mis de barrières, ex-commandant-général de la force armée de Paris.

« L.-C.-F. Dumas, âgé de 37 ans, etc.

« *A. Saint-Just,* âgé de 26 ans, né à Lifer, département de la Nièvre, ex-député à la Convention.

(Suivent trois autres noms).

« *A.-B.-J. Robespierre jeune,* ex-député à la Convention.

(Suivent les noms de onze membres du Conseil général de la Commune de Paris).

« Tous mis hors de la loi par décrets de la Convention des 9 et 10 de ce mois, et attendu l'identité constatée par témoins, ont été livrés à l'exécuteur des jugements criminels, pour être mis à mort dans les vingt-quatre heures, sur la Place de la Révolution. »

La liste que nous venons de reproduire ne mentionne pas Le Bas. D'ailleurs le fait de son suicide et de sa mort immédiate n'est plus contesté.

Un autre docte écrivain (1), parlant de la fin de Robespierre, met dans son texte : « Le Bas et Maximilien se tirèrent des coups de pistolet ; le premier se tua du coup ; le second ne fit que se fracasser la mâchoire », et, pris de scrupule, il ajoute en note : « Il n'est pas sûr que Robespierre se soit suicidé. Suivant une version, le coup de pistolet qui lui fra-

_____

(1) Dareste : *Histoire de France,* 2ᵉ éd., VII, p. 583.

cassa la mâchoire aurait été tiré par le gendarme Méda ».

Dareste n'ajoute pas, comme Thiers, que Merda (1) fit partie de ces « hommes hardis » dont il vante l'intrépidité.

*
* *

La famille Le Bas a été, plus d'une fois, obligée de signaler la publication de faits erronés. Nous avons vu, déjà, les protestations accueillies par Lamartine ; voici encore deux lettres qui furent adressées à la *Revue de Paris* et à une feuille publique, l'une, en 1844 par la veuve du Conventionnel, et la seconde, en 1847, par son fils :

Lettre de la veuve du conventionnel Le Bas au directeur de la « Revue de Paris ».

Monsieur,

Vous avez publié, dans votre numéro du 23 mai dernier (2), un article dans lequel je suis mise en scène et que l'on dit avoir été rédigé d'après mes souvenirs et presque sous ma dictée. Je regrette que vous ayez choisi pour cela le moment où mon fils est retenu loin de la France par une mission scientifique dont l'a chargé le Gouvernement.

Je n'attendrai cependant pas son retour, pour pro-

-----

(1) Nom rectifié, ainsi qu'il a été dit ci-dessus.

(2) L'article dont il s'agit, et qui est joint au brouillon de cette lettre, avait paru dans le numéro du 23 mai 1844, sous le titre « Une maison de la rue Saint-Honoré » ; il est signé des initiales A. E.

tester hautement contre l'usage que, sans me consulter, vous avez fait de mon nom, et pour déclarer que cet article, sur beaucoup de points en contradiction avec mes souvenirs, contient d'ailleurs un grand nombre d'inexactitudes.

Je n'en signalerai qu'une seule : vous nous représentez, mes sœurs et moi, comme habitant encore la maison paternelle à l'époque de la fête du 20 prairial; or, Sophie, la seconde de mes sœurs, était mariée avant que Maximilien Robespierre, ne devînt l'hôte de mon mari, et moi j'avais, dès le 26 août 1793, épousé le conventionnel Le Bas, dont vous ne parlez que comme l'une des personnes invitées à nos soirées du jeudi.

Vous auriez pu ajouter, en terminant, que lorsque l'affreuse charrette s'arrêta, le 10 thermidor, devant la maison que vous avez prise pour sujet de votre article, cette maison était entièrement déserte, que tous ceux qui l'habitaient, tous ceux qui l'avaient habitée, et dont vous avez bien dépeint la vie si calme et si paisible, avaient été jetés dans les cachots de la terreur thermidorienne.

J'ose espérer de votre impartialité que vous voudrez bien insérer ma réclamation dans votre recueil.

Agréez, etc.

Veuve LE BAS.

Lettre de Ph. Le Bas, le fils, en date du 13 janvier 1847.
Au Rédacteur (1).

Monsieur,

Je n'ai eu connaissance qu'aujourd'hui de l'article que vous avez consacré, dans un de vos derniers numéros, à la mémoire de mon oncle, Jacques-Maurice-Duplay,

____

(1) Le brouillon de cette lettre n'indique pas le nom de la revue ou du journal auquel elle répond.

21

membre de la Commission administrative des hospices civils de Paris.

Cet article contient une erreur qu'un sentiment qui sera senti de tous me fait un devoir de signaler, et que vous vous empresserez de rectifier, j'en suis sûr, dans l'intérêt de la vérité.

Mon oncle était bien, comme vous le dites, fils de Maurice Duplay, l'hôte et l'ami de Robespierre, mais il est faux qu'Élisabeth-Éléonore Duplay, sa sœur et ma mère, soit la veuve de Saint-Just, qui est mort célibataire. Ma mère est la veuve de Philippe-François-Joseph Le Bas, avocat au barreau d'Arras et membre de la Convention ; de Le Bas qui fut, en qualité de représentant du peuple, chargé de plusieurs missions aux armées, notamment de celle qui eut pour résultat la reprise des lignes de Weissembourg et le déblocus de Landau ; de Le Bas enfin qui, au 9 thermidor, donna sa vie généreusement pour son ami et pour ses convictions politiques.

Voilà, monsieur, quel fut le mari de ma mère : elle en est glorieuse, et j'obéis doublement au respect filial en relevant une erreur qui tendrait à nous déshériter, elle et moi, du nom honorable que nous sommes heureux de porter.

PHILIPPE LE BAS,
de l'Institut.

Paris, 13 janvier 1847.

Si l'on est peu d'accord sur les faits, que dire des opinions exprimées ! Ceux mêmes qui, ayant assisté aux événements, voulaient, quelque vingt ans plus tard, se les remémorer, croyaient parfois avoir rêvé :

« ceux qui ont été dévorés de la fièvre ardente de la
Révolution, a dit Baudot (1), lorsqu'ils sont avancés
en âge et qu'ils veulent la soumettre à l'analyse, ne
la comprennent plus. »

Comment exiger que les historiens qui ne tiennent
que de ceux-là leurs renseignements et leurs enthousiasmes aient un jugement clair, sérieux, conforme à
la vérité et à l'équité ?

Lamartine, signalant les jugements tardifs portés
sur Robespierre par des contemporains repentants,
rapporte ceci (2) :

Vadier, parvenu au dernier terme de ses années,
disait : « J'ai 92 ans. La force de mes opinions pro-
longe mes jours. Il n'y a pas dans ma vie un seul
acte que je me reproche, si ce n'est d'avoir méconnu
Robespierre et d'avoir pris un citoyen pour un
tyran. »

Levasseur, montagnard exalté, s'écriait, au déclin
de sa vie : « Robespierre ! ne prononcez pas son nom ;
c'est notre seul remords : la Montagne était sous un
nuage quand elle l'immola. »

Le vieux Souberbielle parlait de même sur son lit
de mort : « Les révolutions les plus sanglantes sont
les révolutions consciencieuses. Robespierre était la
conscience de la Révolution. Ils l'ont immolé, parce
qu'ils ne l'ont pas compris. »

Je ne sais pas si Lamartine a vérifié ces curieuses

(1) Page 157.
(2) *Histoire des Girondins*, VIII, livre 59.

allégations (1); je n'ose point l'affirmer ; les rectifications qu'il a faites à quelques parties de l'*Histoire
des Girondins* me laissent sceptique pour tout ce
qui n'a pas été sévèrement contrôlé. J'ai même la
preuve que, sur plusieurs autres points, le poète a
oublié de se documenter.

Décrivant le supplice de Robespierre, il dit : « *On
jeta pêle-mêle ces vingt-deux troncs dans le tombereau avec le cadavre de Le Bas. (2).* » — En marge
de ces mots, sur l'édition de Lamartine que M. Léon

(1) Le Bas le fils les confirme, en ce qui concerne les regrets de
Vadier ; il s'exprime ainsi, dans ses *Annales Historiques de la
France* (ii, page 384) : « Plusieurs des ennemis personnels de Robespierre ont reconnu plus tard qu'ils avaient été abusés sur son
compte, et ont fini par rendre hommage à sa mémoire, entre
autres : Cambon, qui l'avait attaqué avec tant de violence dès le
8 thermidor, et qui déplora pendant le reste de ses jours d'avoir
contribué à la mort des plus honnêtes gens de la Convention, en
cédant à un moment d'amour-propre blessé ; Thuriot, qui l'empêcha de parler le 9 ; Léonard Bourdon, qui l'arrêta ; Amar, qui
prit la plus grande part aux machinations de sûreté générale ;
Lecointre, l'un des conjurés qui, dès le 5 prairial (24 mai) avaient
juré de se défaire de lui, même par le poignard ; Lesage ; Senaut-
Louvet, qui l'avait accusé avec tant de fureur avant le 31 mai ;
Vadier, qui, dans la séance du 9 thermidor, alla si loin que Tallien crut devoir l'interrompre, et qui dans la suite, disait hautement : « Nous l'avons assassiné ! » Enfin Merlin de Thionville, de
la bouche duquel un membre distingué de la diète Suédoise,
M. Munk de Rosenschæld, entendit sortir ces paroles : « Robespierre était un ardent ami de la patrie ; il l'aimait autant que moi,
plus que moi peut-être. « — Le Bas cite, en note, un extrait du
*Choix de rapports, opinions et discours prononcés à la tribune
nationale* (t. XIV, p. 366) où il est dit : « Peu de jours s'étaient
écoulés, et déjà des républicains avaient reconnu le piège tendu
à leur vertu. Nous pourrions en citer pour qui cet aveuglement est
l'unique faute qu'ils se reprochent, dans les derniers moments
d'une vie honorable. »

(2) *Hist. des Girondins*, t. VIII, livre 61.

Le Bas a conservée (1), la femme du conventionnel
a fait une croix au crayon et ajouté, d'une écriture
ferme, le mot « non ». Nous avons vu qu'en effet
cette affirmation est inexacte.

« Quelques semaines après, raconte-t-il, une
jeune femme, *vêtue en blanchisseuse* et portant
un enfant de six mois sur les bras, se présenta dans
la maison garnie qu'avait habitée Saint-Just, et demanda à parler en secret à la fille du maître d'hôtel.
L'étrangère était la veuve de Le Bas, fille de Duplay.
Après le suicide de son mari, le *supplice de son
père...* » — En face des mots soulignés, l'annota-
trice a encore écrit au crayon « non ».

« ... le meurtre de sa mère et l'empoisonnement
de ses sœurs, *Mme Le Bas avait changé de nom...* »
— Ici encore l'édition porte un signe de protestation
de l'intéressée.

Une fois encore le mot « non » est reproduit en
face de l'allégation suivante : « ...*elle s'était vêtue
en femme du peuple,* » mais nous savons, par la
note qui fait suite au manuscrit de Mme Le Bas, que
le reste de la phrase est exact: « elle gagnait sa vie
et celle de son enfant en lavant le linge dans les
bateaux qui servent de lavoirs sur le fleuve. »

Lamartine ajoutant : « Il ne lui restait ni héritage,
ni traces, ni portrait de son mari. Elle adorait en si-

---

(1) Edition 1847 (Furne : sur la page de garde du premier volume,
Lamartine a écrit ces mots: « A Madame Le Bas, hommage de reconnaissance et de respect. — Le 16 mars 1847. — Lamartine. »

lence son souvenir », madame Le Bas a griffonné,
dans la marge, un mot qu'il est difficile de déchiffrer,
mais où l'on croit voir : « J'avoue ».

Quant à la démarche à laquelle fait allusion l'écrivain, il semble bien qu'elle ait eu lieu ; sauf deux
coups de crayon signalant encore quelques inexactitudes, le texte est vierge d'annotations : on peut donc
considérer comme certain que la veuve du conventionnel acheta, avec le peu d'argent qui lui restait,
le portrait de Saint-Just, dont la fille du maître
d'hôtel, peintre de profession, était l'auteur : « Elle
brûlait du désir de posséder cette peinture, qui lui
rappellerait au moins son mari dans la figure du
jeune républicain, le collègue et l'ami le plus cher de
Le Bas. » Mais presque tout le reste rentre dans le
domaine de l'imagination.

La réalité était pourtant assez poignante pour
n'avoir pas besoin d'être accommodée de pathétiques
inexactitudes !

*
* *

D'autres erreurs ont été relatées, au cours de la
lecture que firent en commun la veuve du conventionnel et son fils ; elles sont indiquées par ce dernier
sur des fiches séparées, dont le texte très abrégé est
quelquefois difficile à comprendre, mais qui contiennent presque constamment des protestations contre
le récit de Lamartine.

Les moindres indices, en cette matière, pouvant être précieux, je donne les passages de l'historien, et, en regard, les annotations qui s'y rapportent :

Tome IV. — Page 341 : « Saint-Just... muet comme un oracle et sentencieux comme un axiôme, semblait avoir dépouillé toute sensibilité humaine pour personnifier en lui la froide intelligence et l'impitoyable impulsion de la Révolution, etc... sa passion avait, pour ainsi dire, pétrifié ses entrailles. Sa logique avait contracté l'impassibilité d'une géométrie et la brutalité d'une force matérielle. C'était lui qui, dans des conversations intimes et longtemps prolongées dans la nuit sous le toit de Duplay, avait le plus combattu ce qu'il appelait les faiblesses d'âme de Robespierre et sa répugnance à verser le sang du roi, etc. . »

(De la main du fils de Le Bas) : « Ma mère n'a pas reconnu Saint-Just dans ce portrait. »

« D'où le savez-vous ? »

T. V. — Page 65. (Aspect intérieur de la Convention pendant le procès de Louis XVI) : « Les premières banquettes de ces tribunes populaires étaient occupées par des garçons bouchers, leurs tabliers ensanglantés retroussés d'un côté de leur ceinture et le manche des longs couteaux, etc... »

(Marque de dénégation).

Page 73 : « Robespierre, rentré le soir dans la maison de Duplay et s'entretenant du jugement du roi, parut protester contre le vote du duc d'Orléans : Le malheureux, dit-il à ses amis ; il n'était permis qu'à lui d'écouter son cœur et de se récuser, il n'a pas voulu ou il n'a pas osé le faire : la nation eût été plus magnanime que lui ! »

« Mot de Robespierre sur d'Orléans *arrangé*. »

T. VI. — Page 35 : « La bourgeoisie, la banque, le haut commerce, les hommes de lettres, les artistes, les propriétaires, étaient presque tous du parti qui voulait modérer et contenir l'anarchie. Ils promettaient aux orateurs de la Gironde une armée contre les faubourgs, etc.. . »

« Lamartine n'explique pas le triomphe passager des Girondins. Voir les lettres de mon mari. »

Page 300. « L'amour même échauffait, sans l'amollir, le cœur de ces hommes. La tendresse de Couthon pour la femme dévouée qui consolait sa vie infirme, le sentiment orageux et passionné de Saint-Just pour la sœur de Le Bas, la prédilection grave et chaste de Robespierre pour la seconde fille de son hôte, l'amour de Le Bas pour la plus jeune, etc... »

« Dites : sentiment *très calme.*

« *Seconde fille :* erreur. »

T. VII. — Page 105 : « Le fort Vauban fut emporté par les autrichiens, Landau allait tomber. Saint-Just et Le Bas furent envoyés en Alsace pour intimider la trahison ou la faiblesse par la mort. »

(Marque de protestation.)

Page 212. (A propos des proscriptions de Collot d'Herbois et de Fouché à Lyon.) « Fouché, dans ses lettres à Duplay, s'efforçait de circonvenir Robespierre, et présentait Lyon comme une contre-révolution permanente. »

« Lettres de Duplay. — Faux. »

Page 232 : (Emprisonnement de Mme Roland.) « Ils l'arrêtèrent malgré ses invocations, et la jetèrent, à peine échappée, dans une autre prison, à Sainte-Pélagie, cet égoût de vices où les prostituées des rues de Paris étaient balayées. On voulait l'avilir par le contact et la supplicier par sa pudeur. »

(Note du fils de Le Bas :) « Mlle Roland mise à Sainte-Pélagie par la Commune ; ma mère à Saint-Lazare par les thermidoriens. »

Pages 287 et suivantes : « Robespierre, maintenant, dominant au Comité de Salut public, jetait dans des notes, révélées depuis, les linéaments vagues du gouvernement de justice, d'égalité et de liberté... Quand, écrivait-il, leur intérêt (l'intérêt des riches et du gouvernement) sera-t-il confondu avec celui du peuple ? jamais ! — A ce mot terrible, etc... »

« Jamais ! — Papiers saisis et falsifiés par Courtois. »

Page 338. (Page sur Robespierre le jeune.)

« Robespierre le jeune surnommé *Bonbon,* » (répétition de son prénom de Bon.)

« Il était accompagné dans ses missions, et jusque dans les sociétés populaires, par une jeune femme... »

« Fable de Nodier. Son frère ne l'aurait pas souffert. »

Page 341 : « Saint-Just... portait sur le champ de bataille l'élan de sa jeunesse et l'exemple d'une intrépidité qui étonnait le soldat. Il ne ménageait pas plus son sang que sa renommée, etc... »

« Son cœur n'était donc pas pétrifié. »

Page 342 : « Il envoya à la guillotine le président du tribunal révolutionnaire de Strasbourg... »

« Il envoya au tribunal révolutionnaire. »

Page 343 : « Le Bas, son ami et presque toujours son collègue, avait été le condisciple de Robespierre. »

« Compatriote, et non condisciple. »

Page 344 : « Le Bas était devenu le commensal de cette famille » (la famille Duplay).

« Pas le commensal : l'ami. »

Pages 344, 345 et 346 (reproduction des lettres de Le Bas à sa fiancée).

« Lettres arrangées. »

Page 396. « La femme d'Hébert, religieuse affranchie du cloitre par la Révolution, mais digne d'un autre époux, fréquentait la maison Duplay. »

« Invention. »

Page 409. (Arrestation d'Hébert et de ses amis.) « Ils se lamentèrent, ils versèrent des larmes. Un espion de Robespierre, emprisonné comme leur complice, afin de révéler leurs confidences... »

« Un espion du *Comité.* » (Le Comité de Salut public qui venait de charger Collot d'Herbois de remplacer Robespierre à la séance des Jacobins qui précéda immédiatement l'arrestation.)

Page 411 : « La sombre imagination de Robespierre grossissait tout. »

« Courtois. »

T. VIII. Page 8. (Essai de rapprochement entre Danton et Robespierre) : « Une entrevue fut acceptée par les deux chefs. Elle eut lieu dans un diner à Charenton chez Panis, leur ami commun... »

« Récit du diner de rapprochement entre D. et R. — Mélodrame. »

Page 67. (Paroles de Robespierre sur la mort de Danton et de Camille Desmoulins) : « Ce pauvre Camille ! que n'ai-je pu le sauver ! mais il a voulu se perdre ! Quant à Danton, je sais bien qu'il me fraie la route ;

mais il faut qu'innocents ou coupables nous donnions tous nos têtes à la République... » (Lamartine ajoute) : « Il feignit de gémir... »

« Il feignit de gémir. » (Marque de protestation.)

Page 76. (A propos de la lettre adressée par Mme Duplessis en faveur de sa fille Lucile Desmoulins). « Cette lettre resta sans réponse. Robespierre... ou ne la reçut pas, ou feignit de l'ignorer. Il se tut... »

« Qui prouve qu'il ait reçu cette lettre ? — S'il ne la reçut pas, pourquoi lui faire un reproche de n'y pas avoir eu égard ? »

Page 153. « Saint-Just, son seul confident (de Robespierre). »

« Son seul confident ? »

Page 159 « ... Enfin Courtois, député de l'Aube, ami de Danton, n'ayant jamais applaudi ses crimes mais jamais trahi son souvenir, honnête homme dont le républicanisme probe et moral n'avait pas endurci le cœur. »

« Éloge de Courtois ! »

Page 207. (Fête de l'Être suprême) : « Une montagne symbolique s'élevait au centre du Champ-de-Mars, à la place de l'ancien autel de la patrie. L'accès en était ardu. Robespierre, Couthon porté sur un fauteuil, Saint-Just. Le Bas, se placèrent seuls sur le sommet. »

« ? »

Page 249. (A propos de Dom Gerle) : « Robespierre recevait souvent l'ancien moine chez Duplay. »

(Note du fils de Le Bas :) « Ma mère l'a vu deux ou trois fois. »

Page 255. « Trial, homme de théâtre et ami commun, conduisit Robespierre chez Mme de Sainte-Amaranthe. Il y fut reçu en dictateur. Il s'assit à sa table au milieu d'un cercle de convives choisis par lui-même, etc... »

« Entrevue de Robespierre avec la Sainte-Amaranthe. — Faux. »

Page 257 : « Faites tous vos efforts, écrivait Payan à Robespierre, pour diminuer aux yeux de l'opinion l'importance qu'on veut donner à l'affaire de Catherine Théos... »

« Payan. — Sa lettre authentique ? »

Page 278 : « ... La crainte que l'insurrection, sans modérateur et sans limites, n'éclatât d'elle-même et n'emportât la Conven-

(Note du fils de Le Bas :) « Mon père était à Paris depuis six semaines et plus.

tion, qu'il regardait comme le seul centre de la patrie, déterminèrent enfin Robespierre non à agir, mais à parler... Il rappela seulement Saint-Just, son frère et Le Bas, pour l'assister dans la crise ou pour mourir avec lui. »

Il avait la surveillance des enfants de Mars. »

Page 366. « Robespierre, porté par quatre gendarmes sur un brancard, le visage entouré d'un mouchoir sanglant, ouvrait le cortège. Les porteurs de Couthon, etc... Robespierre le jeune, évanoui, était porté à bras par deux hommes du peuple. Le cadavre de Le Bas était couvert d'un tapis de table taché de sang. Saint-Just... suivait à pied. »

« Le cadavre de Le Bas. — Erreur. » (Ce sont ces passages de Lamartine que semble viser Mme Le Bas dans la dernière partie du manuscrit reproduit plus haut.)

Page 369... « Après le pansement, les blessés furent tous transférés et réunis dans le même cachot à la Conciergerie. Saint-Just les y attendait à côté du cadavre de Le Bas. »

Id.

Page 370... « A cinq heures, les charrettes attendaient les condamnés au pied du grand escalier. Robespierre, son frère, Couthon, Henriot, Le Bas étaient ou des débris humains ou des cadavres. On les attacha par les jambes, par le tronc et par les bras, au bois de la première charrette. »

Id.

Page 374... « On jeta pêle-mêle ces vingt-deux troncs dans le tombereau avec le cadavre de Le Bas. »

(Nous avons déjà dit que ce passage, sur l'édition de l'*Histoire des Girondins* que possédait Mme Le Bas, était annoté du mot « Non. »)

Page 372. (Au moment du passage, devant la maison Duplay, de la charrette conduisant Robespierre au supplice) : « Un enfant tenant un seau de boucher rempli de sang de bœuf et y trempant un balai, en lança les gouttes contre le mur de la maison. »

« Fable. »

Page 372 : « Le soir du même jour, ces furies de la vengeance envahirent la prison où avait été jetée la femme de Duplay, l'étranglèrent et la pendirent à la tringle de ses rideaux. »

« Le soir même ces furies. — La Lacombe. »

Malgré toutes les erreurs qu'il a pu commettre, j'ai dit que Lamartine était l'un de ceux qu'il fallait suivre avec le plus de confiance dans ses digressions sur la période révolutionnaire : la docilité qu'il a montrée à confesser ses méprises constitue une indéniable garantie.

D'autres que lui, parmi les historiens du siècle qui finit, sont venus puiser d'utiles renseignements près de Mme Le Bas ; mais ils n'ont pas éprouvé les scrupules de Lamartine : ils ont dénaturé les récits qu'elle leur avait faits, pour les accommoder suivant les besoins de leur cause — car chaque historien, hélas ! oublie l'histoire pour soutenir une cause. — Michelet seul fut sincère et conséquent avec lui-même : M. Léon Le Bas, alors écolier, a gardé le souvenir précis d'une des visites qu'il fit à sa grand'mère ; quand le grand écrivain sortit de chez elle après une longue causerie sur les choses de la Révolution, il s'arrêta un moment sur le seuil de la porte, et, la face illuminée, cria cet adieu à la veuve du conventionnel : « J'écrirai l'histoire de ce temps comme on pourrait narrer la légende de Romulus et de Rémus. »

Il a tenu parole.

XVIII

DERNIER MOT

Incertaine, louvoyante, l'histoire est difficilement vraie.

J'ai confessé mes sentiments au seuil de cette étude ; je les affirme à nouveau, et c'est avec une mélancolie profonde que je vois, trop souvent, ceux qui se croient opprimés faire appel à cette grande Irrésolue — pendant que les oppresseurs crient, eux aussi, avec de grands gestes, qu'ils s'en rapporteront à l'histoire.

Non ! l'histoire ne peut pas être réparatrice, parce qu'elle n'est que la prolongation, corrompue, démesurément exagérée, des opinions passionnées des contemporains, opinions travesties par les passions de leurs petits-neveux.

Mais quand on trouve, sur les lèvres de ces contemporains et dans les écrits de tous ceux *qui ont vu*, des mots d'éloges pour le patriotisme et pour le dévouement d'un citoyen ; quand la plus insigne mauvaise **foi n'a pu**, chez certains historiens prévenus, détruire l'auréole **de vertu** et de modération dont ses ennemis mêmes l'avaient **paré** ; quand son sacrifice, enfin, témoigne qu'il est mort **pour sa foi** politique ; il n'est point mauvais de le citer en exemple et de proclamer ses mérites.

Or, Le Bas, représentant du peuple à la Convention nationale, fut l'un des agents les plus vigoureux de la victoire de nos armées ; il fut probe, incorruptible, fidèle à ses convictions, grand par son amour de la *Liberté* et par le culte qu'il consacrait à l'*Amitié*. — Nos temps, moins épiques, plus bourgeois, ne connaissent guère les sublimes dévouements à ce que Taine, par une aberration inouïe, appelle des « substantifs abstraits ».

En traçant les étapes de sa vie privée et publique, en réunissant les documents épars ou inédits qui le concernent, je réponds au vœu qu'avait formé son fils, il y a plus d'un demi-siècle.

De Gythium, où il accomplissait un voyage archéologique (1), Ph. Le Bas le fils écrivait à la veuve du Conventionnel :

(1) Philippe Le Bas, de l'Institut, avait été chargé, par le ministre de l'Instruction publique, d'une mission archéologique en Grèce et en Asie mineure : il l'accomplit du 1ᵉʳ janvier 1843 au 1ᵉʳ décembre 1844 ; la lettre ci-dessus est de juillet 1843.

« Je te vois avec peine, ma bonne mère, hésiter à obtempérer au désir que j'ai manifesté de te voir dicter tes mémoires... Allons ! un peu de courage. Fais cela pour ton fils ; il y tient plus que tu ne saurais croire. Tu y consens, n'est-ce pas ? Peux-tu refuser à ton Philippe une demande si légitime ? Voici, je crois, comment il faut t'y prendre. Il y a, dans ta vie, deux époques : la jeune fille vivant dans sa famille, puis la femme du représentant du peuple. Rappelle-toi d'abord tous les événements de ta vie domestique et tâche de les ranger dans l'ordre chronologique autant qu'il te sera possible... Demande ensuite à Léon Renier l'*Histoire de la Révolution* par Mignet ; lis-la avec X... et dis-lui ce que tu pensais, ce qu'on pensait autour de toi des principaux événements. Trace-lui le portrait moral et physique de Robespierre, de Saint-Just, de mon père, des principaux hommes de la Révolution que tu as connus. Peu importe qu'il y ait dans tout cela un peu de désordre, *la rédaction définitive sera mon affaire...* »

Le projet de Philippe Le Bas n'a pas été réalisé.

J'ai mis tout mon zèle au service de son idée, et j'ai pieusement assumé la tâche qu'il aurait mieux que moi remplie.

FIN

TABLE DES MATIÈRES

I

II

22

III

IV

V

VI

VII

VIII

IX

X

XI

XII

XIII

XIV

XV

XVI

XVII

XVIII

EMILE COLIN, IMPRIMERIE DE LAGNY (S.-&-M.)